# HERMES

在古希腊神话中,赫耳墨斯是宙斯和迈亚的儿子,奥林波斯神们的信使,道路与边界之神,睡眠与梦想之神,死者的向导,演说者、商人、小偷、旅者和牧人的保护神……

西方传统 经典与解释
Classici et Commentarii  **HERMES**

柏拉图注疏集

刘小枫 甘阳 ● 主编

# 为哲学的写作技艺一辩

——柏拉图《斐德若》疏证

Plato's Phaedrus:
A Defense of a Philosophic Art of Writing

[美]罗娜·伯格 Ronna Burger | 著

贺晴川 李明坤 | 译

华夏出版社

古典教育基金·"资龙"计划资助项目

## "柏拉图注疏集"出版说明

"柏拉图九卷集"是有记载的柏拉图全集最早的编辑体例,相传由亚历山大时期的语文学家、数学家、星相家、皇帝的政治顾问忒拉绪洛斯(Θράσυλλος)编订,按古希腊悲剧的演出结构方式将柏拉图所有作品编成九卷,每卷四部(对话作品三十五种,书简集一种,共三十六种)。1513 年,意大利出版家 Aldus 出版柏拉图全集,被看作印制柏拉图全集的开端,遵循的仍是的忒拉绪洛斯体例。

可是,到了十八世纪,欧洲学界兴起疑古风,这个体例中的好些作品被判为伪作;随后,现代的所谓"全集"编本跌出,有 31 篇本或 28 篇本,甚至 24 篇本,作品前后顺序编排也见仁见智。

俱往矣! 古典学界约在大半个世纪前已开始认识到,怀疑古人得不偿失,不如依从古人受益良多。回到古传的柏拉图"全集"体例在古典学界几乎已成共识(Les Belles Lettres 自上世纪二十年代始陆续出版的希法对照带注释的 *Platon Œuvres complètes* 以及 Erich Loewenthal 在上世纪四十年代编成的德译柏拉图全集均为 36 种 + 托名作品 7 种),当今权威的《柏拉图全集》英译本(John M. Cooper 主编,*Plato, Complete Works*,Hackett Publishing Company 1984,不断重印)即完全依照"九卷集"体例(附托名作品)。

"盛世必修典"——或者说,太平盛世得乘机抓紧时日修典。对于推进当今中国学术来说,修典的历史使命当不仅是续修中国古代典籍,同时得编修古代西方典籍。中山大学比较宗教研究所属内的"古典学研究中心"拟定计划,推动修译西方古代经典这一学术大业。我们主张,修译西典当秉承我国清代学人编修古代经典的精神和方法——精神即:敬重古代经典,并不以为今人对世事人生的见识比古人高明;方法即:翻译时从名家注疏入手掌握文本,考究版本、广采前人注疏成果。

"柏拉图注疏集"将提供足本汉译柏拉图全集(36种+托名作品7种),篇序从忒拉绪洛斯的"九卷集"。尽管参与翻译的译者都修习过古希腊文,我们主张,翻译柏拉图作品等古典要籍,当采注经式译法(即凭靠西方古典学者的笺注和义疏本迻译),而非所谓"直接译自古希腊语原文"(如此注疏体柏拉图全集在欧美学界亦未见全功,德国古典语文学界于1994年开始着手"柏拉图全集:译本和注疏",体例从忒拉绪洛斯,到2004年为止,仅出版不到8种;*Brisson*主持的法译注疏体全集,九十年代初开工,迄今未完成一半)

柏拉图作品的义疏汗牛充栋,而且往往篇幅颇大。这个注疏体汉译柏拉图全集以带注疏的柏拉图作品为主体,亦收义疏性质的专著或文集。编译者当紧密关注并积极吸取西方学界的相关成果,不急欲求成,务求踏实稳靠,裨益於端正教育风气、重新认识西学传统,促进我国文教事业的新生。

古典文明研究工作坊<br>2005年元月

# 柏拉图注疏九卷集篇目

**卷一**
1. 游叙弗伦（顾丽玲 译）
2. 苏格拉底的申辩（吴飞 译）
3. 克力同（程志敏 译）
4. 斐多（刘小枫 译）

**卷二**
1. 克拉提洛斯（刘振 译）
2. 泰阿泰德（贾冬阳 译）
3. 智术师（柯常咏 译）
4. 治邦者（张爽 译）

**卷三**
1. 帕默尼德（曹聪 译）
2. 斐勒布（李致远 译）
3. 会饮（刘小枫 译）
4. 斐德若（刘小枫 译）

**卷四**
1. 阿尔喀比亚德前篇（梁中和 译）
2. 阿尔喀比亚德后篇（梁中和 译）
3. 希普帕库斯（胡镓 译）
4. 情敌（吴明波 译）

**卷五**
1. 忒阿格斯（刘振 译）
2. 卡尔米德（彭磊 译）
3. 拉克斯（罗峰 译）
4. 吕西斯（黄群 译）

**卷六**
1. 欧绪德谟（万昊 译）
2. 普罗塔戈拉（刘小枫 译）
3. 高尔吉亚（李致远 译）
4. 美诺（郭振华 译）

**卷七**
1. 希琵阿斯前篇（王江涛 译）
2. 希琵阿斯后篇（王江涛 译）
3. 伊翁（王双洪 译）
4. 默涅克塞诺斯（李向利 译）

**卷八**
1. 克利托普丰（张缨 译）
2. 王制（史毅仁 译）
3. 蒂迈欧（叶然 译）
4. 克里提阿（叶然 译）

**卷九**
1. 米诺斯（林志猛 译）
2. 法义（林志猛 译）
3. 厄庇诺米斯（程志敏/崔嵬 编译）
4. 书简（彭磊 译）

**杂篇**（唐敏 译）

（篇名译法以出版时为准）

# 目 录

中译本说明 …………………………………………（1）

致谢 …………………………………………………（1）

导论 …………………………………………………（1）

第一章　斐德若:没技艺的人 ……………………（10）

第二章　五彩斑斓的吕西阿斯讲辞…………………（31）

第三章　苏格拉底受感于仙女而作的讲辞…………（52）

第四章　苏格拉底受感于精灵而作的讲辞…………（73）

第五章　言说技艺与辩证法的原则…………………（118）

第六章　写作技艺……………………………………（153）

附录

漂亮的伊索克拉底…………………………………（194）

参考文献……………………………………………（216）

索引…………………………………………………（219）

# 中译本说明

《斐德若》属柏拉图三十五部对话作品中最具文学性的四篇短篇名作之一(其他三篇为《会饮》、《斐多》、《普罗塔戈拉》),但在柏拉图作品中的位置,却长期游移未定——按古人的看法(据第欧根尼·拉尔修记载):《斐德若》是柏拉图写下的第一篇对话。①十九世纪德国的柏拉图翻译家和诠释家施莱尔马赫沿用此说,其说法是:柏拉图的作品按事先想好的教育方案写作而成,主体可分三组,每组由三部对话构成主干,若干作品构成附属部分:

第一组:《斐德若》-《普罗塔戈拉》-《帕默尼德》;

第二组:《泰阿泰德》-《智术师》-哲人(名为"哲人"的对话,据说柏拉图曾计划写但并没有写,施莱尔马赫此指《会饮》和《斐多》);

第三组:《王制》-《蒂迈欧》-《克里蒂亚》。②

《斐德若》排在首位,被视为柏拉图作品的开端,施莱尔马赫说,他依据的是"亚历山大时期的"古典语文学家——其实,这种安排也意味着,《斐德若》是理解柏拉图所有作品的开端。

如此意图说在十九世纪中期遭到猛烈攻击,随之兴起的编年说占据了支配地位。经古典语文学家们勘定,柏拉图作品的编年史大致可分四个时期:早期-过渡期-中期-晚期。经考订,《斐德若》

---

① 第欧根尼·拉尔修,《名哲言行录》卷三38。

② 参见 F. D. E. Schleiermacher, *über die Philosophie Platons*, Hamburg 1996,页44-45。

属柏拉图的晚期作品,尽管其文风活泼、对话生动,不像其他晚期作品那样徒有对话的形式,内容上也多与早、中期的作品主题相近,从而,过去流行的所谓"苏格拉底在柏拉图最后的作品(指《法义》)中消失了"的说法就不再成立——海德格尔的学生、柏拉图解经家布若克接受此说,将《斐德若》置于柏拉图所有作品最后(并将《法义》判为伪作)。至于为何《斐德若》在文风和内容上像中期作品,他的解释是:柏拉图想要显示自己老了还能聊发"少年狂"①——然而,从十九世纪迄今,古典语文学界一直有人坚持:《斐德若》属柏拉图的中期作品,显得是在《会饮》和《王制》之后,《智术师》、《治邦者》、《斐勒布》以及《蒂迈欧》之前的作品。②

斐德若这个人物在柏拉图作品中出现且仅仅出现过三次,依次分别是:《普罗塔戈拉》-《会饮》-《斐德若》。在《普罗塔戈拉》中,斐德若被一笔带过,仅仅提到他是智术师的崇拜者,毕恭毕敬地坐在希琵阿斯身边听讲解"天象学中涉及自然和高的东西"(315c2-5)。在《会饮》中,斐德若虽非中心人物,位置却并非不重要,因为恰恰是他倡议颂扬新"神"爱若斯——看起来就像是智术师在雅典启蒙的结果。在《会饮》中,苏格拉底虽然推翻了将爱若斯捧为新"神"的说法,但在那个场合,苏格拉底主要的交锋对象是厄里刻西马库斯,尤其是阿迦通和阿里斯托芬两位诗人。何况,苏格拉底正式发言时戴上了女巫狄俄提玛的面具,因而实际并未直接面对斐德若。在《斐德若》中,苏格拉底与斐德若单独在一起,即便谈的一些话题与《会饮》相同,也大为延伸——再说,倘若伯纳德特的看法不错:《普罗塔戈拉》与柏拉图所有的作品不同,坚持要在四重传统德性(智慧、正义、审慎、勇敢)上再加第五重德性虔敬,③那

---

① 参见 Walter Bröcker, *Platos Gespräche*, Frankfurt/a. M 1967/1999 五版,页 522-523。

② 参见 Luc Brisson,《斐德若》译注,导言,Paris 2000,页 33。

③ 参见 Seth Benardete, *Socrates and Plato: The Dialectics of Eros*, München 1999,页 45。

么,在《会饮》中,推重虔敬的是阿里斯托芬,可是,阿里斯托芬推重虔敬并没有诚意。在《斐德若》中,苏格拉底尽显虔敬之能事,但是否有诚意确又是个大问题……

其实,分期说与意图说很难截然分离。何况,柏拉图有些作品的分期实难下定论(《帕默尼德》、《斐勒布》、《蒂迈欧》究竟属于中期还是晚期,难以断言),我们也不好说柏拉图作品有一个成熟过程,或者有过后期否定前期的转变。因此,二十世纪初,意图说又重新抬头——关键在于如何把握柏拉图的写作意图。

要把握柏拉图的写作意图,就得从作品主题入手。可是,《斐德若》与柏拉图的多数作品不同,其论题显得颇为多样,以至于早在最初编辑柏拉图全集时,编辑家们就为定"副题"伤脑筋——布里松告诉我们,古代编辑家先后给《斐德若》拟定过五个副题:论灵魂,论爱欲,论善,论修辞术,论美。何况,由于柏拉图在《斐德若》中提出了不信任写作的论点(其次是《书简七》),争议不休的有关柏拉图是否有不成文或不公开的学说(《论善》)的问题,与《斐德若》有极大关系。

无论一个著作家写了多少著作,较为基本的总不过是其中的几部,换言之,一个著作家的基本思想意图总是反映在几部较为基本的作品中;海德格尔甚至认为,一个思想家一生所想的其实就是一个唯一的问题。倘若如此,柏拉图所想的"唯一的问题"是什么呢?按伯纳德特的看法,在柏拉图那里,"人"第一次成了"形而上的问题"——爱欲被作为一种"形而上的激情"来看待。按过去的(自然哲学的)理解,人的问题恰恰是形而下的,而非形而上的。说柏拉图哲学使得"人"第一次成了"形而上的问题",无异于说,柏拉图把形而下的存在当作形而上的存在来看待,把过去的形而上的东西变成了形而下的东西来看待——用施特劳斯的说法,在柏拉图那里,最高的东西同时是最低的东西,反之亦然。

由此来看,伯纳德特以为,柏拉图的基本著作可以说是《王制》、《蒂迈欧》、《斐德若》和《会饮》——在《王制》和《蒂迈欧》中,柏拉图通过"人的政治问题"抵达了一种在体论（the ontology），从而表达出"人"作为形而上学问题本身究竟是怎样的。在《斐德若》和《会饮》中，柏拉图则通过对激情（爱欲）的探究走向他要面对的在体论（《苏格拉底与柏拉图》，前揭，页19－21）。这样看来，在柏拉图作品的整体结构里，《斐德若》的确是基础。因此，从研读《斐德若》入手，可以使得我们对柏拉图的基本思想和整个作品系统有一个较为切实的把握：在四部曲结构内部，《斐德若》与《王制》相配（都是非常政治性的作品），《会饮》则与《蒂迈欧》相配；在四部曲结构外部，《斐德若》与《高尔吉亚》、《普罗塔戈拉》、《法义》等联系十分紧密。

本书作者是伯纳德特的高足，如作者在"致谢"中所言，本书的写作也"全赖恩师"。不过，与伯纳德特自己的《斐德若》义疏相比，本书的绎读要细致得多。

本书第一至四章由李明坤博士迻译（贺晴川补译了其中的疑难之处），第五至六章及附录由贺晴川迻译，贺晴川统一全书，并加了适量的译按。樊黎博士帮忙审读了译稿，谨致谢忱。

刘小枫  
2015年6月

# 致　谢

感谢安德鲁·梅隆博士后研究奖学金提供机会,让我得以于1978年至1979年6月期间,在纽约城市大学研究生中心修订本书草稿。

众多朋友、同事、同行以及出版社选择的读者,阅读了本书原稿的一份较早版本,并提出了宝贵的意见和建议。如非其背后的那种严肃追求,眼前这些文字也不过价值寥寥,而我之所以还有一点信心敝帚自珍,全赖我的恩师伯纳德特(Seth Benardete)。

# 导　　论

　　[1]塔穆斯就忒伍特的每项发明说了许多看法,有褒有贬,细说起来话(logos)就长啰,且说轮到文字,忒伍特说:"塔穆斯王呵,这学识,会使埃及人更智慧,记忆力更好,因为这项发明是回忆(memory)和智慧的灵丹妙药。"塔穆斯却回答说:"极有技艺的忒伍特啊,一个人虽有能力发明技艺,但有能力权衡这技艺将要给利用它的人们带来弊还是利的,却是另一个人。现在你作为文字之父,出于好意,把文字所具有的能力恰恰说反了。因为它将在学会使用文字之人的灵魂中催生善忘,他们也不再努力练习回忆了,因为信赖他人用外在的符号写下来的东西,而非靠自己内在地来回忆(recollect)。所以,你发明的药不是为了回忆,而是为了记忆(reminding)。你带给学生的只是智慧的外观,而非真实的智慧;由于学生们脱离了教育(instruction)而一味沉溺于听(hearing),于是他们就会以为自己懂了许多东西,但其实对许多东西都缺乏认识,结果变得很难相处,[因为]他们只是表面上变得智慧,而非真的智慧。"①(《斐德若》,274e－275b)

　　或许,只有一位嫉妒的神,才会因为写作技艺胆敢僭越人的自然局限而予以谴责。但这种毫不顾及人类需要的神圣视角,其实是在揭示书面文辞(written word)因为掩盖了对思考活动的影响而带

---

①　[译按]参刘小枫《斐德若》译文,为与本书作者英译文相符,引文略有改动。以下所引原文多属此种情况,不再另注。

来的危险。写作技艺的发明者为人提供了一种神圣力量,以此克服人类记忆的束缚和属人智慧的限度;然而,一位多疑的神警惕地针对书面文辞而提出他自己的警告,他建议说,如果智慧不想仅仅具有智慧的外观,思想就必须总是从头开始,不断返回,重新恢复那些为既有意见所遮蔽的根本性困惑。

写作技艺声称要克服这种返回程序,藉此,它便成了让"追求智慧"得以延续或发展的必要条件:开创一条仿佛前人从未想到过的思想道路,这种错觉只有当被认识到是一种错觉的时候,才有用处。知识通过写作技艺来传播,这使得每一个思想者再也不必从一块"白板"(tabula rasa)开始,同时也许诺,人类的记忆再也不需要担负着保存经年累月的集体意见的任务。此外,凭借其独立自主的作品,写作技艺也创造了一种与传统权威保持距离的可能,而这种距离对于思考活动来说是必不可少的。然而,就像代代相传的古老传统一样,书面文辞并不[2]提出问题,而是只给出权威性的答案,无法因材施教,而是只能对一个集体说话。就像王神(royal god)所坚持的那样,写作技艺的好处也正是它的危险所在,因为对一种写作传统的保存或许会导致一种遗忘,而正是这种遗忘阻碍了我们对于根本性困惑的认识;必须认识到,书面文辞具有一种欺骗性的智慧外观,它是哲学思考的一种阻碍。

然而,这种对属人技艺的神圣评判本身也只是源于属人技艺的一种摹仿。在神的那番话里,对书面文辞的谴责其实是在建议我们,应当如何解释这段摹仿了神的那番话的书面文辞。恰恰是他对书面文辞(被理解为人的回忆的替代品)的批判本身,迫使王神承认书面文辞具有一种提醒的能力。王神认为,写作技艺具有一种记忆工具(reminder)的作用;这一评判的戏剧性表述,要求我们根据说这句话的人的角度,来检验其中似乎带有结论性的主张。这种做法能防止读者消极地听命于这句话所固有的欺骗性的智慧外观,唯有如此,这篇论写作的对话——同时也代表了王神的谴责——才能避免沦为王神已然揭露的那种阻碍。

忒伍特和塔穆斯之间的对话宣告了书面文辞的危险，即对自我发现(self-discovery)的阻碍。据说这场对话是一个代代相传的古老故事，提供了真实的意见或智慧的外观；但是它的意义无法被传下来，只能靠某种自我发现的活动去探求。这种独立探索用活的思想的运动，取代了对传说之既定权威的不动的信赖(unmoving trust)。因此，书面文辞摹仿了神对写作的谴责，而这一摹仿本身的自相矛盾性，也证明了自己只是表面上自相矛盾：让人留意到它所警告的写作的危险，也就使得警告不再必要，这样也就实现了书面文辞的潜在价值。

忒伍特和塔穆斯之间的对话，是对所有柏拉图对话的微型摹仿。柏拉图对话的根本谜团总是取决于活的言辞(living word)与对这些言辞的书面摹仿之间的张力：源于柏拉图的写作技艺(art of writing)的作品(products)，代表了作为哲学事业之典范的苏格拉底对话，却从未承认其创作者的功绩。尽管柏拉图的爱智慧仅仅表现为对苏格拉底的爱智慧的摹仿，摹仿行为本身却暗示了两者之间的本质区别。只要苏格拉底确确实实代表了哲学事业的典范，考察他的爱智慧与他的不事写作之间的关系，便是对哲学的写作技艺之可能性所进行的任何一种柏拉图式辩护的必要基础。

柏拉图的《斐德若》就是这样一篇对话，它的特定主题就是一种对于自身的摹仿本性所作的自我反思。具有讽刺意味的是，这篇对话反思了它作为一篇书写作品(product of writing)所具有的品质，而这种反思却导致了表面上对写作行为的贬低。书写作品能以智慧的假象取代活的思想，[3]这一点在苏格拉底(这位"暴君爱若斯"的仆人)的口中得到了恰如其分的表述：苏格拉底谴责书面文辞，说它们就像绘画作品一样，总是一成不变，不知道何时该说话，何时该保持沉默，无能于为自己辩护。与活的言辞所具有的富有爱欲的生命力相比，写作宣告了创作者的死亡，就像思想的墓志铭。柏拉图的对话用书面的摹仿取代了说话者活的、呼吸着的言辞，并以此纪念苏格拉底之死。但是，这种对于活的思想（living thought）的纪念碑的谴责，掩盖了其双重本性所具有的含混性，因为这种摹仿一旦被视为原型，就具有了欺骗性，可是一旦认识到它仅仅是摹仿，它就能发挥不可或缺的作用：只有当书面文辞发现自己能取代回忆的能力是一种假象时，它才能发掘出自己的潜能，即充当知者（the knower）的记忆工具。

这种由书面文辞对书面文辞所作的谴责，暴露出它对于写作之游戏性（playfulness）的承认，而这种游戏性在这篇对话中被视为真正爱智者的标志。苏格拉底爱智慧（这使他认识到写作的游戏性）的前提是认识到自己的无知，而认识到自己的无知又被他看作是最伟大的属人智慧（参《申辩》23b）。柏拉图的技艺对苏格拉底的无知之知（knowledge of ignorance）的摹仿，就在于《斐德若》声称它知道自己只有智慧的外观而缺少智慧的实在（reality），而这项声称最终成了有关书写作品的最伟大的属人智慧。由此，柏拉图的《斐德若》证明：唯一能够谴责写作技艺的作品，必定是对我们称之为"苏格拉底式反讽"的爱欲言辞的某种摹仿。正是通过承认自身潜在的危险，这篇柏拉图对话使得对它的解释活动成了它的自我实现，并因此表明自己有可能克服一篇死的书面文辞所具有的那些遭到苏格拉底谴责的局限性；一旦被思想的呼吸所唤醒，对话的文字尸体（written corpse）就变成一种活的存在，知道何时该开口，何时该保持沉默，能够针对所有不公正的滥用为自己辩护。

"一切辞章（logos）"或"每篇辞章（logos）"都要组织得像一个活物——这项要求似乎是在描述一种活的言辞，而非写作。事实上，这项要求被引入了苏格拉底与斐德若的讨论中，作为组织一切辞章（*logoi*）（不管是口头的还是书面的）的必要原则：它们的结构必须"头和脚样样不缺，既有腰身也有四肢，各部分不管是彼此之间还是和整体之间，都关系恰当"（264c）。但是，正如作为书写作品的这篇对话悖离了自己对书面文辞的谴责一样，它的结构似乎也悖离了自己对于"一切文章都得是有机统一体"的明确要求。《斐德若》展现的似乎不是一个有机整体的统一,而是两个部分之间的分裂:第一部分由三篇相互独立的爱欲讲辞(speeches on eros)组成,①其间夹杂着两位热爱文章的人的谈笑逗趣;第二部分是对写作技艺的讨论,开头和结束都是关于写作价值的问题。关于这篇对话的统一性,几个世纪以来[4]解经家们众说纷纭,认为对话的主题是爱、灵魂、美、修辞术或言说技艺,或辩证法。然而,这样的论断等于默认了,这篇对话是在自相矛盾地要求一种它自己本来就没有的统一性。

如果"一切辞章"和"每篇辞章"都必须组织得像一个活物,那么,彼此独立的各部分在这篇对话里的统一性问题应该也就反映了柏拉图全集作为一个整体的统一性问题;《斐德若》只是全集的一部分,却标榜(parading)为一个整体。因此,《斐德若》在全部对话所构成的整体结构中承担的功能,或许正好揭示了其主题,而它决定了《斐德若》作为一个有机整体所具有的内在完整性。如果柏拉图全集真是"一个活物的肢体众多的身体",《斐德若》这个肢体就作为写作技艺所创造的一种摹仿,被用来考察它所摹仿的柏拉图全集这一整体的性质。如果《斐德若》在柏拉图对话全集中的角色揭示了它自身的内在统一性,柏拉图对写作技艺的辩护也就必然为《斐德若》提供了一条隐秘的纽带,连接起那几篇爱欲讲辞与有关修辞术和辩证法的讨论这两大部分。

---

① [译按]speech[logos]在原书中随处可见,而且多数时候是一样的意思,没有语境则极易混淆。speech 一词首先指苏格拉底和吕西阿斯的"讲辞"[speeches],同时也兼具"文辞"和"言辞"两种含义,尤其体现为吕西阿斯的"书面稿子"和苏格拉底即兴口说的"讲辞"的不同意蕴,进而牵连出后文对写作和文字的批判。logos 一词在希腊文中的含义本来极为多义,但作者几乎都没有随语境给出英译。这里按刘小枫老师的建议,将苏格拉底和吕西阿斯的 speeches 统译作"讲辞",而随语境将《斐德若》讨论的各种 speech 灵活翻译成"文章"、"言辞"、"文辞"、"演说"、"辞章"等,同时在依据 speech 基本含义和相关语境的基础上,为 logos 增添了"辞章"(文辞和言辞的概称)与"道理"(以取代通行的音译原则)这两种译法,力求贴近文意。

不过,如果写作问题真的就是《斐德若》的基本主题,这篇对话的统一作用却令人费解地隐藏在了一场看似偶然的谈话背后;一个小树林(这个小树林乃是仙女们的圣地)的荫蔽似乎为谈话提供了合适的背景。两位热爱文章的人躺在那里,交流着他们的爱欲讲辞。但苏格拉底和斐德若其实是被一种书面文辞的"药"(drug)引到了城邦墙外;斐德若的外套下面藏匿起来的精巧的爱欲演说,透露了讲辞作家吕西阿斯幽灵般的存在,这个人始终萦绕于苏格拉底和斐德若看似私人的场景之中。最终,这场表面上是发生于一次私人邂逅时的谈话,被苏格拉底呈现为传达给三类写作者的讯息:吕西阿斯和文章写手,荷马和诗人,梭伦和法律文书(law-writers)。从头至尾,这场最具私人性的爱欲谈话始终被书面文辞的公共本性所决定。因此,通过写作的本性这个问题,这篇对话的情节的外观与实在之间的张力,反映了诸主题(爱欲、修辞术和辩证法)表面上的分裂与它们隐含的统一之间的张力。对写作主题的令人费解的隐藏其实提供了一条线索,暗示了书面文辞具有一种自我隐藏的本性,而这种本性正是书面文辞的危险所在;同时,写作揭示了这篇对话作为一个整体的基本结构,认识到写作这个主题,也就揭示了写作技艺在组织一篇能展示出有机整体之统一性的文章(logos)方面所具有的潜在价值。

《斐德若》背后的统一性是由某个主题决定的,通达这一主题的线索就在那些神话(*muthoi*)之中。这些神话既联系又区别了对话的不同部分,标志着那几篇爱欲讲辞、对修辞术和辩证法的讨论、对写作的分析这几个部分之间的分界。[5]诸如北风之神拐走美丽少女,音乐爱好者被缪斯变成鸣蝉的奇异传说,还有埃及的两位动物神祇(animal-gods)之间的对话,掀起了这场对话的种种核心问题——死亡与爱欲、技艺与自然、习传(acquired)意见和自我知识、对演说的爱、对辩证法的爱、写作和活的言辞。恰恰由于这些神话能够揭示书面作品的危险与力量,它们才能提供阐明这篇对话之结构和内容的诸般线索。苏格拉底相信开头那则神话是真实的,面对斐德若的质疑,苏格拉底通过类比德尔菲铭文的做法来予以回应,说神秘的书写作品要求人们认识自己。苏格拉底承认这个神话具有促使人认识自己的价值,但这么做其实也揭示了书面文辞的价值:它可能也是一种记忆工具,提醒人们回忆起"那些用知识写在灵魂中的东西"(276a)。因此,神话(muthos)解释的问题,既表明书面文辞取代回忆这一潜在的危险得到了克服,也表明书面文辞实现了它作为一种记忆工具的潜在价值;作为一种习传意见,神话只有通过一种自我发现的活动才能揭示其真实之所在。这个问题本身也体现在《斐德若》的结构上:苏格拉底赞美爱欲之神圣疯狂的"神话颂歌"代表了这篇对话表面上的高潮,它掩盖了真正的高潮,而后者出现于苏格拉底在正午时分讲述那个有关热爱缪斯的人的核心神话并予以解释的时候;苏格拉底将该神话解释为一种警告,警醒他们有必要以一场批判性考察来抵御形同奴役的着魔的危险。

在那几篇爱欲讲辞的演说过程中,爱欲的神圣疯狂被揭示为最高的节制;这种悖谬式的反转也反映在这篇对话作为一个整体的反转中——那几篇受神启而作(inspired)的爱欲讲辞被当作技艺的证据,受到了批判性的考察。只有把那几篇爱欲讲辞当作阐明辩证法原则(这些原则构成了真正的言说技艺的标准)的完美范例来加以考察,这篇对话的两个部分之间的统一性才会浮现出来;苏格拉底将这种统一性归于偶然或命运,反讽地(ironically)隐瞒了柏拉图式的写作技艺。但在苏格拉底那反讽的神圣着魔背后,矗立着辩证的写作技艺(the dialetic art of writing)。这门技艺确立了那几篇爱欲讲辞之间的统一性,就像它解决了爱欲与技艺的张力一样,尽管该张力构成了整篇对话表面上各自独立的两个部分的基础。

正如苏格拉底将他即兴演说背后的技艺安排(artful organization)归功于神启(divine inspiration)一样,苏格拉底也与一个王神的预言联手宣告了他对写作技艺的谴责。爱欲的神圣疯狂与真正的言说技艺之间的关系,为苏格拉底接受神的有关书面文辞之危险性的警告奠定了基础;书面文辞似乎无力实现"辞章与灵魂相对应(adaption of speeches to souls)"的要求。书面文辞的清晰性与可靠性是假象,信赖这种假象是可耻的(275c),苏格拉底把这种耻辱等同于一种奴隶状态,[6]即不加反思地臣服于修辞术的说服力(277e);因此,活的言辞相对于死的书面文辞的那种表面上的优越性,必须被一切辩证的辞章(logoi)的优越性所取代,它们"为着教导的缘故而被说出,并写在灵魂之中"(278a)。

柏拉图与苏格拉底联手发起了针对某类写作者的斗争,这些写作者不知道一切技艺都依赖于辩证法的原则。修辞术理论家就是这类作者的代表,他们声称自己在写作和教授一种言说技艺;这门技艺提供了一种说服技巧(tekhnē),只以关于多数人意见的知识为基础。但是,柏拉图必须在另一条反对苏格拉底的战线上,同时展开他对写作技艺的一种辩护。苏格拉底谴责死的书面文辞,献身于交谈[背后]的哲学式爱欲,还以一位不朽之神的名义为它作辩护。但苏格拉底述而不作的表面上的节制,实为来自一种神圣视角且无视人类技艺之必要性的肆心(hubris);柏拉图对哲学式写作技艺的辩护,看似透露了欲求不朽的肆心(hubris),实则是以属人的技艺为依靠的真正的节制——人不是神,这种技艺也就成了人的必要道路。与人们对钱财的喜爱和城邦里的智术师相反,苏格拉底既不关心金钱,也现身于城邦之外的神圣山林里,为爱欲辩护并躬行言说,以此克服技艺和写作活动掩盖死亡的做法。在相互冲突的这两极之间(这已体现在《斐德若》的内容和结构上),柏拉图找到了一处位置,为辩证的写作技艺作辩护。

与修辞学家和智术师的谋划相反,苏格拉底的事业和柏拉图的事业之间的统一性为一种辩证法原则所决定,它要求有关整全的结构、存在者的各部分、灵魂以及特定言辞对特定灵魂之影响的知识。不过,它也要求一种有关自我运动(self-moving)且永恒运动(ever-moving)的灵魂和沉默不动的诸存在者的融贯知识;就此而论,辩证法技艺似乎仅仅是一种以看似不可能发生在运动原则和静止原则之间的结合作为基础的理想标准。在《斐德若》中,这种双重原则作为爱欲与死亡之间的冲突、苏格拉底爱欲辩证法(认可活的言辞的自发性和特殊性)与写作技艺(认可沉默的"天外存在者"的固定性和稳定性)之间的冲突而出现。但这些相反的道路,似乎同样无力实现辩证法技艺的目标。因为灵魂的自发运动,作为苏格拉底对话的基础,似乎阻碍了对诸理式(ideas)①的客观地看(vision),而死的书面文辞的那种权威性的沉默,似乎又排除了活的思想运动。

但是,辩证法原则恰恰要求运动与静止的结合,柏拉图对话本身就是典范。事实上,苏格拉底式爱欲与写作技艺的对立不过是在这篇对话的统一性中被构建起来的一极(polarity):柏拉图的苏格拉底[7]只是一个通过写作技艺而变得"年轻且美丽"的形象(参《第二封信》314c),他的发声让柏拉图的书面文辞活了起来。因此,柏拉图对哲学式写作技艺的辩护始终保留了那种深刻的反讽意识:苏格拉底因柏拉图而不朽,对于那位顽皮的摹仿者身上的反讽意识,恐怕苏格拉底本人亦将不得不赞叹不已。

---

① [译按]关于ideas(希腊文对应词是ideai)以及单数idea的翻译问题,参见本书第88页译按。

# 第一章　斐德若:没技艺的人①

[8]你说什么呢,再好不过的苏格拉底?吕西阿斯在当今写作者中算是最聪明的啦,他编织那篇东西也花了不少闲暇时间,难道你以为,像我这样一个没技艺的人(private man),能凭靠回忆,以配得上它的方式将它背诵出来吗?简直差远了;但是,我倒愿意背下来,也胜过得到许多金子。(《斐德若》,228a)

## 引　子

正因为柏拉图的对话是对话而非论文,所以构成其主题的哲学问题,必定通过一个特定人物的本性和观点,在一种特定的情境中显露出来;因此,对苏格拉底和斐德若的戏剧化呈现,就必定体现了"辞章与灵魂相对应"(adaption of speeches to souls)[的原则],这一原则既被确立为辩证的言说技艺的根本条件,也暗中成了声称要摹仿辩证的言辞的书写作品的根本条件。假如《斐德若》的统摄性主题是柏拉图对哲学的写作技艺

---

①　[译按]private man 是斐德若对自己的称呼(idiōtēs),这个词在古希腊文里本义指"没技艺的人",与"最厉害的作家"(Lysias)对举,参见 228a2。在这一章里,作者论证了斐德若的"没技艺"与"私人性"(尤见本书第 28 – 29 页)之间的关系,为后文解释技艺的公共性 – 政治性作准备。译名统一以希腊词本义为准,另用括号标注英译。

的辩护,这一辩护便通过苏格拉底与某一个体互动的戏剧情节而被赋予了生命。这个人对书写作品的自然反应,凸显了这篇对话以身作则而警告的书写作品的所有潜在危险。

苏格拉底与斐德若共同参与了一场有关爱与修辞的对话,因为两人都热爱文章(speeches);但是,苏格拉底一方面必须化身为一个让斐德若从中看到他自己身上的某些东西,从而想要追随的形象;同时,苏格拉底还必须揭示斐德若本人丝毫没有觉察的矛盾:他热爱文章,却根本不理解文章的力量。斐德若是一位"热爱缪斯"的人,因而也面临被缪斯们所俘获的危险;这一危险已体现在他对吕西阿斯那篇写下来的讲辞的仰慕中,而他又用这篇讲辞连哄带骗地把苏格拉底拉进了这场私人谈话。斐德若把书写作品当成闲暇时的消遣,从中取乐,这一点表明他最易受到诗人、写文章的人和法律文书的影响,从而也最能凸显这些人的权能和危险。

最终,苏格拉底把斐德若当作一个信使,命令他把他们在仙女们的树林中进行的这场谈话,传达给位于城邦中心的吕西阿斯。这一点证明:苏格拉底对斐德若的本性(nature)了如指掌。斐德若表面上只关心私人事务,暗地里却早就受到公共意见的影响,尽管他自己没承认;斐德若羞怯地遮掩自己作为被爱者的身份,[9]却又叫人一目了然。这些特点,在吕西阿斯与苏格拉底之间,也就是吕西阿斯的没爱欲者(nonlover)的修辞技艺与苏格拉底的神圣的有爱欲者的爱欲辩证法之间的竞赛中,让斐德若成了一个十分合适的中介。但是,斐德若之所以适合成为阐明这篇对话之理论问题的对话者,仅仅是因为他自身的品性和兴趣超出了自身,指向柏拉图对哲学的写作技艺的辩护。这种写作技艺显现为属人的技艺与神圣的爱欲之间的真正调和。

《斐德若》属于这样一类柏拉图对话:它们的标题取自苏格拉底的主要对话者或唯一对话者的名字。① 早在确定他们将要共同探究的主题之前,苏格拉底就表现出对斐德若本人的兴趣;而在他们的邂逅结束时,苏格拉底却只是把斐德若视为一个中间人,命他把对话的讯息传达给它想要传达的听众,即以吕西阿斯为代表的写文章的人、以荷马为代表的诗人们和以梭伦为代表的法律文书们。这些写作者塑造了政治共同体的各种意见,②假如此次谈话最终被好好地传达给了这些人,那它也是通过一个富有私人性(private)的人物传播出去的:这人的兴趣[不在于公共事务],而在于爱欲和养生之类的话题,并且将文章仅仅当做一种消遣来崇拜。由此,斐德若作为对话参与者具有什么样的地位,就成了一个亟待解释的基本问题,因为苏格拉底与斐德若的谈话,从一开始就不单是针对斐德若,正如爱欲、修辞和辩证法等对话主题也指向它们自身之外的、揭示了它们之间的统一性的某种东西。

对话的开场,便是苏格拉底正在追问斐德若运动的源头和目标:"亲爱的斐德若,到哪儿去,从哪儿来?"尽管斐德若在苏格拉底的陪伴下,在仙女们和河神的圣林中度过了一段时光,他这一天却是从城邦的中心开始的,在那里他享受了一场吕西阿斯举办的盛

---

① 同样是记述苏格拉底和另一个人的邂逅,《斐德若》还可以与《游叙弗伦》、《克力同》、《伊翁》、《克莱托丰》、《美涅克赛诺斯》、《阿尔喀比亚德前篇》、《阿尔喀比亚德后篇》、《米诺斯》、《希琵阿斯前篇》等柏拉图对话联系起来。在所有这些戏剧化的作品中,《斐德若》的场景最为私密,而同时又最为明显地暗示出,两人对话的真正听众乃是当前的对话者之外的某个对象。

② 《王制》卷十(597e)批评诗乃是"对摹仿的摹仿",表明诗人有意无意地充当了政体的仆人,摹仿工匠-立法者的手工作品(意见)。"立法者和诗人乃是法律和习俗所构成的视域的创造者;或者,用洞喻来说,他们是举着雕像和其他事物的人,囚徒们看见的是这些事物的影像(阿兰·布鲁姆编,《〈王制〉释义》,页504)。[译按]参中译本《人应该如何生活——柏拉图〈王制〉释义》,刘晨光译,有改动,北京:华夏出版社,2009,页144。

宴，打发掉了(*diatribe*)一些无聊的时间。① 斐德若处于运动之中，苏格拉底希望通过发现其源头和目标的稳定性，来理解这一运动。然而，斐德若运动的源头和目标都在他自身之外，外在于他的因素决定了他的运动方向。在这样的理解下，斐德若似乎无法代表"自我运动的运动(self-moving motion)"，而这种运动后来被苏格拉底等同于灵魂的存在和定义(logos)（参 245e）。

斐德若迫切地想和苏格拉底分享吕西阿斯的盛宴，只要苏格拉底有闲暇听，而苏格拉底却认为这件事"比正经事还重要(higher than business)"(227b)。② 可见，斐德若对文章的热爱纯属娱乐，他是一个喜欢自由与闲暇的人，但并不通过哲学的实践(practice of philosophy)来兑换(redeem)这些自由与闲暇。③［10］相比之下，苏格拉底对言辞的爱，乃是一种紧迫且至为严肃的事情；④但是，对于

---

① 苏格拉底特意问道，斐德若和吕西阿斯的会面是不是"在城里"，也就是厄庇克拉特的家，那里曾经属于莫里奇亚，离奥林匹亚神庙不远。根据阿里斯托芬《公民大会妇女》行 71 的一则评注，厄庇克拉特是一名修辞家和民主派领袖；在其演讲《反对厄庇克拉特及其同行使节》(*Against Epicrates and His Fellow Envoys*)中，吕西阿斯指控厄庇克拉特在觐见波斯王时收受贿赂。莫里奇亚在古代的名声，不是由于他那几篇短小的悲剧作品，而是因为贪吃。参阿里斯托芬以下文本的评注，《阿卡奈人》行 887，《马蜂》行 506，《和平》行 1008。斐德若，一个嗜文如命的人(a glutton for speeches)，在一个吃货(glutton)的家里，享受了一场来自吕西阿斯的文辞盛宴。

② 苏格拉底承认其说法来自品达的颂诗："我的母亲，固若金汤的忒拜城/在我心中，你的利益高于一切(greater than business)"(*Isthmia* 1.1)。苏格拉底反讽地表示，听听吕西阿斯和斐德若如何消遣(diatribē)，对他来说，就像那些超越个人闲暇事务的城邦利益一样重要。［译按］diatribē 指度过一段时间的方式，这里就是指闲暇的活动。

③ 在对最原始的(rudimentary)城邦的描述中，苏格拉底暗示，如果没有私人财产和私人闲暇之类的恶，也不会有哲学出现的必要条件(尽管不是充分条件)。参《王制》369b-372e；另参《治邦者》272a-d；《法义》670a-d。

④ 苏格拉底似乎拒绝亚里士多德在实践德性或政治行动(没有闲暇，不是因为自身而是因为自身之外的某种目的而值得追求)和哲学或 *theōria*(要求

分享吕西阿斯的盛宴这件事的严肃重要性,苏格拉底的热心却带有玩笑意味,这一点就连斐德若也察觉到了(参 234d)。苏格拉底把他和斐德若的相遇拔高到"比正经事还重要"的地步,其中隐含的反讽在讨论结束时透露了出来,在那里他说这不过是一场游戏(paidia,参 278b)。对于斐德若欣赏的这篇娱乐文章,苏格拉底看似随意的开场评论,却反讽地预示了整篇对话的主题。苏格拉底后来与斐德若分享的那两篇爱欲讲辞揭示了技艺原则的严肃价值,只有认识到这种价值,苏格拉底才能觉察到那两篇讲辞的游戏性(paidia,参 265b);正因如此,苏格拉底才能不动声色(silently)地暗示,他表面上批评了书面文辞必然带有的游戏性,但这种批评其实是认识到其严肃价值的唯一条件(参 277e – 278b)。

斐德若在城邦的围墙下碰到了苏格拉底,当时,在医生阿库美诺的建议下,他正要去乡间小路上好好地活动活动。① 当苏格拉底建议沿伊利索斯河走一走的时候,在炎炎烈日下没有穿鞋的斐德若爽快地答应了。如果鞋子代表了技艺和城邦,② 斐德若便只是在这一天暂时退出了这个领域,并和苏格拉底走到一起。对斐德若来说,不穿鞋意味着适应环境对身体施加的必然性(physical necessity),而对苏格拉底来说,却意味着不受这种必然性所摆布。③ 斐德若

---

自足,无自身之外的目的,拥有属于自身的快乐)之间的区分(《尼各马可伦理学》10.7,1177b15 – 20)。

① 苏格拉底开玩笑说,愿意跟随斐德若"溜达到墨伽拉再绕回来",还提到了医生赫诺狄科斯。这证明苏格拉底十分清楚斐德若关心的事情。从《王制》(406a – b)来看,赫诺狄科斯是一个过分关心自己健康的人,而从《普罗塔戈拉》(316e)来看,他是一位伪装起来的智术师。

② 从柏拉图全部对话来看,唯一一位从未穿过鞋子的人物是四处游荡、无家可归的爱若斯(《会饮》203d)。

③ 苏格拉底特别能忍耐物质条件的艰苦,阿尔喀比亚德曾经提到过苏格拉底在波特岱亚之战中的表现:"再有,他特能耐寒……他穿着平常穿的外套走出去,光着脚在冰上走,比我们这些穿鞋的还轻松。将士们都斜眼瞧他,以为他有意鄙视他们"(《会饮》220b)。

选择了一个有着高大梧桐树的荫蔽和徐徐清风的地方作为理想的处所,这一点暗示了斐德若想听言辞的欲望服从于身体的享受。正是因为正午的炎热,斐德若才愿意在苏格拉底的第一篇演说结束时,继续两人的谈话(242a),也只是因为炎热已经消退,他最后才愿意离开(279b)。

对于吕西阿斯创作的那篇谜一般的爱欲讲辞,斐德若认为苏格拉底是理想的听众;他确信苏格拉底会有强烈的兴趣,这似乎是在暗示他还记得《会饮》记述过的那次相遇,①在那里,斐德若是"讲辞之父"(father of the speech),他抱怨爱若斯神(Eros)是唯一一个从未得到过应有称赞的神(《会饮》177c)。② 斐德若希望赞颂爱神的想法,通过医生厄里克希玛库斯之口说了出来,而斐德若毫无保留地服从这位医生的指示,就像奴隶服从主人。③ 斐德若与医生们交好,④以及他在会饮中的不胜酒力,都说明他甘愿节制只是为了身体享受。虽然他似乎关注那些最具私人性(most private)的东西,但指导他的仅仅是那些声称拥有一门技艺的人所公认的意见:斐德若对自身利益(self-interest)的关注看似自然,其实早已不知不觉地被他所敬重的那些公众生活的专家们(public experts)的意见所渗透。

---

① 当斐德若提议发表有关爱欲的讲辞的时候,苏格拉底宣称无人会反对,"我自己肯定不会反对,因为我除了懂爱欲的事情(erotika),别的什么都不懂"(《会饮》117d-e)。

② 在准备献给爱若斯神的悔罪诗时,苏格拉底问斐德若,他是否相信"爱若斯是阿弗洛狄忒的儿子,是某个神"(242d),斐德若只答道,"据说是"——他似乎还记得第俄提玛称爱若斯(Eros)既非人亦非神。参《会饮》202e。

③ 当阿库美诺的儿子厄里克希玛库斯提议,为了身体健康少喝点酒时,斐德若马上宣告他一如既往地服从他的建议(《会饮》176d)。

④ 在一个智术师们聚会的场合,斐德若和厄里克希玛库斯及别的一些人,一块坐在希庇阿斯脚下,听他回答有关自然与天体的各种问题(《普罗塔戈拉》315c)。

斐德若在《会饮》中发表的演说,其实是一篇献给自己的颂歌,因为他对爱欲的描述只是反映了他自己的身位:爱神是最早的神,因此享有最大的荣耀。年龄的权威赋予爱神以荣耀,也是这份荣耀使它成为我们的至福之源(《会饮》178c)。[11] 在斐德若看来,爱欲(love)之力量的标志,在于让人对无耻之物感到羞愧,对美好的荣誉心怀爱慕。爱欲的效果取决于外观和名声:不是真理而是荣誉,不是内疚(guilt)而是在他人面前的羞耻感。斐德若坚定地认为,无论个人还是城邦,[羞耻感和对荣誉的爱]对于做出一番伟大而美好的事迹都是必不可少的(178d)。① 斐德若压根儿没有意识到,爱欲的前提和政治共同体的前提之间存在着某种冲突;他以为只要实现其中一项,另一项也自然会实现。因此,斐德若心中"最好的城邦"是由一群有爱欲者组成的,竞争荣誉、避免耻辱是这些有爱欲者背后的推动力。爱欲的理想效果,是以荷马的英雄们的 menos[力量、力气]为榜样的血气(《会饮》179b);②举止温和的斐德若把爱欲看作是受神启而生(inspired)的愤怒的源泉,藉此而赋予爱欲以荣耀。苏格拉底将把这种神启(inspiration)呈现为有爱欲者对神的积极追求,追随神的脚步(参《斐德若》248a),而斐德若把它呈现为有爱欲者对于神吹入他体内的勇气的被动接受。

但是,在斐德若看来,真正的爱欲有一个确定无疑的标志,即甘愿自我牺牲;这在阿尔刻提斯愿意为阿德墨托斯去死,阿喀琉斯决心为帕特洛克罗斯放弃生命的例子中,体现得十分明显(《会饮》179b−c)。③ 斐德若深信,死亡是对爱欲的终极考验,而苏格拉底

---

① 斐德若对荣誉的热衷,让人想起《王制》卷八对"荣誉政体(timocratic)"下的人的刻画:这种人热爱缪斯,喜欢听人演讲,尽管自己并不是修辞家;他们对奴隶十分粗暴,对自由人温和,对统治者则很恭顺;他们热爱荣誉,热衷于体育运动,年纪越大还越喜欢金钱,但对于与言辞和哲学相关的真正缪斯则毫不在意。

② 参《伊利亚特》10.482,15.262。

③ 斐德若把甘愿自我牺牲看作是真爱的标志,这似乎暗示了他所理解的爱欲深深浸淫着血气(thomos)。参《王制》440d。

在转述第俄提玛讲辞的过程中对此进行了考察。在那里,爱欲被理解为一种原则,通过这一原则,有死的自然(nature)竭尽所能地寻求不朽(《会饮》207d)。因此,在第俄提玛的讲辞中,阿尔刻提斯和阿喀琉斯的自我牺牲,不是因为他们渴望死亡,而是因为他们想要"永垂不朽"(deathless memory)(208d)。那些拥抱死亡的人所挣得的荣誉,被斐德若理解为爱欲的见证。正如苏格拉底在《斐德若》中所宣告的那样,斐德若的这种理解使他特别适合听一种缪斯神话,即缪斯用死亡来惩罚那些遗忘自我的有爱欲者(《斐德若》259b – d)。

然而,斐德若的赞扬并非一视同仁地给予所有自我牺牲者;作为被爱者的阿喀琉斯,必须比作为爱者的阿尔刻提斯,得到更多的赏识,因为最高的荣誉不属于受欲望的逼迫而牺牲自己的爱者,而是属于因其完满,能自由地选择是否为了爱他的人而牺牲生命的被爱者(《会饮》180b)。在把被爱者的回应看作爱欲力量之体现的同时,斐德若暗示了他其实是把自己想象成一位被动的被爱者。误把爱神(Eros)看作被爱者而非爱者的那种错觉,在苏格拉底转述的第俄提玛的讲辞中被揭示了出来。这一转述也阐明了这位爱神的悖谬性质:他所代表的必然不是欲望对象的完满和实现,而是欲望自身的欠缺。

在斐德若和苏格拉底私下相遇后交流的讲辞中,那种把爱神当作被爱者的错觉,被展现为一切爱欲讲辞(love – speech)的共同假定,这些爱欲讲辞的目的都是要取悦被动的被爱者,以使其成为积极的爱者。由于斐德若把自己等同于被爱者,因而最容易折服于此类爱欲修辞的说服力。[12]斐德若对吕西阿斯那篇颇为机智的讲辞的赞赏,恰恰就体现了他的这个弱点。吕西阿斯的讲辞是"没爱欲者"向"一位美人"说的,而根据苏格拉底最后的解释,其实是一位有爱欲者为了获得被爱者的青睐,将自身塑造成被爱者的形象,也就是一个没爱欲者的形象(参《斐德若》237b)。

为了引起苏格拉底的兴趣，使他想看看自己欣赏的那篇讲辞，斐德若扭扭捏捏地将自己称作"没技艺的人"(idiōtēs)，相对地，吕西阿斯则被称为"当今最聪明的作家"。斐德若把吕西阿斯作品的优点，归功于他闲暇时耗精费时的创作，这也暗示了斐德若持有一种还原式(reductive)的理解：他认为这篇作品潜在地具有一种无功利性(disinterestedness)价值，它可能真的依赖于一种免于紧迫性的自由(freedom from urgency)。斐德若在对吕西阿斯作品的回应中，表现出同样的还原式理解，因为他最想要的只是根据记忆并且复述这篇讲辞的能力。① 他最欣赏的能力不是思考、理解、讨论、辩护或者攻击，而仅仅是死记硬背，而且斐德若对于这种渴望也找不到什么更高的赞美，除了说它甚至超过了他对金钱的爱。斐德若把金钱和闲暇、写作和记忆联系起来，其实已不经意地揭示了吕西阿斯写作活动的真实基础，以及苏格拉底批评书面文辞的真正理由。②

斐德若对文章的热爱同苏格拉底对文章的热爱是否一样，这一点只有在苏格拉底揭穿斐德若故作忸怩的伪装之后，才能发现。因此，苏格拉底开始引诱斐德若，声称他对自己的认识与他对斐德若的认识具有一种相互依赖的关系："噢，斐德若，如果我不了解斐德若，那我就连我自己也忘记了"(228a)。显然，苏格拉底要能拥有这样一种知识，要么因为斐德若就是他本人的镜像(mirror-image)，要么因为他错把斐德若当成这样一种镜像，要么就是在苏格拉底面前，斐德若暂时成了这样一种镜像。假如"爱欲的本性是让

---

① 智术师希庇阿斯是斐德若仰慕的人(参《普罗塔戈拉》315c)，而希庇阿斯认为自己最杰出的技艺是"记忆术"(《小希庇阿斯篇》368d)。

② 苏格拉底后来把吕阿斯的讲辞比作是佛律格人密达斯墓碑上的铭文，而密达斯乃是一位出了名的贪财者(264c)。因此，苏格拉底把斐德若、吕西阿斯、忒拉叙马霍斯和其他一些人等量齐观，统统视为那种向"把他们当成国王而奉上金钱"的人教授一门言说技艺的人(266c)。

人变成他所爱的东西",①那么,斐德若和苏格拉底就会彼此摹仿,因为他们都从对方身上看到了自己,而一旦开始摹仿,他们也就处在与自己摹仿的对象变得愈发相似的运动之中。②［但是］,斐德若只是恰好在这一天没有穿鞋,而苏格拉底则一向如此;苏格拉底想要的自我认识,或许将要求揭穿他声称与斐德若共享的那种虚假的相似性。

苏格拉底没有直接说斐德若,而是以第三人称的方式来谈论他,从而给了斐德若一个与他本人不同的形象供其观察。苏格拉底和斐德若组成了一个共同体,来检视一种被客体化的斐德若的形象;斐德若有着一种天真无知的羞怯,这妨碍了一种内在他者的产生,而苏格拉底就是要将它创造出来。由此,苏格拉底暗示:当局者迷,旁观者清。不过,这一暗示能否表现出来,也取决于这篇作为书写作品的柏拉图对话本身;它摹仿了苏格拉底与斐德若的相遇,从而为读者提供了一种对于克服对话参与者的片面视角而言必不可少的距离。

［13］苏格拉底暗示自己与斐德若相似,只有上述那种距离才能凸显这一暗示所包含的内在紧张。因为对斐德若行为的描述与苏格拉底的自我展示之间,显然没有任何相似可言。斐德若不仅听了一遍［吕西阿斯的讲辞］,还要求吕西阿斯(他也被轻易说服了)重新讲了一遍(228a-b);苏格拉底大概会提问题,但绝不会要求重

---

① "爱具有这样一种本性,它改变人,使人进入他所爱之物中,"海德格尔转引自迈斯特·艾克哈特,借用了狄奥尼修斯·阿雷欧帕杰塔的说法。海德格尔,"Das Ding", in Vortrage und Aufsatze, ed. Clements Grafpodeweis (Pfullingen: Leske Verlag, 1954), vol. 2, p. 49.［译按］注中所引原文为德文,中译文出自海德格尔:《演讲与论文集》,孙周兴译,北京:三联书店,2005,页184。

② 同气相求(attraction of likes)乃友爱的基础,苏格拉底在和拉西斯的讨论中谈过这个话题:"一谈起自己对于那些偶然交上朋友的人的看法,他们［诗人们］倒是说到了点子上;他们说,是神让那些人成为朋友,并引导他们找到对方。我相信他们是这样说的:'神总是让相似的人喜欢上彼此'"(《拉西斯》214a)。

复。最后，意犹未尽的斐德若还拿走了讲稿，以便钻研他最感兴趣的部分，钻研累了以后，又习惯性地来到城墙外面，开始练习背诵（228a－b）；相反，苏格拉底只会和演讲者继续谈话，希望双方对于讨论主题的本性达成某种一致理解。斐德若对吕西阿斯之讲辞的兴趣是如此浓厚，恨不能把它背下来；苏格拉底对讲辞的兴趣则是为一些困惑所激发，而这些困惑源于苏格拉底对其藏而不露的种种假定的思考。因此，苏格拉底与斐德若共同分享的那几篇爱欲讲辞之间的内在区分，就暗示了写作的含混价值及其危险。因为书面文辞可以被重复而保持不变，并不意味着对它的理解也能保持不变。斐德若对吕西阿斯讲辞的反应，表明了他的品性特别适合被用来阐明书面文辞本质上的含混性。

　　苏格拉底指责斐德若，说他就算没人想听，也肯定很想背一背那篇讲辞；①苏格拉底说他是一个骗子，[明明很想讲]，却扭扭捏捏地装作不愿意讲，就像一个有爱欲者假装自己是没爱欲者一样。这一指责被斐德若理解为苏格拉底对他的威胁。② 斐德若似乎把"强迫"理解为"心甘情愿"的截然对立面，因为他既不承认还有另一种可能性是"说服"，也否认了欲望本身就具有强迫的成分。斐德若不知道在情愿和强迫之间还有一种中间状态，究其缘由，是因为他根本没有意识到说服的力量，而对于这种力量他压根儿无法抵挡。因此，他情愿对苏格拉底玩笑式的暴力威胁表示屈服，提议说，虽然

---

① 说服的最佳条件是听众愿意聆听，《王制》的戏剧性开头暗示了这一点。当玻勒马霍斯、阿德曼图斯和其同伴们试图阻止苏格拉底和格劳孔返回城里的时候，他们命令道："你们要么证明比我们强（better），要么就留下来"；苏格拉底反问道："为什么没有另外一种选择，让我们说服你们放我们走？"玻勒马霍斯回答道："如果我们根本不想听，你们能说服我们吗？"（《王制》327c）

② 当提奥多鲁斯反抗苏格拉底的强迫时，他说："苏格拉底，和你坐一块儿，又不被你强迫给个说法（logos），不容易啊……因为凡是接近你的人，你绝不会轻易放过，除非强迫他脱光衣服，在言辞中来一场摔跤（wrestle），"苏格拉底解释说，他"酷爱这种健身运动（gymnastics）"（《泰阿泰德》169a－b）。

不能还原吕西阿斯的盛宴,但愿意用他自己的话讲个大概(228e)。如果说斐德若在想搞修辞术操练(rhetorical gymnastics)的急切心情中显示出想要骗人的意思,那么,正是他藏在外套下的那卷书写作品的本性为这样一种欺骗创造了条件;斐德若欣赏那篇讲辞的机智,而这篇讲辞正好反映了他品性上的不老实。斐德若清楚地知道这是一篇修辞术的样板(rhetorical showpiece),但他拒绝承认它是一种写作"游戏",这就暴露了他对这篇讲辞的欺骗力量一无所知,而该讲辞在这篇论写作的对话中也构成了写作的范例。

苏格拉底看到了斐德若藏在外套下面的稿子,就像他看出斐德若表面上自我贬低,其实心里很想讲一讲,所以苏格拉底不让斐德若为这篇欺骗性的讲辞(它反映了斐德若自身的品性)承担责任。因此他坚持要听吕西阿斯本人讲,在他看来,吕西阿斯的作品就代表了他本人。苏格拉底迫使斐德若充当演员的角色,吕西阿斯则是他背后的诗人。因为这一角色不仅展现了斐德若的品性,[14]也展现了书写作品的本性:作品是沉默的,它等待[演员]赋予其生命。在那番玩笑似的威胁里,苏格拉底一上来就区分了真实的斐德若本人与斐德若假装不愿开口的表面样子,并将想讲话的冲动归于前者;而在最后,苏格拉底因为这篇讲辞的缘故,将想讲话的冲动归于吕西阿斯,而斐德若只是以中间人的身份念了一遍稿子,虽然不一定理解它。

在沿着伊利索斯河走的路上,苏格拉底一再地要求斐德若带路(229a,229b,230a);到最后,热爱神话(muthoi)的斐德若(参259b)问苏格拉底,他们是否已经到了玻瑞阿斯[北风神]掳走俄瑞荻娅[雅典国王厄瑞克透斯(Erechtheus)的女儿]的地方。苏格拉底作为一个"城邦之外的异乡人"(230d),知道这一神话事件的准确地点,还说那儿有一座玻瑞阿斯祭坛(229c),而斐德若却误以为他们眼下站的地方就是那里:"不是这儿吗?这儿溪水怡人,纯净清澈,是女孩儿们玩耍的好地方"(229b)。此时,斐德若没有意识到,他已经预示了自己将和山林仙女俄瑞荻娅一样,①因为苏格拉底不久就要用美丽的言辞"掳走"他,还诱使他许诺要为苏格拉底铸一尊雕像(235d – e, 236d)。通过补充提及俄瑞荻娅的伙伴法玛珂娅(Pharmakeia),苏格拉底让斐德若提到的神话典故变得更加应景,正如苏格拉底后来也说,真正吸引他并诱使他追随的,不是斐德若本人,而是斐德若用吕西阿斯的稿子作药(pharmakon)玩出的把戏(230d, 234d, 参 274e)。斐德若回想起来的神话,喻示着正在上演的一幕自然的引诱场面;苏格拉底的补充,则暗示了书面作品作为用来引诱的药在那一幕中所扮演的角色②。

斐德若想要为当时场景的自然美注入一种神话的引诱气息,这一点确立了这篇对话整体上的模式(pattern)。苏格拉底讲给斐德若的神话恰到好处地引出了关于言说和写作的讨论,而斐德若在此提到的神话(一个正在和她的同伴法玛珂娅玩耍的山林仙女,被一位北风之神掳走)也为接下来的爱欲讲辞提供了一个序曲。斐德若追问故事发生的自然场景,只是想知道苏格拉底是否相信这个神话(*muthologēma*)的真实性,神话里的那件事是否的确发生过。在回答问题的时候,苏格拉底宣称自己很另类(out of place, *atopos*),因为他不像那些"聪明人"(*sophoi*)那样,一概否定神话的真实性。苏格拉底暗示,如果他是一位老于世故(sophisticated)的不信者,他会把美少女被多情神玻瑞阿斯掳走的故事另作一番解释:这不过是一个女人被风吹落山崖的事故而已(229d)。一位有技艺(artful)的聪

---

① 之后不久,苏格拉底就把他因斐德若的光彩而染上的神圣疯狂(234d)和他受感于当地的神而产生的狂喜(nympholepsy)等同了起来,后者据说也是斐德若引起的(238d)。在第一篇讲辞结尾处,苏格拉底再次把斐德若的激发和仙女附体(possession by the nymphs)联系了起来(241c)。

② "通过它的游戏(文字即是游戏),药引出了面向死亡的原初纯洁和尚未被开启的内在。就在后文的不远处,苏格拉底把斐德若带给他的文字比作一种药。药,既是良药也是毒药,本身就在对话形式中暗含了它全部的含混性。"[德里达,德里达,《柏拉图的药》("La Pharmacie de Platon"),页 78]。

明人会将一段有关爱欲的传说,解读成一个被隐藏起来的关于死亡的意象。神话(muthologēma)的"真相(truth)",在有些人看来只不过是一种幼稚的拟人化,这些人由于自己的聪明,看不到神话的诗性意象背后所蕴含的内在经验。

聪明人(sophoi)试图通过一种理性化(rationalization)的做法,把神话故事解释为自然事件的隐喻。和他们不同,苏格拉底从其中隐含的灵魂理解里寻找神话的价值,而他自己也被一种迫切的要求所驱使,[15]要"根据德尔菲神谕,认识我自己"(229e)。苏格拉底无暇发展聪明人的那种粗野的智慧,不像他们那样大费周章地为马人(Centaur)、喀迈拉(Chimaera)、蛇发女怪(Gorgon)、双翼飞马(Pegasus)寻求聪明的解释。苏格拉底只是探究他自己,"是不是比提姆还要错综复杂,狂暴易怒,①或者是一个温顺而单纯的动物,分有(partaking)神圣和安宁的本性"(230a)。苏格拉底关注的首要问题,是他还不知道他自己的肆心(hubris)究竟是神圣的还是野蛮的。按照他自己给出的形象,二者必居其一。

如果说神话(muthos)代表了有关人之自我理解的诗性智慧,那么苏格拉底就证明了,这种智慧必须接受批判性的考察,以服务于人的自我认识;苏格拉底效法德尔菲铭文(gramma),需要毕其一生探索它的意义。② 智术师们通过一种理性化的做法,把玻瑞阿斯和俄瑞荻娅的神话(muthos)解释成一起被隐藏起来的死亡事件,苏格拉底则把它当作爱欲的解释来接受——斐德若的立场处于两者之

---

① 提姆,拥有一百个龙的脑袋的恐怖怪兽,被宙斯征服后囚禁在地狱(Tartarus)之中,它是一位试图颠覆诸神既有秩序的反叛者。在 Hyginus Mythographus 的《寓言集》中,提姆被认为是埃及文明中的一个神,相当于古希腊的潘神,而在《斐德若》结尾,苏格拉底向潘神祈求让自己的内在变得美好。参 *Fontes Historiae Religiones Aegyptiacae*,页349。普鲁塔克认为,对希腊名称的解释有助于彰显埃及神的本性,而希腊语 tetuphonai 意为"发疯"(*Of Isis and Osiris* 357d)

② 参《申辩》23b,29d。

间,他谈论这个神话的方式就像是在谈论一个真实意见的对象。这篇对话的整体情节也代表了一种神话,而苏格拉底在逐渐扩展斐德若对于真理之理解的过程中,为我们提供了此神话(muthos)的一种示范。当苏格拉底自己也开始亲手创造一个错综复杂的怪物作为灵魂的意象时,他首先建议我们应该如何倾听这些神话(muthoi);作为一位技艺精湛的修辞家,他试图借助这些神话,"用言辞来引导灵魂"(参261a)。

就在神话的讨论结束时,苏格拉底和斐德若抵达了他们要停下休息的神圣场所,他们将躺在那里,用他们的讲辞玩一场爱欲游戏(230a)。与往常不同,苏格拉底注意到了周围的环境,称赞斐德若领他来的这个休憩之所(katagōgē)很美。① 他欣赏那高耸的梧桐和枝繁叶茂的柳树,清凉的溪流和怡人的微风,仙女和河神的神像,蝉们演奏的高亢的夏日音乐,② 以及躺着正合适的浓密的青草。③ 在

---

① 在其《斐德若》注疏中,马西里奥·斐奇诺把他们休息的地方解释为柏拉图的学园(Academy),把梧桐树解释为柏拉图,把贞洁的(hagnos)柳树(agnos)解释为纯粹的爱,把缪斯们的泉水解释为公共的智慧(communal wisdom)。"In *Phaedrum*, commentaria et argumenta,"页359。

② 苏格拉底具有一种反讽性的先见之明:他在那一番赞美中也提到了蝉族歌队声音高亢(shrill, liguron)的夏日音乐,从而预示了他后来对"声音高亢(shrill-voiced)"的缪斯的祈告。此外,缪斯们的称号(liguron)和利古里亚人(Liguria)的某种音乐竞赛也有联系。但苏格拉底此处对蝉族音乐的表面赞美,就像他后来对缪斯们的赞颂一样,其实是对于她们的引诱之危险的一种认识。

③ 苏格拉底赞美他们歇脚的地方,以"向赫拉起誓"开头(230b),或许是在暗示这个场景的原型是荷马笔下赫拉勾引宙斯的那一幕:为了保证他们做爱的私密性,宙斯用白云制成柔软的草坪,而事实上赫拉抱有政治意图,即转移宙斯的注意力。参《伊利亚特》14.262。在描述一处河神(Achelous)的祭坛时,泡赛尼乌斯(Pausanius)提到了一座赫拉神庙,里面摆着一些仙女或塞壬(sirens)的雕像。他还讲过一个故事:赫拉说服仙女们去和缪斯们比赛唱歌。缪斯赢了后,便扯掉仙女们的翅膀,并将她们的头冠抢来戴到自己头上。见《希腊志》(Description of Greece),9.34.3。

对山林自然之美发表了这一番激情洋溢(inspired)的赞美之后,斐德若宣称,苏格拉底真是一个极为另类(most out of place)的怪人,"天真得(artlessly)像个由人带路的异乡人而非本地人"(230d);苏格拉底不属于城邦之外的地方,甚至都没出过城镇四周的墙外。①不过,斐德若并不理解苏格拉底对情事(erotics)的兴趣与他对城邦的依恋之间的关系;对此,苏格拉底解释说,这是因为田园树木满足不了,只有城邦中的人才能满足他对学习的爱欲(230d)。②

斐德若对苏格拉底的批评中包含着一种无意识的讽刺,这一点在苏格拉底后来摹仿斐德若时的有意识的反讽那里得到了阐明。当苏格拉底赞美森林之美的时候,斐德若说他令人惊异,天真得像个城邦之外的异乡人(230d);后来,当斐德若抱怨正午的太阳分外炎热,乞求与苏格拉底继续交谈时,苏格拉底说他"一涉及讲辞就有神的样子(godlike),天真得令人惊异"(242a)。苏格拉底赞美了他们休息场所的自然之美,这种赞美却隐藏了他热爱学习的真相;斐德若声称自己热爱文章,这种爱却似乎隐藏了他事实上对周遭环境的关注。这种颠倒点明了宁静的自然之美与文辞之美之间的关系问题,而这一问题最终被转化为[16]美丽的被爱者与善于说服的(persuasive)有爱欲者之间的关系问题(参 255b – d)。至于如何协调这一矛盾,这篇对话的情节从一开始就提供了一条颇具反讽意味的线索:苏格拉底被斐德若的诱饵(一种药,即一卷沉默的文章)引出了城邦。

---

① 雅典的法律给出了苏格拉底应该接受它们的证据:"如果你不是比其他所有雅典人都更乐意呆在雅典,你就不会比他们更长久地留在这个城邦之中;除了服兵役之外,你从未到城邦外参加过一次节庆活动,或者去任何别的地方。你从未像其他人那样到别的地方旅行,你对任何别的城邦或法律都没有兴趣,而是认为我们和我们的城邦已经完备无虞了"(《克力同》,52b)。

② 苏格拉底由此预示,后来他对古人表面上的赞美带有反讽意味,古人由于愚蠢,听了"一棵橡树或一块石头"说话,就心满意足地以为它们道出了真实(275b – c)。

斐德若朗诵了吕西阿斯的讲辞，满足了苏格拉底，苏格拉底随即暗示说，另一篇讲辞虽然不同，但可能不比这篇差，可惜他忘记是怎样以及从谁那里听来的了（235d）。斐德若要求苏格拉底不要管从哪里听来的，只要讲出来就行。为了引诱苏格拉底从命，他像九个执政官那样许下诺言，要在德尔菲铸一尊人形大小的金雕像，不光为他自己，也为苏格拉底。① 斐德若誓言的特征，就是对荣誉和黄金的爱；与此形成鲜明对比的是下述两者，一是苏格拉底赞美德尔菲神谕的神圣疯狂，二是有爱欲者崇拜被爱者，有如崇拜"雕像一样"（251a）。就在苏格拉底一边摹仿斐德若的遮遮掩掩，一边重构了吕西阿斯讲辞所需的论证之后，斐德若热情高涨地许诺了另一种不朽的纪念：用金属打制一尊雕像，摆在奥林匹亚的库普赛罗斯像（Cypselids）旁边。② 在斐德若看来，政治声望最适合充当引诱苏格拉底在这最私密的场合发表爱欲讲辞的诱饵。

面对斐德若的威胁和许诺，苏格拉底的回应方式是摹仿斐德若此前的忸怩作态；他自称只是一个没技艺的人（*idiōtēs*），和诗人吕西阿斯没法比（236d）。面对苏格拉底的自我掩饰，斐德若丝毫不为所动，最终利用了欲望的强迫（compulsion of desire）；他威胁说，如果苏格拉底不把藏在内心的宝物向他公开，他就再也不跟苏格拉底分享自己最热爱的东西（236e）。爱人们凭着誓言和祈祷，许诺未来的各种好处；这就是斐德若现在的做法，而它即将遭到苏格拉底的谴责（241a）。既然找一位神来为他的誓言作担保，斐德若便凭着荫蔽他们的梧桐树发誓，除非苏格拉底发表一篇自己的讲辞，否则他

---

① 亚里士多德告诉我们，雅典的执政官在履职之前必须发誓，为每一桩僭越法律的行为立一尊金质雕像（《雅典政制》7.1）。如果说执政官们的誓言与违法相关，那么，斐德若显然是把吕西阿斯的讲辞看作了一种法律，而他和苏格拉底即将违法。

② 亚里士多德把库普塞罗家族的供品，看作是僭主们为了榨干臣民的财产以防止他们谋反的一种典型做法（《政治学》5.11,1313b22）。

就再也不给苏格拉底诵读或汇报任何讲辞了。① 颇为反讽的是,面对欲望的强迫,苏格拉底最后表示屈服,像娼妓(prostitute)一样同意了斐德若的请求。苏格拉底用外套蒙住了头,以免看见斐德若或被斐德若看见而感到羞耻,这是在摹仿藏在斐德若外套下面的那份可耻的讲辞。② 但是斐德若对苏格拉底这种戏剧性的伎俩不感兴趣;只要听了讲辞就行,它的条件、它背后的意图、它活生生的语境,统统可以忽略不计。至于思考这两篇讲辞在意图上的区别,以及旨在把握真实的讲辞与只图说服的讲辞之间有着怎样的不同,这些事儿在斐德若看来显然也并不重要。

在吕西阿斯的讲辞结束和苏格拉底的讲辞开始之间的过渡阶段,苏格拉底化身为一个斐德若可以紧紧跟随的形象,理由是斐德若能从中看到他自己身上的某些东西。一旦斐德若答应读一遍吕西阿斯的讲辞,让苏格拉底的好处得到了保证,"贝壳就翻了面"(参241b),追求者和被追求者的角色就发生了互换。因此,苏格拉底在第一篇讲辞中所描绘的爱者与被爱者之间的游戏,也就反映在这两位好文者(lovers of speeches)之间接连发生的错综复杂的"相映之趣"(mirror‑play)③之中:[17]斐德若最后赞美吕西阿斯的讲

---

① 在这篇充满各种词源学游戏的对话中,我们也可以半开玩笑地把梧桐树(platanos)与这一诗化形象的创作者柏拉图(Plato)联系起来。苏格拉底和斐德若在梧桐树的荫蔽中找到了讨论讲辞的休憩之地,而事实上正是柏拉图的对话为苏格拉底和斐德若的讲辞提供了保护性的荫蔽。参本书页24脚注①。

② 在《修辞学》卷二对羞耻和无耻的讨论中,亚里士多德声称:"我们只有在众目睽睽之下公开做出某类事情的时候,才会感到羞耻,所以有俗话说,'羞耻居住在眼睛之中'。"(1384a33–35)

③ [译按]mirror‑play,德文对译词是Spiegel‑Spiel,正是海德格尔后期学说中天‑地‑神‑人"四方域"(Das Geviert)之间发生的"镜像游戏"(Spiegel‑Spiel),或许是作者有意为之。不过,考虑到作者此处的关注点是柏拉图对话的文学性,而非形而上学旨趣,试译作"相映之趣"。另参海德格尔,"物","筑·居·思",均收入《演讲与论文集》,孙周兴译,北京:三联书店,2005。

辞"词藻"(names)丰富(234c),这是重复了最初他夸这篇讲辞在颂扬"没爱欲者"方面最机智的做法(227c);苏格拉底回答说自己听完就跟着陷入了神圣的狂醉状态(divine frenzy)(234d),这让人想起他对斐德若渴望有人分享其沉醉样儿的描述(228b);斐德若赞赏这篇讲辞的内容宏富周全(234e),照应了早先他自称无力与其高超技艺相竞争的说法(228a);苏格拉底仅仅批评这篇讲辞的修辞繁复芜杂(235a),照应了他最初对其内容的批判(227c-d);斐德若许诺在德尔菲和奥林匹亚树立雕像(235d,236d),这让人想起苏格拉底对仙女和河神的雕像(这是他们神圣处所的标志)的赞美(230b);苏格拉底妥协说可以重新整理一下这篇讲辞的必要论证(236a),相应地,斐德若先前也妥协说可以讲一下这篇讲辞的大概(228d);苏格拉底曾经吹嘘对斐德若知根知底,斐德若后来摹仿了他(236c),斐德若曾自贬为无名小辈,苏格拉底后来也摹仿了他(236d);斐德若凭着梧桐树发誓(236e),这让人想起苏格拉底对梧桐树的赞美(230b);面对斐德若声称未来不再与他分享言辞的威胁,苏格拉底表示屈服(236e),这也呼应了他当初自称是一位热爱学习者的辩白(230d);最后,苏格拉底因羞耻而蒙上了头(237a),照应了斐德若把吕西阿斯的言辞藏在外套下面的做法(225d)。

  同样的主题在吕西阿斯讲辞之前的场景和苏格拉底讲辞之前的场景中接连出现,其中蕴含的反讽式的张力其实导致了苏格拉底和斐德若之间所谓的相似性的破裂。对自我的认识与对他人的认识之间的相互依赖性,在苏格拉底的眼中十分重要,而斐德若恰恰缺乏这一点。斐德若操心自己的身体健康,把文章当作闲暇时间的专属娱乐,竭力避免任何意义上的紧迫性或必然性;凡此种种,无不证明他就像他自己所理解的那样,是一个非常私人化的人(very private man)。但是,不加质疑地接受权威,关注声誉,赞赏政治荣耀,这些都表明了斐德若对于高贵的私人快乐的追求是一种自欺,他从未批判地认识到,正是公共力量支撑和塑造了他的这种追求。正因如此,斐德若先是赞美吕西阿斯有关爱欲的说服性讲辞,后来又声称修辞技艺不存在任何私人用途(261b),并坚持认为,修辞技艺真正强大的力量只有在公民大会中才能展现出来(268a)。斐德若热爱缪斯,却不知道缪斯可以对人施加何种强力(参259b);苏格拉底试图让斐德若认识到左右他的那些力量,要做到这一点,他必须与斐德若共同展开一场对于写作技艺的考察。这一考察有助于揭示斐德若对自己的无知,揭示他在面对既有意见之权威时的奴役状,揭示他脱离内在的回忆而对外在之物的盲目信任(参257a)。苏格拉底对于斐德若的灵魂的认识,反映了哲学对于书面文辞的地位的认识。

　　修辞家们普遍认为,言说技艺不要求关于正义、善或美的知识,只需知道看似如此的东西就行了;对于这一看法,当斐德若兴奋地向苏格拉底报告这一点的时候(260a),苏格拉底在斐德若身上发现了做出回应的恰当媒介。[18]一旦发现了这个机会,苏格拉底就扮演上了某种神启的角色,试图占据斐德若的心灵,就像缪斯占据了诗人,诗人又占据了游吟诗人的心灵一样。如此一来,为神启所占据的斐德若就能把苏格拉底想要传递的信息传递给合适的听众(参227e)。① 在二人的邂逅中,苏格拉底对斐德若实施了这种好玩的(playful)奴役,②因为他只能通过斐德若这个中介,这个被吕西阿斯和苏格拉底所撕裂的人物,来与吕西阿斯交流(参257b)。因此,苏格拉底在斐德若的强迫下所发表的讲辞——赞颂"追求最好之物

---

①　参《伊翁》535e – 536b。

②　有关这种奴役,文中也提供了线索,如苏格拉底在其悔罪诗开头以 pai[孩子]指称斐德若(244a),以及 237b、237c、238d 和 243e 对斐德若的暗中指涉。鉴于本篇对话中的斐德若已经是一个中年男人(此处认为这一点已得到了确凿证明),为了解释斐德若所展现出来的虚假的年轻人形象,有必要把 pai 理解为"奴隶"或"被爱者"。[有关斐德若]年龄的论证的基础是,斐德若也出现在《普罗塔戈拉》中,而《普罗塔戈拉》发生的时间一般认为是公元前 433 年左右,同时在本篇对话中,斐德若和吕西阿斯都在雅典,索福克勒斯和欧里庇德斯也还在世,因此《斐德若》大概发生于公元前 415 年。参 G. J. DeVries,《柏拉图〈斐德若〉注疏》(*A Commentary on the* Phaedrus *of Plato*),页 6 – 7。

(the best)的习传意见"之节制,贬低"追求快乐的自然欲望"之肆心(*hubris*)(237e - 238a)——必定也充当了一个必不可少的中介,沟通了吕西阿斯笔下精明的没爱欲者对爱欲的指摘,与苏格拉底口中疯狂的有爱欲者对爱欲的颂赞。苏格拉底对于爱欲和非爱欲之间必不可少的辩证法中介的理解,决定了他对斐德若的兴趣。在苏格拉底对斐德若的兴趣背后,隐藏着吕西阿斯凭借那篇书写作品而在场的事实:"我怀疑你就带着那篇讲辞,如果是这样,相信我:尽管我对你很有好感,但既然吕西阿斯本人在场,我才不打算把我自己借给你,让你对着我来练习呢! 快点,拿出来吧!"(228d - e)

## 第二章　五彩斑斓的吕西阿斯讲辞[①]

[19]你真以为我要另说一篇,说得更为五彩斑斓(multi-coloured),把那人的智慧比下去?(《斐德若》,236b)

## 引　子

乍一看,这是苏格拉底与斐德若这两位好文者的一场私人邂逅。不过,这个假象很快破灭,因为苏格拉底意识到,吕西阿斯其实也通过其书写作品而在场。他的写作是一种"药",因其展现出五彩斑斓的(poikilos)智慧而令人倾倒。这篇作品欺骗性地隐藏了其作为一篇书写作品的性质,叫人误以为这是一位自诩为没爱欲者为了求得被爱者的青睐而作的即兴演说。吕西阿斯是替雅典法庭代写文案的笔杆子,由他来写一篇这样的讲辞再合适不过了。吕西阿斯所赞美的"没爱欲"(non-love),其实就是契约双方为了彼此利益而产生的一种交换关系,就像他的写作只是赚钱的手段,而其效用取决于隐藏的能力。

---

[①]　[译按]"五彩斑斓"(poikilos),这个词随后(277c)被用来描述某种讲辞的样式及其对应的某种灵魂类型。在《王制》中,这个词被用来描绘一种复杂的灵魂,它被拽入物欲和种种不好的欲望中,体现了民主政体的生活方式(557c),还有一次是被用来描述状如怪物、具有野兽般凶猛本性的灵魂(588c)。

在这篇论述写作的对话中,一篇谴责爱欲的讲辞充当了写作的样板,并促使苏格拉底竭力为爱欲辩护,尽管苏格拉底自己也承认,即便是一篇欺骗性的片面讲辞也一定表现了真相的某个部分:爱欲之疯狂,或会因为缺乏技艺娴熟(artful)的掌控,因为其盲目任意的选择性,进而有可能成为通达普遍性(universality)的根本障碍,在这些意义上它有理由遭到谴责。但是对爱欲的这一批评,其基础却是一种假象,即一篇[精心写就的]讲辞假装自己是一场即兴演说,是为一篇针对特定对象的即兴演说,因为一位真正的没爱欲者根据其定义就不可能想要获得某一位被爱者的青睐;因此,那个不可能对任何人讲话的没爱欲者必定代表了政治家,他把多数人当作一个人来追求、为民众(demos)的利益提供各种服务。爱欲具有一种私人化的特殊性,煽动家对民众的讨好具有一种表面上的普遍性;通过这篇讲辞的表象(即兴演说)与它的实质(书写作品)之间的紧张,这种特殊与普遍的张力恰当地表现了出来,因为,对一切人说话而又不对任何特定个体说话,不只是吕西阿斯这篇讲辞的内容,也是书面文辞的本性。

因此,吕西阿斯看似自相矛盾的讲辞,其实反映了书面文辞与其公共听众处在一种没爱欲关系时的沉默。[20]这篇讲辞的内容不可能活起来,成为一场现实演说;它质疑了有爱欲者要求得到爱欲的回报的理由,由此暗示了热爱诸理式的人与其对象之间的单方面的爱欲关系。因此,吕西阿斯对没爱欲者言辞的书面摹仿必然是沉默的,这种沉默象征着"天外之物(beings beyond the heavens)"与热爱诸理式的人之间的关系:天外之物永恒不变,始终沉默,从不回应他们。

通过赞美没爱欲者的客观性,批判有爱欲者的疯狂,五彩斑斓的吕西阿斯讲辞反讽地隐藏了柏拉图为写作技艺辩护的苗头。正如智术师赚钱的欲望映衬出哲人追求智慧的欲望,吕西阿斯的技艺(tekhnē)也映衬出柏拉图的技艺:吕西阿斯为没爱欲者的节制作辩护,是为了欲望的缘故;柏拉图为没爱欲者作辩护,却是因为它在从以一个人为对象的属人爱欲向着辩证法的神圣爱欲的转变过程中,具有十分必要的地位。

在仙女们的树林中,小河边郁郁葱葱的草地上,苏格拉底和斐德若躺下来开始读这篇讲辞。当斐德若读完后,苏格拉底坚持说自己已被吕西阿斯富有魔力的讲辞所征服(ekplagēnai),因为他看到斐德若"朗读的时候光彩照人",就跟着他一道陷入了神圣的狂醉之中(234d)。① 然而,并非斐德若本人,而是他提供的盛宴将苏格拉底引诱到了仙女们的泉水边;不是斐德若或俄瑞狄娅,而是吕西阿斯或法玛珂娅,吸引了苏格拉底的注意:"但是你好像找到了什么药(pharmakon)把我引了出来。就像人们拿根树枝或某种果实,就能引诱饥饿的动物跟着走一样,看来你拿着书里面的讲辞,就能引我在阿提卡到处转,想让我去哪儿就去哪儿"(230d – e)。②

斐德若藏在外套下面的吕西阿斯的讲辞被引进来,作为搞欺骗活动的一个时机;写作的范例就是在这种欺骗的背景下登场的。在斐德若天真无辜的遮遮掩掩(这是斐德若的性格特点)背后,是吕

---

① 一篇谴责爱欲之疯狂的、带有欺骗性的讲辞,[居然]作为神启的源泉影响到了苏格拉底,对此,就连斐德若也怀疑苏格拉底是在开玩笑(234d)。就在承认自己已经遗忘自我的时候,苏格拉底预示了后来他将对吕西阿斯讲辞进行的改造:在改造后的讲辞中,爱欲(falling in love)的经验就是因为看到美而忘记自我(ekplēttontai)(250a)。但这种因为目睹美而备感惊异(amazement)的经验,被呈现为无知(即误解自身处境)的原因。苏格拉底所讲的有关蝉族的故事重申了这一危险,据说蝉族就是由那些在缪斯诞生之时,因沉溺于歌唱而忘我(exeplagēsan)的人变来的(259b)。

② 通过用药的比喻代替树枝或水果之类的比喻,苏格拉底指出了人为的书写作品所具有的危险,这种产物据说可以令他迷失自己(参 275a)。吕西阿斯五彩斑斓(poikilos)的讲辞与"名称(names)"具有相同的本性,在《克拉底鲁》(394a – b)中,"名称"被比作医生手中的药,药真实的医疗价值对于所有医生来说都是一样的,而外行人则往往会受颜色和气味的影响而做出不同的判断。

西阿斯作品的那种刻意隐藏的本性,这些作品的效果怎样总是取决于欺骗是否成功。选择吕西阿斯作为代表欺骗力量的不二人选,似乎是考虑到他的历史身份,因为他是给雅典法庭上的当事人代写文书的笔杆子。① 一般而言,作者隐藏在作品背后,是不可见的。这种不可见性在吕西阿斯这里有另外一重含义:他不是雅典公民,虽有意于城邦事务却没资格参与。② 然而,吕西阿斯的技艺,更多地不是以城邦公共利益[21]而是以私人赚钱为目的;他的修辞技巧很少用于公民大会上的公共讨论(deliberation),而是大多用于解决人们为了保护自身财产和名誉而产生的私人法律争端。③

---

① 据哈利卡纳苏斯(Halicarnassus)的狄奥尼修斯记载,吕西阿斯的讲辞表面上看起来"简单直接,不事雕琢(artless)",却带有一种矫揉造作的自然性:"他的技艺隐藏在朴素(artless)的外观下面"(*De Lysias* 1.16)。作为专门写官司文章的讲辞作家,吕西阿斯声誉之隆,从以下传闻中可见一斑。据说苏格拉底遭到墨勒图斯指控之后,吕西阿斯曾为苏格拉底创作了一份辩护辞:"苏格拉底读过之后说,'相当漂亮,吕西阿斯,但不适合我,因为它法庭论辩的色彩太浓而不够哲学。'吕西阿斯反问,'既然很漂亮,为什么不适合你呢?'苏格拉底回答说,'难道漂亮的衣服和鞋子不也同样不适合我吗?'"(第欧根尼·拉尔修,《名哲言行录》2.40 – 2.41)。

② 在《王制》卷一中,吕西阿斯和他的兄弟玻勒马霍斯、父亲克法洛斯一起,在其位于比雷埃夫斯港的家中出场。克法洛斯是一位受伯里克利邀请定居雅典的叙拉古人,一家人在雅典从事盾牌制造业,生意兴隆。三十僭主执政期间,克法洛斯一家遭到驱逐,玻勒马霍斯被判处死刑,吕西阿斯在麦加拉流亡一年,把时间和剩余的财产都献给了当地的民主派。这些事件均记载于吕西阿斯公元前403年重回雅典时(此时被授予雅典公民权,旋即又被取消)所发表的演说"AgainstEratosthenes"中。丧尽家财的吕西阿斯开始靠为雅典法庭的诉讼写讲辞谋生,但吕西阿斯本人从未上过法庭。参 R. C. Jebb,《阿提卡演说家:从安提丰到伊塞奥斯》(*Attic Orators from Antiphon to Isaeos*),页142 – 152。

③ 现在归于吕西阿斯名下的33篇讲辞中,只有3篇不是用于控告或辩护的法庭演说。这3篇分别是《反对颠覆古老政制》(Against the Subversion of the Ancestral Constitution)、《葬礼演说》(The Funeral Oration)和《奥林匹亚演说》(the Olympic Oration)。

至于斐德若朗诵的讲辞是不是历史上的吕西阿斯的作品,相关争论已经延续了几个世纪之久,在此暂不涉及。① 但可以假定的是,一篇与柏拉图自己的论点和戏剧意图完美吻合的讲辞,肯定是技艺而非机运的结果,这一点往后将越来越明显。这篇讲辞(其风格与内容或许很容易被归于吕西阿斯本人)之所以能在对话中占据一个关键位置,恰恰是因为它引入了一个决定着对话整体之有机统一性的主题;归于吕西阿斯名下的讲辞,与苏格拉底开玩笑地归于斯忒西科洛(Stesichorus)名下(244a)的讲辞一样,都体现了只可能出于柏拉图式写作技艺之手的"行文律"(speechwriting necessity②)(参264b-c)。只要这条原理可以被普遍化,那些融入对话的据说真实的讲辞,便只是在展现柏拉图为他笔下的历史人物(与他编造的那些人物一样)排定位置的能力。这种安排之简洁与恰切,远胜于直接塞进一篇历史上真属于他们的讲辞的做法。③

作为一名成功的讲辞写手,吕西阿斯在古代的声誉,在于他能让讲辞反映出背诵它的人的品性,以至于听起来就像那人自己写的一样。④ 据说这种能力就是吕西阿斯技艺的本质,而柏拉图在创作那些讲辞,让它们反映对话中各类人物的品性时,也践行着一种摹仿技艺;因此,在吕西阿斯的那种能力和柏拉图的摹仿技艺之间,存在着某种联系。然而,就像对讲辞的爱联结了苏格拉底和斐德若一样,联结了柏拉图和吕西阿斯的摹仿技艺,也必须根据其内在的关

---

① 古人提到"吕西阿斯的爱欲演说"时,对于这篇演说的真实性都不敢肯定。有关争论,可参 De Vries,《柏拉图〈斐德若〉注疏》(*A Commentary on the Phaedrus of Plato*),页11-14。[译按]亦参本书第133页脚注①。

② [译按]参本书第133页脚注①。

③ 作为一个例证,可参柏拉图的《普罗塔戈拉》(320d-328c)中普罗塔戈拉向苏格拉底讲述的神话,以及这篇对话对它的解释。

④ 据哈利卡纳苏斯的狄奥尼修斯记载,吕西阿斯擅长摹仿(*mimesis*),狄奥尼修斯还赞美了吕西阿斯表现人物性格的技巧,这种技巧主要体现在摹仿人物思想、措辞和风格的能力上(*De Lysia* 1.15)。

节(articulations)来考察。《斐德若》结尾暗示了作为柏拉图式写作技艺之动力的诸种需要和欲求,而吕西阿斯写作技艺的首要动力,是对金钱的需要和欲求(参264c – d, 266c);前者的复杂性不能等同于后者。为了达到目的,吕西阿斯的书写作品必须隐藏自己是写作的产物这一本性。① 然而,尽管"作者必须藏在作品背后"这一事实是柏拉图的技艺和吕西阿斯的技艺的共同基础,柏拉图所践行的隐藏和吕西阿斯所践行的隐藏却必须要区别开,前者意在克服死的书面文辞的危险,后者却是为了私利,也就是经济和政治上的好处。

假如《斐德若》中归于吕西阿斯的书面讲辞,本意是要反映朗诵他的人的品性,那它就应该是一面反映斐德若形象的镜子。就斐德若的本性来说,一篇旨在控告或辩护的庭讼讲辞或是为了商议政治行动的公共讲辞的最佳等价物,就是一篇装作没爱欲者的有爱欲者向一位被爱者发表的说服性讲辞。没爱欲者(斐德若十分乐意地接受了这个角色)把他的私利[22]等同于他所追求的没爱欲的被爱者的私利;因此他谴责爱欲的疯狂,不管是其属人的形式,还是尚未被认识到的超人的形式。斐德若自视为一位被动的被爱者,对他而言,当然再没有比一篇从被爱者角度写就、主张被爱者没理由回报其爱者之爱的爱欲讲辞更高明的了。

不管后来苏格拉底如何批判,吕西阿斯的讲辞看起来确实有极强的说服力,至少对斐德若是如此(参234c)。② 在本篇对话的核心部分,苏格拉底表明,语词及其所指越是含混,修辞术的欺骗力量就越强(263b)。因此,吕西阿斯讲辞的力量,必然取决于某种未经分

---

① 吕西阿斯创作的法庭演说,一定比即兴演说看起来更像是即兴演说。"然而,若说到修辞家,谁都知道最好的是哪位……吕西阿斯,他简洁明快,前后一贯,还有着藏而不露的机智"(Dio Chrysostom On Training for Public Speaking 11)。

② 在比较吕西阿斯和修辞家伊塞尤斯(Isaeus)的说服力的时候,哈利卡纳苏斯的狄奥尼修斯宣称,吕西阿斯的讲辞,"即使没有一点诚实和坦率,也不会引起丝毫怀疑,因为它们的风格非常简单"(De Isaeo 1.97);似乎正是这种不露痕迹的技巧性(artfulness),让斐德若对吕西阿斯的爱欲讲辞赞不绝口。

析的含混性;正如苏格拉底和斐德若后来一致同意的那样,这种含混性就是爱欲的特征,有了它,爱欲就既因对被爱者和爱者有害而遭到批判,又被赞颂为最大的好事(263c)。爱欲的含混性为吕西阿斯讲辞在修辞上的说服力提供了必要基础,这恰恰是因为他成功地隐藏了这种含混性;因此,只有理解爱欲的含混性,吕西阿斯骗局的基础才能被揭示出来,而这就要求通过综合和分析,对这篇爱欲讲辞展开一场批判性的分析(参265d-266b)。①

只有以随后的批判性分析为基础,苏格拉底才能证明修辞术的基本原则的正当性;这种原则反过来又使得他能接受吕西阿斯讲辞的"必然论点"(necessary argument),只攻击其修辞形式(236a)。苏格拉底不得不接受的这篇讲辞的论点就是:它一方面试图"赞美一方的理智",即没爱欲者的理智,另一方面"批判另一方的不理智",即有爱欲者的不理智(236a)。然而,如果苏格拉底的第一篇讲辞旨在批判吕西阿斯讲辞的修辞形式而非论点,他的第二篇讲辞则表明,这种论点与其形式结构是密不可分的;尽管苏格拉底起初说自己只关注这篇讲辞的修辞形式而非内容(235a),最终呈现的事实却是:吕西阿斯讲辞在组织形式上的缺陷,是由其必然论点的片面性所决定的。

苏格拉底以如下主张开始了他对这篇讲辞的批判:吕西阿斯似乎只是把同样的东西说了两三遍,却没有遵循任何清晰的逻辑次序,吕西阿斯只是在"显示他有能力既这样说,又那样说,而且都说得极漂亮"(235a);苏格拉底也反讽地把这一观点说了两三遍。②

---

① 就我们通常的理解来说,爱欲与正义和善一样,众说纷纭,莫衷一是(参263a)。但是这种意义上的含混性,不仅对于意在说服的修辞术来说是必要的,对于"综合与分析"(collection and division)来说也是必要的。由此可见,修辞术与辩证法有其相通的一面。参亚里士多德《修辞学》1.1,1354a1-15,1355a4-b25。

② 确定苏格拉底是不是在搞反讽的一个方法,就是看整篇对话里柏拉图有没有让苏格拉底重复自己的话。关于言说或写作技艺的要求,柏拉图让苏格拉底至少重复了5次(参270d,271a,271d,273d,277b)。只有注意每次重复中细微的补充或忽略,原本晦而不明的论证语境和论证目的,才会变得明晰起来;同样的解读原则似乎也适用于吕西阿斯书面讲辞中的诸多重复。

苏格拉底的批评似乎暗示,他不赞成吕西阿斯讲辞不必要的冗余和非演绎的性质;但是,这个表面上的暗示,隐藏了苏格拉底对这篇五彩斑斓的讲辞之真正复杂性的认识(参 277c)。尽管斐德若还没有意识到这一复杂性,读者却被警告说,看起来"总是说得一样"的话(参 275d)却有可能表达了许多意思,需要不同层面上的解读。当苏格拉底后来问斐德若,他是否知道吕西阿斯"把这些一个接一个地凑到一块儿"遵循着什么样的"行文律"时,[23]斐德若抗议说,如果苏格拉底相信他能看透吕西阿斯作品的组织原则,那就太恭维他了(264b–c)。不过,斐德若由此暗示了这篇讲辞的创作所不得不遵循的理由,因为吕西阿斯表面上的毫无章法(artlessness)其实是在隐藏这篇讲辞作为一篇书写作品的性质——书写作品要以传统修辞术对于导言、叙述、论证和结论的组织作为基础。① 苏格拉底所批判的修辞形式的明显漏洞,恰恰是令斐德若印象深刻,让他觉得这篇讲辞内容宏富的标志,而且斐德若认为它在这方面是不可超越的,因为没人能说得"更全面或更切题"(234e)。

因为吕西阿斯的确是在把同一件事以不同方式说了又说,所以这篇讲辞的结构始终隐藏在它那看似任意发挥的外表下面。当苏格拉底后来讨论修辞术要满足什么条件才能被称为一门技艺时(参244c),他考察了这篇讲辞,并且提供了有关其组织原则的线索。一开始(231a),"吕西阿斯就试图逆着演讲的水流向后游,从本该是结尾的地方开始"(264a),这一开篇也就成了这篇讲辞的中心论证的逻辑纲要。剩下的部分则像是"从潮流中被扔出来的"一样(264b),主要是一些松散的、没有演绎结构的列举,证据是句子之

---

① 哈利卡纳苏斯的狄奥尼修斯赞美过吕西阿斯的讲辞的"立意"[heurēsis,即提出论点或想法的能力],但在"谋篇"[oikonomia,整理、组织的能力]方面,他建议学生参考其他人的范本。不过他也承认,吕西阿斯的所有讲辞都能分成开端(proem)、陈述、论证和结语(*De Lysia* 1.15,27)。

间过于频繁机械地使用连接词。①

吕西阿斯开篇假定对方已经知道了他的论点:"我的情况你已知道,你也已经听说过在我看来,这些事情如何才对我们有利"(231c)。这篇讲辞的内在矛盾,首先就体现在开篇的表述上,它有着一种结论的性质。② 要想证明这个看起来更像结论的自相矛盾的开篇是正当的,就得假定听众事前已熟悉这篇讲辞的论点:作为一篇书写作品,它的可重复性证明它有理由假定听众事先已经熟悉,也证明它采用环形的表现形式是有道理的。不过,演讲者必须隐藏它是书写作品这一事实。因为这篇讲辞所隐藏的性质呈现出一篇书面作品所具有的无功利性的态度,而这种隐藏性质与演讲者最初的说服性意图相矛盾:"我所要求的,不该因为我对你没爱欲而落空"(231a)。

为了捍卫自身的价值,没爱欲者把自身的动机与公共意见通常理解的有爱欲者的动机做了一番对比:"当欲望终止时,有爱欲者莫不追悔曾经的殷勤,没爱欲者则从不后悔,因为他们竭尽所能好好表现,不是出于欲望的驱使而是出于自愿,且与他们眼中最大的私利相符合"(231a)。有爱欲者不值得信任,因为他们是在激情推动下献殷勤,而激情不可能持久。当他们最终算清楚自身利益将因此而遭受多少损害时,他们就会为曾经不理智的好意而感到后悔;相比之下,[24]没爱欲者理性地行动,根据自身利益提供好处,永远都是可靠的。有爱欲者与没爱欲者的含混定义作为前提就已经包含

---

① 每个新论点都是由此等连词引入的:*eti de* – 231a6,231b6,231d6,233d5;*kai toi* – 231c7;*kai men de* – 231d6,232b5,232e3,233a4;*kai men de kai* – 233d9;*toinun* – 231e3。

② 《修辞学》结尾(3.19,1420b2 – 5),亚里士多德提供了一个例证,来说明一篇结构合理的讲辞怎样结尾才恰当。他引用了据说是吕西阿斯本人发表过的一篇讲辞的最后陈述:"我将结束我的指控,你们已经听过,看过,感受过,也掌握了相关情况;审判吧。"参 *Against Eratosthenes* 99。柏拉图在《斐德若》中归于吕西阿斯的爱欲讲辞的开头几行,似乎也是在影射上述结尾。

批评和赞美,从而与这篇讲辞的说服性意图保持了一致。① 在含混的定义背后是一种隐蔽的假定,即追求自身利益是健康的,而自我遗忘的激情则代表了一种病态,一种不可能持久的病态。

接下来的一系列相互联系松散的主张,展现了这一假定所隐含的意义。因为没爱欲者仅仅根据自身利益的要求行动,所以他们能做到不忽略自家事务,不计较自己遭过的伤害,也不会和亲人发生争吵,而是热心去做任何他们认为能取悦被爱者的事情(231b);另一方面,因为有爱欲者为了取悦被爱者总是不惜得罪他人,一旦开始了一段新的恋情,他们又会为了取悦新欢,伤害旧爱(231c)。有爱欲者也承认自己缺乏克制,因此一旦恢复理智,他们也不会认可当时出于激情而承诺的事情(231d)。除了因爱欲激情的易逝本性而让人遭受的痛苦之外,演讲者还批评说,被爱者只能选择一位有爱欲者,而对于没爱欲者,被爱者却可以有更多选择(231d);他认为没爱欲者的回应应该摆脱一切欲望的强迫,由此,他再次证明了自己其实是把被爱者等同于一个没爱欲者。没爱欲者暗示了个人爱欲关系的狭隘性与友爱或政治共同体的公共关系之间所具有的张力,从而谴责了爱欲的强迫性和任意选择性;至此,没爱欲者已不禁透露出爱欲的局限这一真相。

但是,与没爱欲者相好的优势并不在于这种关系的内在价值,而是在于公共意见方面的好处。当被爱者和自制力强的没爱欲者出双入对时,他们的表现看上去跟纯洁的友爱没什么两样,所以不会招来非议。而这种非议,在被爱者与有爱欲者厮混时往往不可避免,因为有爱欲者总要跟人炫耀他的激情。因此,没爱欲者必然能在暗地里有技巧地(artfully)追求自我满足;也因如此,他不会受他人意见的影响,而是选择真正最好的东西(232a)。有爱欲者的嫉妒

---

① 苏格拉底曾批评过高尔吉亚的学生和代言人伯鲁斯(Polus)的错误:他在回答"是什么"这个问题之前,先去夸耀一番自己的技艺,搞得像是在接受审查一样。因此,苏格拉底说他似乎"更多是在从事所谓的修辞术,而不是 dialegesthai[辩证法]",《高尔吉亚》448e。

和占有欲,迫使他不能容忍被爱者与富裕的、有教养的或任何具有某种善好的人交往;相反,由于某种诸如财富或教养之类的长处(excellence)而受到青睐的没爱欲者,则会憎恶那些不愿与被爱者交往的人,因为这就像是他自己受到了轻视(232c – d)。最后,没爱欲者以爱欲的基础是"对身体的欲望"作为理由(232e),再次确证了爱欲的反复无常,同时径直假定,友爱总会在与没爱欲者的关系中占得上风。不过,没爱欲者坚称,即便被爱者满足了他的要求,他们的友爱也不会有丝毫减损,因为他将出于计算而非激情行事。

在这篇讲辞的中心句子处,讲演者换成了第一人称,坚持说顺从于"我"才是最好的做法(233a)。此处演讲者突然承认了他的自身利益,紧接着,他把没爱欲者的真正优势等同于其判断的客观性。[25]相比之下,有爱欲者总是一个劲儿地赞美被爱者,由于害怕得罪被爱者,也由于激情的盲目性,有爱欲者的赞美总有歪曲事实之虞(233b)。颇为反讽的是,没爱欲者的客观性竟然就是他对自身利益的计算,而且这种计算还保证了双方关系的稳定性:"但是假如你从了我,我将和你一起,不光为眼下的快乐操心,还会为着将来的好处谋划。"(233c)不管吕西阿斯以没爱欲者的名义所赞颂的那种结合是什么,这种结合的荣耀和价值都在于它有着长久友爱或家庭纽带所具有的那种稳固性,但它的动机却被认为是双方自身利益的满足。

在证明有爱欲者没有理由要求被爱者回报自己的爱时,没爱欲者给出了一个自己版本的苏格拉底式反讽(参227d);他暗示,如果没爱欲者答应了有爱欲者的请求,那他就应该一直把好处给予最需要帮助的人,而不是最好的人(233d)。与这种愚蠢相反,演讲者坚持认为,把好处给予最应得的人才是合理的,这些人不仅最有能力回报爱欲者(233e),而且最能保守秘密(234a)。这种合理性在亲朋好友们的态度中也得到确证:他们从不会责备没爱欲者处理不好自己的事务(234b)。

只有到了讲辞结尾处,演讲者才坐实了他的引诱意图,并承认他并不赞同被爱者满足一切没爱欲者的要求,因为这样的满足将会贬值,也难以保持私密(234c)。一旦亮出自己的意图,没爱欲者本人也透露出他一开始谴责的爱欲的特殊性,从而表明他自己也是一个隐藏的有爱欲者。因此,讲辞开头部分的自相矛盾性在结尾处得到了确认:"这事对双方绝无害处,只有好处"(234c)。假如结尾这句话未尝言明的主题要理解成爱欲的话,讲辞的结论就会与先前的论点相矛盾,因为前面它都是在描述爱欲关系的危害;倘若主题依旧是为了互利而实现的有计划的结合,那么结论就是同义反复,重复了这篇讲辞一开始的假定。

契约双方以互利为目的的交换关系,是以经济领域中的交换原则为基础的;①吕西阿斯以没爱欲者的名义赞颂了这种关系。不为私利之外的事物所打动的没爱欲者,必须令人信服地证明,他自身的优点配得上被爱者的年轻与美貌;②要做到这一点,没爱欲者必须创作一份广告来诋毁他的竞争对手,即有爱欲者。对于爱欲的本

---

① 亚里士多德在《尼各马可伦理学》中讨论友爱时(8.2),根据爱欲对象的不同(有用,快乐与善),把友爱分成三类:功利型,快乐型,善好(good)型。他谈到,在功利型友爱中,抱怨和指责最常见,因为爱欲双方都把对方视为满足自身利益的工具,都想获取更多(8.13,1162b17及之后)。亚里士多德肯定地说,这种两个不相似的人之间的友爱(friendship between unlikes)要求某种成比例的交换,以使双方地位平等;他还指出,这种交换在政治上一般采取金钱作为手段。但是,如果有爱欲者出于快乐而爱被爱者,而被爱者出于功利而爱有爱欲者,那么,有爱欲者就会抱怨自己付出了太多的爱却没有回报,尽管他可能并不值得爱(lovable),而没爱欲者则会抱怨有爱欲者之前承诺了一切,却什么都没有兑现(9.1,1164a3-7)。

② 亚里士多德通过把友爱与其对应的正义形式相比较,进一步深化了对友爱的讨论(《尼各马可伦理学》8.13)。正如正义包括书面的(法律上的)和非书面的(道德上的)一样,功利型友爱也可以分成法律上的(以白纸黑字为准)和道德上的(双方普遍期待自己的收获能与付出相当,或者收获更多)(1162b22以下)。因此,亚里士多德会把吕西阿斯建议的爱欲关系看作是道德上的功利主义友爱,对应于分配正义这一不成文法律。

性来说,一种以彼此的私人利益为目的的爱欲观念具有毁灭性,苏格拉底的悔罪讲辞(recantation)也证明了这一点:在那篇讲辞的开头,他就担心自己是在"靠得罪神来换取人间的荣耀"(242d);在那篇讲辞的结尾,苏格拉底谴责与没爱欲者的亲密关系(oikeiotēs)是"凡人的精打细算(thrifty economizing)",[26]而且它"在被爱者的灵魂中催生被多数人奉为美德的小家子气(illiterality)"(256e)。由此可见,吕西阿斯讲辞所主张的爱欲关系的本性,十分贴切地反映了他为了赚钱而从事的写作活动的本性。

在讲辞的最后,没爱欲者供认了自己对于一己私利的欲望;只有在此基础上,我们才能从它所赞赏的爱欲关系的功利主义本性出发,努力弄清吕西阿斯讲辞的真意所在。只有当没爱欲者承认他所使用的称谓(designation)仅仅具有语义学上的意义时,这篇书面讲辞才能把自己标榜为一场现身说法(actual address)。① 但是,既然这样一种语义学解释暗中承认了没爱欲者的私利,那它就将与这篇讲辞表面上的说服性意图相矛盾,因为只有在没爱欲者的自我称谓严格按照字义来理解的时候,这种说服性意图才能获得支持。然而,既然一位真正的没爱欲者从概念上讲似乎就不可能有任何想要追求某一位被爱者的欲望,那么,这篇讲辞也就不可能是两个个体之间的现场交流。② 只有在这篇讲辞承认自己是书写作品的情况下,没爱欲者才能真正成为没爱欲者,并实现其说服性的意图。但如此一来,这篇讲辞就再也不能呈现为一位所谓的没爱欲者对另一

---

① 斐德若赞美该讲辞是"超自然的",尤其是"在辞藻(names)方面"(234d)。他从一开始就认为,这篇讲辞的机智之处(cleverness)与没爱欲者的自我称谓(self-designation)相关。[译按]即求爱者自称"没爱欲者",参227c。

② 这种不可能性的证据是,这篇讲辞装成是一个人对另一个人的直接演说,但它通篇都没有用到呼格(vocative)。相比之下,苏格拉底的两篇讲辞开头与结尾都用到了呼格。参伯纳德特,"对苏格拉底的谴责"(The Condemnation of Socrates),页207。

位特定的被爱者的现身说法了。

吕西阿斯讲辞的自相矛盾之处,就在于它不可能是一篇面向特定的被爱者的演说。因此,它似乎是在暗示城邦统治者与被统治者之间,而不是作为个体的爱者与被爱者之间的说服与听从的条件。① 演说者否认自己具有一种叫人忘乎所以的爱欲,而是为了自己的私利,要求得到别人的垂青;这位演讲者的形象,其实就是在描绘一位试图赢得选民青睐的潜在的统治者。② 向民众(demos)求爱的人必须证明自己完满无缺(completeness),大公无私,拥有完美的自制力,还得承诺自己既有意愿也有能力满足民众的需求和欲望。吕西阿斯笔下的这位煽动家借助言辞的说服性力量来谋求人民的青睐,这一形象恰到好处地通过一位没爱欲者之口呈现了出来。③ 因此,吕西阿斯技艺的欺骗性意图,使他成为最适合代表修辞家的人;正如苏格拉底后来证实的那样,修辞家拥有知晓民众的意见,这就使得他们能以"在好事的名义下赞颂坏事"的做法来说服城邦(260c)。

---

① 吕西阿斯暗示,所有修辞性演说都是以民众(dēmos)作为潜在的被爱者。民众的形象是一位虚构的个体,是被爱者,但它其实支配着那些谋求得到自己青睐的潜在的政治领袖。这一点在苏格拉底描述有爱欲者卡里克勒斯的处境时,也得到了刻画:"你和我碰巧拥有相同的痛苦,我们两人分别爱着两种存在者,我爱的是克雷尼阿斯(Cleinias)的儿子阿尔喀比亚德和哲学,你爱的是雅典民众(demos)和皮里兰佩(Pyrilampes)的儿子德莫斯(Demos)。"(《高尔吉亚》481d – e)参《高尔吉亚》516a。

② 吕西阿斯的讲辞本身没有回答:"利用许诺来讨好选民的技艺与运用私人化的爱欲技艺的演说是否有所不同?"当爱利亚的异乡人在寻找智术师的过程中,在私人性的"狩猎"和公共性的"狩猎"之间做出区分时,上述问题已经得到了暗示。参伯纳特,"对苏格拉底的谴责",页194 – 195。

③ 没爱欲者的讲辞表面上满足了苏格拉底在《王制》卷七(521b)对一个治理良好的城邦的未来统治者所提出的要求:"但我们的要求是,那些追求它的人,并非热爱统治的人;因为否则的话,就会出现相互敌对的爱欲者之间的争斗。"

当斐德若后来说他根本不知道修辞技艺有什么私人用途时（261b），他无意中再次肯定了，吕西阿斯的讲辞不可能是它现在呈现的这个样子，因此必须予以重新解释。在斐德若看似私人化的品性背后，有一种尚未被认识到的政治影响，而这种影响反映在他所赞赏的讲辞之中。斐德若不知不觉地（innocently）掩盖了这篇讲辞作为一篇书面作品的事实；这种欺骗在讲辞内容中的反映，就是它在私人性引诱的假象背后隐藏了一种政治意味。① 因此，这篇表面看来是没爱欲者对被爱者发表的私人演说，有必要被重新解读为一位煽动家对民众发表的竞选演说；只有认识到该演说的性质是一篇书写作品，而书写作品必然是要面向作为一个群体的听众，这种重新解读才能被恰当地揭示出来。② ［27］因此，吕西阿斯的这篇书面讲辞也反映了柏拉图这篇对话的书面性质：在这篇对话中，苏格拉底和斐德若之间看似私人化的爱欲场景，最终被公认为面向写文章的人、诗人和立法者的演说。

吕西阿斯讲辞的必然论点就在于，它谴责爱欲乃是通往客观性和人为（artful）自制的根本障碍，但只要承认这篇讲辞的私人性乃是一个假象，上述谴责也就只是得到了虚假的完成；没爱欲者之讲辞的说服性意图，掩盖了它所必然具有的沉默（参 227c）。但是，反映在这篇讲辞论点中的对于说服的需要，提出了一个正当的问题，即没有什么理由要求爱者与被爱者应当彼此相爱。没爱欲者正是

---

① 如果吕西阿斯讲辞的诡辩术作为反映斐德若之品性的一面镜子，乃是 doxomimēsis［摹仿意见］的典范，那么，斐德若似乎代表了"简单摹仿"（由于愚蠢，他相信自己知道了什么，但其实不过是对此具有一种意见而已），而吕西阿斯则代表了"反讽式的摹仿"（"由于久经沙场，他怀疑并惧怕对于自己假装知道的东西一无所知"）。参《智术师》268a。

② 成文法就是书面文辞之此种品性的典范（参 257e），爱利亚的异乡人把成文法比作一位必须同时指导一群人的体操专家所发出的指令："所以我们必须相信，向一群人发出指令并维持各缔约者之间的正义的立法者，根本无法通过为一群人制定法律，准确地告诉每一个人他应该怎么做。"（《治邦者》294e–295a）

基于一点战胜了有爱欲者,因为有爱欲者只是以他自身的爱欲(love)为基础来要求得到被爱者的青睐。

爱欲中的非相互性(nonreciprocity)问题,以及由此导致的爱欲经验中缺乏正义这一问题,应该在苏格拉底对于爱欲之神圣疯狂的描述中得到解决:这种疯狂的特征是自我遗忘,因此也忘记了对公平回报的要求(参252a)。但是,只有在被爱者认识到有爱欲者的疯狂所带给他的福佑(blessings)时,被爱者才有理由转变为有爱欲者的角色(255d);即便是神圣疯狂,有爱欲者依然想从被爱者那里得到回报。正如苏格拉底的悔罪讲辞所证明的那样,有爱欲者与被爱者要想对彼此产生神圣的疯狂,就必须把对另一个体的爱与对智慧的爱统一起来。但是,热爱智慧的人想要与之产生某种交流的爱的对象,不是某种能产生共鸣的有灵魂的存在,而是"那些始终如其所是的存在者"(249c):这些存在者完满,始终如一,毫无匮乏,全无朝向生成的冲动,对于爱它们的人没有任何回报的欲望。① 悖谬的是,要想实现人皆渴望的个人与个人之间的相互之爱,似乎取决于一种不具有相互性的爱欲是否存在。

诸理式(ideas)对热爱它们的人的渴求保持沉默,这一点首先在吕西阿斯的讲辞中得到了暗示,因为它质疑了爱欲要求得到回报的理由:这篇讲辞是一位藏而不露的有爱欲者向被爱者发表的,旨在说服且带有欺骗性,同时蕴含着一位煽动家向民众(dēmos)发表演说的政治意味,因此,它最终又呈现为一种对于客观的、缺乏欲望的诸理式的描述。一旦揭穿它那看似真实的伪装,这篇没爱欲者的讲辞也就指向了那种"没爱欲"(nonlove)的品性,而这种"没爱欲"对于看见苏格拉底在献给爱欲的神话颂歌中所描绘的诸理式而言

---

① 天外诸存在者(beings)的本质特征就是缺乏生命和运动,对此,爱利亚的异乡人不得不用灵魂和心智的实在性(reality)来予以补充(《智术师》248e-249b)。

是必不可少的(参247c)。① 吕西阿斯的写作技艺没有爱欲,苏格拉底的爱欲则是被他对一位特定的被爱者的欲望所激起;因此,吕西阿斯的写作技艺代表了一种必要的对立面,揭示了苏格拉底对爱欲之疯狂的赞颂所具有的局限。但是,对于这位自称能靠克制欲望来掌握客观性的没爱欲者而言,他的这篇讲辞只有从它作为一篇书写作品(也就是技艺在缺乏欲望的状态下所构筑出来的结果)的本性出发,才谈得上[28]在对爱欲的谴责中揭示了真理的萌芽;因此,对话最后归于书面讲辞的沉默和不动(参 275d - e),其实是象征着吕西阿斯讲辞已经普遍化地成了"天外诸存在者"(beings beyond the heavens)之沉默与不动的典型例子。

因此,吕西阿斯讲辞的论点,隐含地描述了与爱智者相关的诸理式的本性,而这篇讲辞的谋篇(arrangement)也证实了这种解释。这篇讲辞的循环性和可重复性(264c),让人想起苏格拉底"天外诸存在者的视觉盛宴"(feast on the beings)的意象:跟随诸天一道周行(revolution)的诸神们,尽情享用着天外诸存在者的视觉盛宴(参247c)。苏格拉底把认识过程描述为一种被经验为"回忆"(249c)的发现活动,而这一点其实在吕西阿斯讲辞的开篇已有所暗示:它的开篇就吊诡地假定听众已熟悉其论点,对此苏格拉底只是批判了它的漏洞,却没有承认其内涵。当后来再次考察这个开篇的时候,苏格拉底命令斐德若"读一下"(anagnōsesthai),也就是"重新认识一下";语言本身也提示了书面文辞的性质,它是一种包含着再认识(recognition)过程的再现(representation)。② 如果说,单纯的可重复性标志着真理的缺失,标志着一种缺乏实在的知识外观——例如斐德若只想重复吕西阿斯的讲辞,既不承认这篇讲辞的存在,也不考

---

① "概括而言:吕西阿斯讲辞的卑下包含了一种严肃的教诲……恰如在柏拉图那里经常出现的那样,低的预示了高的。"参斯坦利·罗森,《柏拉图〈斐德若〉中没爱欲者的角色》,页437。

② 因此,阅读活动乃是作为重新认识(recognition)的知识论问题的一个合适例子。参《治邦者》277e – 278d。

察它的意涵——即便如此,只要重新认识(recognition)到任何所谓的知识中所包含的真理,似乎就意味着想起自己总已知道的东西,那么,这种可重复性也是使知识成为可能的一个必要条件。① 可重复性之中的这些相互龃龉的面向,构成了书面文辞本质性的危机和力量(参275a)。② 因此,书写作品与爱欲的神圣疯狂展开了竞争,看谁才是使知识之为回忆得以可能的必要条件;这一竞争的萌芽,就隐藏在吕西阿斯那篇五彩斑斓的(poikilos)没爱欲者的书面讲辞中。③

苏格拉底把没爱欲者的环形讲辞,比作是弗里吉亚人密达斯(Midas)墓碑上的墓志铭(274d);墓碑似乎特别适合用来比喻写作的例子,因为它不可能被赋予生命,除非自相矛盾。④ 但是,由墓志铭所唤起的写作与死亡的关系,其实已经被它的内容本身给转化了;就其内容而言,这则墓志铭将自身呈现为书面文辞之不朽性的典范。⑤

  密达斯的铜处女,卧守坟前。
  任水流花开,时光斯逝,我依然在此,长伴哭冢,

---

① 参《美诺》80d – 86b。

② "此运动(书写文字的可重复性)不是感性或经验的偶然。它作为同一事物重复出现的可能性,与理式的理式性(idéalité)相关。"见德里达,《柏拉图的药》(La Pharmacie de Platon),页125。

③ 没爱欲者的讲辞就像智术师五彩斑斓(poikilos)的本性,而它是爱利亚的异乡人无法凭一只手就能抓住的。参《智术师》226a。

④ 吕西阿斯的书面讲辞就像普罗塔戈拉的书《真理》(Truth)(就其中神谕般的宣告——"人乃万物的尺度"——来说,该书乃是一座神殿):普罗塔戈拉的《真理》,只有作为一种死的书写作品才是可信的,一旦活过来,无论对他自己还是对他人来说,它就不再真实了。参《泰阿泰德》152a,171c;参伯纳德特,"对苏格拉底的谴责",页64 – 66。

⑤ 第欧根尼·拉尔修引用过这则墓志铭,还提到西蒙尼德斯曾引用此诗来证明他的信念,即"万物皆缺乏诸神的权能";对此,拉尔修补充道,不是雕像而是只有诗人的诗将永存下去。参《名哲言行录》1.89.90。

第二章　五彩斑斓的吕西阿斯讲辞　49

对路人轻诉，王已安息。①（264d）

这篇铭文的傲慢（hubristic）说辞暗示了，人只有通过以铭文为典型的写作技艺才能获得流水花木所拥有的那种永恒的生命；这让人想起开篇处，神圣山林与将要在此被朗诵的讲辞之间的紧张。铭文通过一个青铜处女之口说话，声音永远冻结了下来；②[29]要是没有写下来的墓志铭赋予其灵魂，青铜处女的雕像就将一直沉默下去，但是，写下来的碑铭也要求得到过路人的反应，以使青铜处女复活过来。碑铭暗示着人们在写作活动中所寻求的不朽和永恒不变（immutability），但是，这一目标的实现需要一种看似不可能的结合，即死的书面文辞与其读者的活的在场之间的结合。墓志铭所透露出的这种欲望，看起来无法在吕西阿斯的讲辞中实现，尽管就是它被比作了墓志铭。吕西阿斯的讲辞，隐藏了它作为书写作品的真实本性，假装成一场真实的演说；正因为与这种假象相矛盾，吕西阿斯的讲辞才不可避免地很难被赋予灵魂。

墓志铭可能是一般意义上的书写作品的最恰当比喻。对于吕西阿斯的书面讲辞而言，专门的比喻是弗里吉亚人密达斯的墓碑，而此人在神话中却是过分贪婪以至于自我毁灭的典型。③ 爱财和写作之间的关系，暗示了吕西阿斯作品的特殊性质。这一作品出自

---

①　［译按］此处中译文原出自吴雅凌，转引自刘小枫《斐德若》译文，有改动。关于原译，参《经典与解释 3：康德与启蒙》，刘小枫、陈少明编，北京：华夏出版社，2004，页 304。

②　墓碑雕像的出场让人想起玻瑞阿斯的雕像（221c），仙女与河神的肖像（230b）；斐德若承诺为他自己和苏格拉底在德尔菲各立一尊金质的雕像（235d），还承诺为苏格拉底在奥林匹亚立一尊锻金的雕像（236b）；有爱欲者想为偶像或神牺牲那样为他的被爱者牺牲（257a），并且把没爱欲者妆扮成一尊雕像来荣耀和敬拜（252d）。在以上每一种情况中，雕像似乎都再合适不过地充当了爱欲经验中运动与静止之间，欲求活的回应与欲求永恒之间的张力问题的一种比喻。

③　参《王制》408b；《法义》660e。

奥林匹亚神庙附近一位修辞家的家中,被放到仙女与潘神所掌管的这一片林木葱葱、水流潺潺的树林中,似乎很不相宜。苏格拉底在这片神圣山林吟诵了他那激动人心的讲辞,与神圣山林的自然之美相比,城邦的"世故(sophistication)"就代表了写作和赚钱之间发生关系的根基;这种"世故"既与各种技艺一同成长,也是各种技艺发展的条件。

因此,这篇对话暗示了一种类比关系,类比的一方是用来换取属于身体的善好(goods of the body)的实物交易与货币,另一方则是用来换取属于灵魂的善好(goods of the soul)的讲辞与写作。如果说以物易物代表了以对象的交换价值为准的人与人之间的自然互动,那么,货币的引入就成了一种使该互动标准化的手段,尽管赚钱的技艺自身也可以成为一种旨在保存和积累钱财的目的;①如果言辞代表了以"始终如其所是的诸存在者"之间的关系为准的人与人之间的自然互动,②那么,写作技艺的引入也成了一种使该互动标准化的手段,但它也可能成为保存和积累的一种传播媒介。③ 写作就像货币一样,它也有可能成为目的本身,而不再代表任何真正的思想交流;斐德若对吕西阿斯的书面讲辞的赞赏中,恰恰就体现了这一危险。

爱财和写作技艺之间的关系的确立,是与城邦之外的诸神相对立的。苏格拉底最后向这些神祈祷,只祈求能获得智慧这一种财富(279b)。苏格拉底在外在的财富和内在的智慧之间做出了区分,就在这之前,他还区分了外在的书写作品和内在的"写在灵魂中的言辞"(277c–278b)。苏格拉底的最后祈祷,似乎为这场城邦之外的谈话作了最恰当的结尾:对话里,他赤着脚沿河边徜徉,赞颂神圣山林的美丽,还体验到了地方诸神以及他自己的精灵(daimonion)

---

① 参《王制》416e–417a;《法义》742a–d,743d–e。
② 参《斐德若》249b–c,263b–c,265d–266b,270d,273d–e,277b–c;参《克拉底鲁》386d–388c。
③ 参《蒂迈欧》23a。

的感发。苏格拉底与爱欲和自然为伍，自觉地疏远城邦，[30]这是对智术师(sophoi)①所独有的技艺品质(artfulness)的反映。正如他对爱欲的兴趣根植于对自我知识的寻求，他与自然的亲密关系也根源于他对学习的热爱；亲近自然与热爱学习之间的结合，体现在苏格拉底被一卷写下来的讲辞所吸引（参230e）。但是，苏格拉底不得不改造吕西阿斯的书写作品，同时也改造其无生命性和对金钱的热衷，以赢得"在两个选择之间摇摆不定"的斐德若的倾心(257b)；在这一改造过程中，苏格拉底指出，爱欲与技艺可以统一在"与哲学式言辞相伴随的爱欲"(257b)的活动中。

苏格拉底反对智术师的理由，与柏拉图对话反对智术师的理由是一样的，尽管这种表达的一致性也呈现出某种必然的分歧。因此，苏格拉底在结尾处的祈祷暗示了一种外在的书面文辞的异化(alienation)，若从对话整体来看，这种异化也只不过是潜在的可能性之一；它也代表了一个冒充为整体的部分，就像吕西阿斯所批判的属人爱欲的疯狂一样。《斐德若》的目的，就是要揭示出那个整体的存在。所以，被苏格拉底批判为亵渎爱欲的五彩斑斓(poikilos)的吕西阿斯讲辞，不仅提供了一种必然论点，它将被苏格拉底转化为对神圣爱欲的辩护，而且也提供了一个苗头，预示着柏拉图将为一种"爱欲的"写作技艺展开辩护。②

---

①　[译按]sophoi通俗意思是"聪明人"，也指哲学史上与苏格拉底为敌的"智者"或"智术师"。在这篇对话里，它第一次出现是在229c，当时苏格拉底称自己不像"聪明人"那样非要探究少女被掳神话的自然解释；到了这里，以对吕西阿斯讲辞的批判性分析为代表，一种关于写作和修辞的"技艺"已经开始融入先前那位探究自然解释的"聪明人"身上，进而成为对话主要讨论的对象。因此，sophoi应当开始明确译为试图凭借其自然研究而对人事生活发挥影响的"智术师"。

②　在勉强结束了对吕西阿斯讲辞的批判性考察的时候，苏格拉底自己也承认，它展现了"许多范例(paradeigmata)，有助于思考，但切不可摹仿"(264e)。

# 第三章　苏格拉底受感于仙女而作的讲辞①

[31]哦,你这个机灵鬼(daimonie),我感觉胸口有点憋得慌,我想我可以作一篇[与吕西阿斯那篇]完全不同的讲辞,而且不会比它差。我很清楚,凭我自己,绝对想不出这种东西,因为我知道自己的无知;所以,我认为这些东西都是某个外在的源泉像灌陶罐一样灌到我耳朵里去的;可是,由于我的愚钝,我忘记是怎样听来和从谁那儿听来的了。(《斐德若》,235c)

## 引　子

吕西阿斯的讲辞面面俱到(comprehensiveness),让斐德若赞叹不已,从而迫使苏格拉底不得不另作一篇讲辞,以证明吕西阿斯讲辞的不足:他的讲辞要将吕西阿斯有关"精明(artful)的没爱欲者比疯狂的有爱欲者更优越"这一必然论点重新做一番安排。苏格拉底的讲辞将是对爱欲(eros)的亵渎,为了表明自己知道这一点,苏格拉底在演讲的时候得把头蒙起来以免感到羞耻。这一幕恰恰是在摹仿斐德若把吕西阿斯的讲辞藏在外衣下面的做法。苏格拉底把自己与那篇"像灌陶罐一样灌到他耳朵里的讲辞"拉开距离,并在一种叙述性的框架内展示没爱欲者的论点。这使得他能揭示出,吕西阿斯的没爱欲者本质

---

① [译按]"受感于仙女而作"原文为 nympholeptic。

上是一个隐藏起来的有爱欲者,他利用一种精明(artful)的克制,把他自己和他谴责的疯狂的有爱欲者区别开来,试图以此来满足自己的欲望;揭露这个秘密,对于揭示出吕西阿斯讲辞所压制的真正的爱欲(eros)整体,也是一种必要的准备。

苏格拉底的第一篇讲辞必须在近乎兽性的疯狂与近乎神性的疯狂之间,建立起一种属人的联系,所以,这篇讲辞里的爱欲定义要以一种人类个体的样板作为基础:这一个体受制于两种相互竞争的力量,一是习传意见,一是对美的事物的自然欲望。在没有别的更高力量存在的情况下,以习传意见为基础的节制据称要比作为自然欲望之爱欲(深受对身体之美的欲望的任意摆布)的肆心(hubris)地位更高。在此前提下,苏格拉底的没爱欲者推论说,要是一位被爱者答应了这么一位有爱欲者的话,其心智、身体和财产将要遭受哪些必然的伤害,由此,苏格拉底把吕西阿斯的讲辞中看似随意的批评组织了起来,并揭示出这些批评背后隐含的假定。

这位没爱欲者所建构的人的样板是不完整的,因为它排除了有关自然欲望的神圣标准,或者说排除了任何灵魂的区分原则(separation principle of soul)。这一点在讲辞结束前,在[32]苏格拉底突然中断演说时体现了出来。对于苏格拉底的这篇谴责疯狂的有爱欲者的讲辞,斐德若认为它不完整,是因为它缺少对没爱欲者的赞颂,而非缺少对神圣的有爱欲者的赞颂,这表明斐德若的本性就是没爱欲者的人的样板的基础。在斐德若的逼迫下,苏格拉底的讲辞赞美了以习传意见为基础的节制。正如斐德若代表了吕西阿斯和苏格拉底之间的必要中介一样,这篇讲辞也代表了吕西阿斯对于属人的爱欲之疯狂的谴责,与苏格拉底的悔罪讲辞(recantation)对于爱欲之神圣疯狂的赞美之间的必要中介。

吕西阿斯的讲辞赞美没爱欲者,作为回应,苏格拉底发表了两篇爱欲讲辞,每一篇都致力于说服斐德若(参237b,243a,257a)。苏格拉底之所以愿意与吕西阿斯竞争,多半是因为他无法同意斐德若认为这篇没爱欲者的讲辞已经完备无遗的主张(235b);苏格拉底所表现的一种对于[爱欲的]完整性的感觉,正是他对爱欲的整体中遭到吕西阿斯讲辞压制的那一部分的意识。然而,苏格拉底的回应中令人困惑的地方在于,它颇成问题地分成了两篇相互分离且明显对立的讲辞(265a)。假如苏格拉底不是在与斐德若交谈,假如这篇对话原本不是一篇对话,那么,这两篇讲辞可能会被整合入一个整体当中,就像后来苏格拉底在分析"一篇讲辞如何由谴责转为赞颂"时所指出的那样(265c)。但是,苏格拉底在斐德若的逼迫下不得不以吕西阿斯讲辞的前提开始,即"有爱欲者比没爱欲者更病态"(236b)。斐德若想要一种竞争游戏(paidia),这一点似乎决定了苏格拉底对吕西阿斯的回应必须分成两个部分。在斐德若的逼迫下所作的这篇讲辞,必然是吕西阿斯的机智作品与苏格拉底的悔罪讲辞之间的必要中介;对于后者,"不可能让那些聪明人信服,只有有智慧的人才会相信"(245c)。

苏格拉底的两篇讲辞之所以能统一起来,不光在于它们都是对吕西阿斯讲辞的修正,还在于它们都呈现为神灵感发(divine inspiration)的产物。苏格拉底把他所发表的那些讲辞统统归于一些乍一看毫不相干的来源①——第一篇讲辞的来源包括:就这些问题说过或写过些什么的古代有智慧的男人和女人,萨福(Sappho)、阿那克瑞翁(Anacreon)或某些散文作家(235c),从耳朵灌进苏格拉底身体(像灌陶罐一样)的一股泉水(235d),缪斯们(237a),那地方的神们(238d),斐德若将苏格拉底暴露于其面前的水泽仙女们

---

① 因为苏格拉底通常的习惯是向他的对话者提问,所以他经常将较长的独白归于其自身之外的其他来源。参《会饮》中第俄提玛的讲辞和《墨涅克塞努斯》中阿斯帕西亚的讲辞。

（nymphs）（241e），①斐德若（244a），作为讲辞之父的吕西阿斯（257b），斐德若和苏格拉底两人一块儿（265a）。第二篇讲辞的来源包括：斐德若（只有西米阿斯能在催生文章讲辞的数量上超过他，242b），[33] 苏格拉底的精灵（daimonion）（242c），通预言的灵魂（242c），伊比科斯（242d），伊麦拉城人斯忒西科（244a），苏格拉底自己（为在一位想象中的高贵者面前的羞耻感和对爱若斯神的恐惧所驱使，243d），苏格拉底和斐德若两人一块儿（265a）。

在苏格拉底的两篇讲辞中，爱欲的疯狂含混不清；体现在讲辞的来源上，就是激发讲辞的各种神灵感发的力量含混不清。苏格拉底把他那些据说是即兴口占的讲辞中的高超技艺（artfulness），反讽地归结于神灵的感发（divine inspiration）；尽管如此，苏格拉底也暴露了可以被谴责为怀有肆心（hubris）的理由，从而也为柏拉图对写作技艺的辩护提供了必要的基础。当苏格拉底把他那两篇据说是即兴口占的讲辞当作神灵感发的产物时，他却承认了这些讲辞的样板是那些描写爱欲的抒情（lyric）诗人的作品；苏格拉底一方面认为，神灵感发是他的即兴讲辞的原因，另一方面又声称它们有其文学样板，他对于这两者之间显而易见的矛盾似乎并不感到困惑。神灵感发和书面文辞之间的这种假定的相似性，事实上已经体现在写作活动的典范之中：诗人们得到缪斯的荣耀（245a），立法者则相信他们"可与诸神比肩"（258c）。书面文辞近乎神灵感发的产物，这一点也体现在其含混的独立性（275a）、权威性的外观、作为没有知

---

① 当这些讲辞被拿来当作技艺（tekhnē）讨论的典范时，苏格拉底首先把这"两篇讲辞"（双数）的典范性地位归于当地的神们和缪斯们的先知，否认自己具备任何演说技艺；当考察过吕西阿斯的讲辞而没有找到定义时，斐德若向苏格拉底确证，在苏格拉底讲辞（单数）的开头有过定义，而苏格拉底把这一点归于仙女们和潘神（263d）；在为"没爱欲（nonlove）"的节制作辩护时，苏格拉底将其中的技艺性（artfulness）归于当地的诸神。在为爱欲的疯狂辩护时，苏格拉底将其中的肆心（hubris）归于自己的精灵（daimonion）——技艺性与肆心是一双带有反讽意味的对立面。

识之真实意见的潜在样板等方面。正如苏格拉底后来考察那几篇爱欲讲辞时所展现的那样,一篇书写作品只有在与神灵感发相分离的情况下,才有可能在回应它的读者那里引起反思而非顺从。但是,写作技艺的这种潜在可能是否能得到承认,端取决于书面文辞的外在性(externality)和活的言辞的内在化(internalization)之间表面上的判然二分能否得到克服;写作和即兴言辞之间表面上的判然二分,必须被转化为书面文辞自身本性之内的一种区分。

言说和写作之间的区分转化为写作内部的一种区分。这种转化过程是由苏格拉底那两篇爱欲讲辞不断展开的运动所提供的,最终呈现为一个整体中的不同部分(参265c–266b)。尽管两篇爱欲讲辞都被当作神灵感发的产物,但第一篇是源自忘我的苏格拉底的疯狂,第二篇则来自苏格拉底自身之中的神灵的警示。仙女和潘神通过圣林的美丽景色和斐德若诵读吕西阿斯讲辞时神采飞扬的面容,使它们的感发产生了效果,而苏格拉底的精灵则是一种源自内在的、被听到的"声音"。如果说仙女和潘神的附体(possession)令苏格拉底遗忘自己并走向歧途,那么,精灵的感发则使他触及自己犯错的根源,并开辟了一条涤罪的道路。当地诸神从外部附体,会导致过度,使得苏格拉底遗忘自己(238d);精灵从内在附体,却成了一种约束力量,发出禁止性的命令,这种命令也反映了苏格拉底对自己的认识(242c)。如果第一篇讲辞的灵感(inspiration)是像灌陶罐一样从耳朵灌入苏格拉底的体内,那么,推动第二篇讲辞的动因则像是[34]"提醒他回忆起自己早已知道的东西"(参275e)。促使苏格拉底作出悔罪讲辞的内在感发使他回归了自我,同时也暗示了书面文辞所具有的一种决定性的潜在可能,即回忆工具(reminder)。不过,要想为这种潜在可能作辩护,首先要证明其固有的危险。苏格拉底第一篇讲辞[被仙女和潘神]从外部附体,藉此,这些危险也被刻画了出来:正是这种外在的附体诱使苏格拉底远离了自我认识,而此种自我认识对于认识爱欲的整体来说,是必不可少的。

斐德若提议苏格拉底和吕西阿斯一比高下;这项提议的基础

是,斐德若对吕西阿斯的讲辞已经是顶礼膜拜,认为它穷尽了这一主题下的所有内容,以至于没人能讲得"更多或更恰如其分"(235b)。斐德若的兴高采烈也让苏格拉底深受感发(a state of inspiration),苏格拉底突然想起,这篇讲辞的内容以偏概全,让他不能苟同,尽管最初他只是批评它的形式冗余(参235a)。虽然苏格拉底脑海中充满了"古代有智慧的男人和女人"的言论和作品,但他的愚钝刚好使他记不起"怎样听来和从谁那里听来"的了(235d)。①苏格拉底猜测,他对爱欲的认知,可能来自美人萨福或聪明人阿那克瑞翁,这些诗人拒绝称颂没爱欲者的清醒头脑。② 萨福和阿那克瑞翁都是写颂歌的诗人,不是写给诸神,而是写给他们的情人,因为两人都曾声称"我的爱就是我的诸神"。③ 以这类诗人的作品为典范,苏格拉底的讲辞必须证明:有一种说服的力量能触动身为被爱者的斐德若,并将他变成一个有爱欲者。

斐德若要求[苏格拉底]另作一篇讲辞,"比吕西阿斯的讲稿更

---

① 当《美诺》(81a)引入回忆说时,苏格拉底吊诡地声称,他那种将学习理解为重新恢复人自身已有的某种东西的过程的观点,乃是得自"古代的男女祭司们",而他们知道该如何给出关于其教诲的"道理"(give a *logos* of their own teachings)。

② 就像苏格拉底即将发表的讲辞一样,萨福和阿那克瑞翁所描绘的爱欲的疯狂,虽然不反对"神圣疯狂"的可能性,但都没有谈过这一点。在推罗的马克西姆(Maximus of Tyre)的 *Dissertations*(24.18)中,驱使着萨福的爱欲被等同于苏格拉底的"爱欲技艺",他们俩都是被美人儿所俘获,并且实践着一样的[同性]爱欲——苏格拉底爱男人,萨福爱女人。在确认苏格拉底对斐德若怀有"狂野的爱"的时候,推罗的马克西姆引用了萨福对爱欲经验的描写,"至于我,爱欲让我的智力急转直下,坠落在橡树丛中"。*Dissertations*(24.9),转引自《希腊抒情诗歌》[*Greek Lyric Poetry*], ed J. M. Edmonds, vol. 1, 页155。泡赛尼乌斯(Pausanius)提到过阿那克瑞翁(*Description of Greece* 1.25),说他是萨福之后第一个以爱欲为主题的诗人。

③ 此话是阿那克瑞翁在被问及为什么不写献给诸神的颂歌时的回答,出自品达 *Isthmia* 11.1 的一则注解,转引自《希腊抒情诗歌》(*Greek Lyric Poetry*), ed J. M. Edmonds, vol. 2, 页127。

好且篇幅相若,还要与他说过的没有半点重复"(235d)。只有在吕西阿斯的讲辞从头到尾都是错的情况下,斐德若的这个要求才能得到满足;但苏格拉底解释说,即便最蹩脚的作者也不会句句都是错,因为错误只是因为疏漏,即错把部分当成了整体(235e)。只要是被当成一个部分来理解,任何讲辞的论点其实都可能是一个必然的论点(necessary argument),只有在它被错当成整体的时候才会产生误导作用。以此为基础,苏格拉底确立了修辞技艺的第一条原则:对于一个必然的论点,只有它的谋篇(arrangement)值得嘉许,而对于一个非必然的论点,除结构安排之外,论点本身也值得嘉许,因为它很难发现(236a)。① 既然吕西阿斯讲辞的必然论点的前提,是将一种爱欲混同成了一切爱欲,那么,正是爱欲本身的含混性为这种论点及其可能的谋篇提供了基础(参 263c)。吕西阿斯的论点是谴责爱欲的疯狂,苏格拉底对这一论点的必然性予以承认,但他坚持认为只能谴责它的谋篇不够充分。所以,苏格拉底即将发表的讲辞,只是对吕西阿斯的必然论点进行了一种重新的谋篇(rearrangement)。不过,只有作为苏格拉底转变论点的举动之基础的另一种非必然的论点,才能揭示出他对爱欲的谴责只是一面之词,因此也展现了那个整体:对这个整体而言,吕西阿斯的必然论点无论有多少种谋篇,都不过是它的一个部分。

只要保留了吕西阿斯的必然论点的前提,苏格拉底在对吕西阿斯的讲辞进行重新谋篇时就不得不羞耻地蒙上头,作为他正要犯罪的一个标志。苏格拉底的自知[35]使他能认识到,他的罪是因为缺乏一种整全的视野;在这种摹仿自毁双目(self-blinding)的举动中,苏格拉底戏剧化地表明,对于缺乏整全视野的最佳惩罚就是这罪过本身。因此,苏格拉底假装自毁双目是在警醒我们:他的第一

---

① 苏格拉底将试图为修辞学家们的共同原则提供一个哲学基础,用来为以每篇讲辞的片面性为基础的竞争提供理由。参《吕西阿斯葬礼演说》(*Lysias Funeral Oration* 2);伊索克拉底,*Helen* 11–13;参附录,"漂亮的伊索克拉底"。

篇爱欲讲辞必须在斐德若强迫他作讲辞的语境下来理解,这篇讲辞的源头在他自身之外,其动机乃是与吕西阿斯竞争,以博得斐德若的倾心。虽然苏格拉底只是假装到了结尾的时候才意识到第一篇讲辞的错误或罪过(242c),但这种意识其实早在开篇就已呈现出来了。

苏格拉底的讲辞一开始便召唤声音高亢的缪斯们(237a);他请求缪斯们的帮助,是为了在斐德若面前显得更加智慧。缪斯们用死亡来惩罚热爱她们的人,只青睐那些能抵挡住她们魔力的人(参259b-d);她们反对爱欲,支持那些实践一门技艺的人,因此正好接受苏格拉底的请求,因为苏格拉底正是要以没爱欲者的名义谴责爱欲的疯狂,藉此让自己显得漂亮。① 斐德若自认为是被爱者和吕西阿斯所代表的那种没爱欲者,苏格拉底必须首先恭维斐德若的这一自我认识,但是苏格拉底展现了一种看似是缪斯们赋予的高超技艺(artfulness)——他给这篇没爱欲者的讲辞建立了一套叙述性(narrative)的框架,从而让吕西阿斯讲辞的隐藏目的昭然若揭。苏格拉底把他的讲辞变成一篇叙述性的讲辞而非直接的谈话,从而和这篇讲辞中的论点自觉划清了界限。通过剖析发表这篇讲辞的没爱欲者的视角,苏格拉底的叙述性报告俨然克服了一种直接的、戏剧化的表达(representation)所呈现出来的虚假的客观性。② 苏格拉底把

---

① 仙女们用双目失明来惩罚她们那些没爱欲的(nonloving)被爱者,这个神话故事一度被改造为缪斯们因为斯忒西科污蔑海伦而令他双目失明的故事,现在又被苏格拉底拿来表演自己因为污蔑爱若斯神(Eros)而双目失明的样子。参 Diodorus Siculus,《史藏》(Library of History)4.84。

② 吕西阿斯对没爱欲者讲辞的戏剧化呈现和苏格拉底的叙述性报告之间的不同,反映了拥有戏剧化呈现形式的柏拉图对话(如《斐德若》)与那些以叙述性报告为形式的柏拉图对话之间的结构性差异。直接的交谈(呈现为一种没有特定视角的对话场景)和叙述性的话语(呈现为以报告者的特定视角为出发点的对话场景)之间的区分,还可以从"伊利亚的异乡人"在创造意象的肖象术(eikastikē)(这种摹仿只考虑它试图呈现的维度)和幻象术(phantastikē)(这种摹仿会考虑到观察者的视角)之间的区分来考察。参《智术师》235d-236c。

没爱欲者的讲话纳入一个叙述性的框架内，突出其视角的特殊性，从而避免了吕西阿斯假装摹仿没爱欲者的直接讲演这一做法所带有的欺骗性。①

即便有了叙述性的框架作为保证，苏格拉底仍然在其没爱欲者讲辞的开头，首先挑明了一条毋庸讳言的修辞术原则：要想实现好的说服，必须在开篇就取得定义上的一致——不一定是就真理取得一致——进而从一致的定义中继续推演出一系列结论（237c）。②接着，苏格拉底的没爱欲者为这种假设-演绎性的修辞技艺作了示范，由此建立起了一种爱欲的定义，该定义促使斐德若得出那些有关被爱者如何受爱欲所害的必然结论：这个定义的前提就是，爱欲是一种欲望（epithumia）。但是，只要"欲求美的事物也是没爱欲者的情况"，这个定义就还需另一种标准来对爱欲做出进一步的划分（237d）。这个标准的发现要以一种被建构起来的人的个体的样板为基础，而这个样板暗中表达了这篇讲辞作为一个整体背后所蕴含的假设。

苏格拉底的没爱欲者所建构的人的样板表明，一切人类行动都取决于"两种支配性和引导性的观念（ideai）"之间的冲突和竞争，不是发生在灵魂中，而是"在我们当中"：它们分别是"对快乐的自然欲望"和"追求最好之物（the best）的习传意见"（237e）。以"习传意见通过言辞而获得的胜利"为基础的习俗的节制，叫做审慎

---

① 考虑到演讲者被迫扮演一种不同于其真实本性的角色，吕西阿斯的直接讲演也就代表了苏格拉底在《王制》卷三（392d 及之后）中所批评的"摹仿性的"诗，这种诗的摹仿带有欺骗性。

② 苏格拉底第一篇讲辞的修辞程序，似乎反映了他在线喻中归于理智（dianoia）的假设-演绎方法；在此，"灵魂在考察中被迫使用假设，而非从起点（archē）开始，仿佛灵魂无力让自己脱离假设并超越其上，而是只能使用影像（images）"（《王制》511b）。这种做法的典型是几何学家的方法，他们"假定某些前提，从这些前提出发，一步一步往前推进，最终达到他们所追求的结论"（510c）。

(sophrosune);[36]那种"脱离言辞而驱使人追求快乐的自然欲望的胜利",叫做肆心(hubris)(238a)。然而,由于肆心"名目众多"、"成员众多"且"形式众多",爱欲所特有的疯狂尚未得到定义。尽管苏格拉底的被爱者承认,肆心作为一个整体也有着复杂的内部区分,但是他掩盖了其中存在着任何美好、光荣的部分或是任何神圣潜能的可能性。因此,在阐释这一复杂整体的时候,没爱欲者只举了对食物和饮料的欲望作为例子(238b);既然爱欲只是肆心的一个部分,没爱欲者想必有可能既是一个贪吃鬼同时也是一个酒鬼。①

在匆匆扫过了许多"类似的欲望"之后,讲演者终于抵达了肆心中被称作爱欲的那一部分:"这种欲望享受美好事物所带来的快乐,并且被对身体之美的欲望所强迫"(238c)。② 这种欲望享受的是美好事物所带来的快乐,至于它究竟是像对食物或饮品的欲望一样,要求占有欲望的对象,还是要求一种有距离的沉思,这倒是没爱欲者从未提及的一个问题。这一欲望与迫使它追求身体之美的冲动之间的关系,仍然是一项未经考察的前提;苏格拉底的没爱欲者从未追问,有没有一种"追求享受美好事物之快乐的自然欲望"能够代表"爱智慧"背后的动因。③

下完这一定义之后,苏格拉底暂时中断了演说,声称自己已经"神灵附体"(inspired),借此拒绝对出自他自己之口的讲辞承担责任。苏格拉底刚刚还在谴责肆心会让人忘乎所以,此时却又宣告自

---

① "没爱欲者"这一术语用起来跟"不美(not-beautiful)"有些相似,"伊利亚的异乡人"用"不美"来说明其"反面"的本性,因为"不美"并不仅仅取决于它不是"美的",从另一角度来看,它也有一种自身固有的确定身份。参《智术师》257d-258b。

② 这位演讲者的下定义活动所具有的僭主本性,反映在定义本身的内容上;在别的地方,爱欲的词源学源头是与"提问题"联系在一起的(*erōton*,《克拉底鲁》398d),而在这里却与"强力(force)"(*rhōmē*, 238c)联系到了一起。

③ 苏格拉底的没爱欲者未经省察就排除了以下可能:以对身体之美的爱欲作为开端,可能会有一种继续前行的运动,就像第俄提玛在传授爱欲奥秘时所说的那样。参《会饮》210a-212a。

己目前所处的状态就有一种肆心。苏格拉底突然进入的这种酒神颂状态(dithyrambics),标志着他对精神迷狂(nympholepsy)的攻击,①但这种攻击的原因(aitios)却是斐德若自己(238d)。假如这篇讲辞的确被斐德若施了魔(bewitched, katapharmakeuthentos)(242e),那么,它的修辞形式和内容也就必然传达了苏格拉底对于斐德若本性的认识。如此一来,苏格拉底就把斐德若刻画成了一种在下述两者的争斗之间摇摆不定的形象:斐德若一方面受自然欲望的驱使,耽溺于身体之美的享受,另一方面受习传意见的影响,追求正确的事物(the right),但这两者间缺少一种哲学式的爱欲作为中和。斐德若本人,作为造成苏格拉底陷入迷狂的原因,引出了构成这篇讲辞之基础的那一种人的样板;而苏格拉底将反抗这种迷狂的任务留给了"神"(238d),藉此暗示出他已有了一种精灵般(daemonic)的认识,认识到了他目前当作一整体而加以展现的东西,其实只是一部分而已。

在没爱欲者定义了爱欲之后,苏格拉底暂时中断了讲辞,意在把自己和其中的没爱欲者区别开来。以该定义为前提,接着就可以推论出:如果一位被爱者答应了一位有爱欲者的话,他会得到哪些好处或坏处。在推出结论的时候,苏格拉底将吕西阿斯的讲辞中随意安排的论证次序按照危害程度由高到低组织了起来,从心智到身体再到财产。这一论点背后的假设是,一个被快乐所奴役的人,将竭尽所能地从他的被爱者那里获取快乐;不过,既然有爱欲者已经陷入疯狂的病态,他获得快乐的对象就只能是比他更低的事物,也就是全然为他所掌控的事物(239a)。

因此,没爱欲者首先描述了有爱欲者如何试图[37]将被爱者限

---

① 苏格拉底是这样来描述他那个不言自明的爱欲定义的:他谴责忘我的疯狂,采用的却是激情洋溢的酒神诗的形式,而酒神正是忘我经验的守护神。但他的描述应该从"dithyrambics"的角度来理解,"dithyrambics"是荒诞的标志,就像《克拉底鲁》409c所表明的那样,在那里,苏格拉底最长且最荒谬的一个词源学解释就被称为"酒神颂式的"(dithyrambic)。

制在比自己低的状态,让他"无知而不是智慧,怯懦而不是勇敢,木讷而非雄辩,迟钝而非聪敏"(239a)。一提到智慧和勇敢,人们就会联想到其他传统德性,例如节制和正义,①但是苏格拉底的没爱欲者用他的那些现实主义理想取代了这些德性;在没爱欲者看来,心智上的卓越,虽以智慧和勇敢为基础,但也需要修辞技巧和精明机智(cleverness),以掩盖放纵和不义。在这种暗示下,没爱欲者许诺将通过鼓励被爱者在智慧、勇敢、雄辩和聪敏方面的进步来保持其卓越,其实也就把自己装扮成了他正在追求的被爱者心目中的最佳样板。

有爱欲者渴望独占他所爱的对象,嫉妒心油然而生;没爱欲者攻击有爱欲者的嫉妒心(尽管他的意图也很明显),由此暗示了有可能存在一种爱,其对象能团结而不是分裂那些追求它的人。因此,最有益的伙伴,亦即心怀嫉妒的有爱欲者不让被爱者接近的那种东西,就是"神圣的哲学"(239b)。爱欲激情的特殊性与"神圣哲学"所欲求的客观性之间的紧张,体现了没爱欲者对于爱欲之疯狂的谴责中所包含的真理,但前提是排除了如下可能,即"神圣的哲学(即爱-智慧)"自身就能构成爱欲的终极标准。不过,尽管苏格拉底的没爱欲者以吕西阿斯书面讲辞的"必然论点"为基础所阐发的爱欲仅是一面之词,他却也不无道理地揭示了"神圣哲学"中必然具有一种没爱欲的成分,从而先行纠正了另一种同样有失中道的做法,即将哲学呈现为爱欲,而这正是苏格拉底的悔罪讲辞的主要特征。

没爱欲者先是描述了臣服于有爱欲者的被爱者在心智上会遭受的伤害,接着开始讨论他在身体上会遭受的伤害。一篇基于人之为人、基于人类个体的样板而被创作出来的讲辞,必然要对爱欲与身体的关系进行一番思考。然而,没爱欲者攻击的不是爱欲激情的性爱经验,而是有爱欲者试图维持其被爱者的依附性的努力。因

---

① 参《王制》427e。

此,有爱欲者之所以遭到谴责,乃是因为他试图让被爱者保持软弱(soft),在阴影中而非在阳光下成长,"从不知道男人的艰苦与汗水为何物,习惯于弱不禁风(delicate)、很不男人的生活"(239d)。①这当然也是斐德若的真实写照:他不胜酒力,钟爱草坪和阴凉,喜欢在惬意的乡间小路上徜徉。正是这样的斐德若,在没爱欲者的追求下,充当了一名被爱者的角色。

至于跟一位有爱欲者厮混可能招致哪些危害,没爱欲者的论证在结构上可以分成三部分:先是考察心智与身体,最后考察财产。凡是被爱者喜欢的东西,必定会引起嫉妒的有爱欲者的厌恶,如此一来,双方的利益自然不可能协调。演讲者认为,父亲、母亲和亲朋好友是最宝贵的财产(239e),这表明他接受了吕西阿斯以经济学模型来比附人类关系的做法。因为有爱欲者希望不受打扰地享有对他来说最快乐的东西,所以必然会与被爱者对家庭和家人的依恋产生冲突(240a)。吊诡的是,在这种冲突中,[38]嫉妒的爱欲者提出的要求既与城邦,也与哲学探索如出一辙。但是城邦和哲学探索都声称自己代表了一种比家庭更为整全的共同体的利益,或者是一种比家庭更高的秩序;相比之下,有爱欲者憎恨其被爱者的私人性依恋的理由,却仅仅是因为他自己压倒一切的占有欲和不受控制的欲望。

在证明了被爱者与有爱欲者厮混必将受到伤害之后,演讲者甚至连快乐的可能性都要否定。没爱欲者认为,阿谀奉承的人——比如妓女——确实也能给被爱者带来快乐(240b);藉此,没爱欲者试图表明他也能实现带给被爱者快乐(如非利益的话)的承诺。相比之下,由于受到内在欲望的驱使,有爱欲者给被爱者带来的压迫感,乃是双方交往过程中的痛苦之源(240c)。尽管接下来苏格拉底的悔罪讲辞也会讨论有爱欲者和被爱者由于内在渴望的驱迫而遭受

---

① 苏格拉底的没爱欲者似乎嘲弄了斐德若对于"一小撮有爱欲者"在抵御所有敌人时所展现的不可战胜的勇敢的赞美。参《会饮》179a。

的痛苦,但他把这种痛苦看作欲望能力得到增长的标志,而欲望能力才是我们的至福之源(参251c)。只有没爱欲者才会选择快乐和痛苦作为标准,来衡量[被爱者]与有爱欲者或没爱欲者之间的关系的价值。

在谴责了爱欲一旦延续就将如何对人有害且令人痛苦后,没爱欲者最终谈到,爱欲一旦中止,又会带来哪些接踵而至的罪恶。苏格拉底的重新谋篇再次避免了吕西阿斯讲辞的随意性;在吕西阿斯那里,对爱欲的谴责与对它终将逝去的不满总是混淆在一起。根据苏格拉底所建构的没爱欲者的样板,爱欲的胜利不可避免地转瞬即逝,这一点保证了有爱欲者终将回归理性,并且拒绝履行先前的承诺;"由于陶片翻了面,角色换了,他只能拔腿飞跑"(241b)。这里用游戏做比喻,追赶者与被追赶者调换了角色,恰好反映了苏格拉底和斐德若之间发生的情形。但在这里,该游戏的解释者是拥有一种吕西阿斯式的功利主义爱欲观的没爱欲者;在这里,参与双方试图满足自己的需要,期待曾经的付出能有回报。

没爱欲者最后的总结让斐德若心满意足,而他使用的修辞手法也是斐德若所期待和仰慕的(参228d,267e)。接受一个有爱欲者,就意味着臣服于一位"没信誉、脾气坏、好嫉妒又没乐趣的人,既损了自己的财富,又折了自己的身体,受害最大的当然是灵魂的教化,而就灵魂的教化来说,无论在人们还是神们眼里,也无论现在还是将来,真的没有比这更为荣耀的事了"(241c)。① 尽管讲辞的主干是按照从高到低的顺序,顺着心智($dianoia$)—身体—财产的次序进行,但演说者在总结爱欲的危害的时候,却是按照由低到高的顺序,先说财产,而后说身体,最后才是灵魂($psychē$),而且灵魂(无论属人的还是属神的灵魂)突然被赋予了至高的荣耀。通过突然用灵魂

---

① 此处对有爱欲者之本性的概括,令人想起苏格拉底对僭主本性的概括:"嫉妒,不忠,不义,没有朋友,不虔敬,藏污纳垢(receiving and nourishing all evils),令自己和他周围的人都至为不幸"(《王制》580a)。

替换心智,并承认神圣之物才是衡量人事的标准这一做法,苏格拉底的没爱欲者暗示:这篇从吕西阿斯对爱欲的谴责中借来其"必然论点"的讲辞仍然有缺陷。正是在这一刹那,[39]没爱欲者暗示,有可能存在某种比习传意见更高的自然力量;由此,他准备好了通往苏格拉底第二篇讲辞的桥梁,只有第二篇讲辞才能将整体补充完整。同时他也证明,苏格拉底第二篇讲辞看似突兀的开头,其实也有它的道理,因为它提到,爱欲之神圣疯狂的证据依赖于对"无论属神还是属人的灵魂的本性之真相"的考察(参245c)。

如果被爱者答应了疯狂的有爱欲者的求爱,他将遭受损害,这一点在没爱欲者讲辞的结论部分再次得到确认:有爱欲者的友爱(philia),不是好意(eunoia),①而是有待满足的欲望(appetite):"正如狼爱羊,有爱欲者也爱被爱者"(241c)。② 这篇精心安排的讲辞反讽地以向缪斯们的祈告开始,主干部分则是对自然的谴责,并且把自然限定在比习传意见更低的种种力量之内,把自然等同于兽性而非神性。当苏格拉底突然中断他的演说,求斐德若不要再听下去,就"让这讲辞(logos)享有它的结尾(telos)"时(241d),斐德若的反应只有失望,因为他觉得讲辞还没有结束;这便再次坐实了斐德若对这篇讲辞背后的那些假设所具有的根本性影响,因为他眼中的不完整是指缺少对没爱欲者的习俗性节制的赞美,而不是缺少对真正有爱欲者之神圣疯狂的赞美。

苏格拉底抗议道,他已经从开篇(包含对爱欲的定义)的酒神颂歌体,变成了结尾诗句的六音步诗体(即史诗体);苏格拉底预见到,斐德若将使他陷入被仙女们附体的危险中,因此苏格拉底反问

---

① 在苏格拉底的悔罪诗(recantation)中,正是真正的爱欲者的好意(eunoia)保证了被爱欲者能够认识到双方关系的价值,并用相同的感情予以回报(255b)。

② 结尾的这句诗,确认了爱欲者与僭主的等同关系,因为在《王制》中,正是僭主类型的人被比作狼:不驯服,不在畜群中生活,并且以城邦为食(566a)。

道,如果他"要开始赞美另一位[没爱欲者]"的话(241e),他该如何作诗(poeticize)。通过这种意义含混的指涉,苏格拉底不但同斐德若一样,意识到刚才的讲辞忽略了对没爱欲者的赞美,同时也承认他忽略了对神圣的有爱欲者的赞美。如果苏格拉底要把他没有给予有爱欲者的种种优势赋予"另一位[没爱欲者]",他就不得不赞美没爱欲者的娴熟技艺(artfulness)及其客观性——这就是没爱欲的写作技艺:它延用了吕西阿斯讲辞的"必然论点",却没有摹仿它的自相矛盾;它也继续隐藏了驱使着吕西阿斯笔下的讲演者的欲望,连苏格拉底都不得不赞美这位没爱欲者拥有神圣的有爱欲者所不具备的一切优势。

苏格拉底声称,如果他接着论述没爱欲者的种种优势的话,仙女们就会占据他(possession)。被仙女们附体就意味着变成一个被爱者,一个无法经验情爱欲望的没爱欲者。山林仙女俄瑞荻娅(斐德若曾轻易地将自己等同于她),其实就是被充满激情的有爱欲者所掳走的、没爱欲的被爱者的第一个样板;但只有苏格拉底,而非斐德若,才承认俄瑞荻娅的角色必须与法玛珂娅(Pharmakeia)一道分享,因为一种对于没-爱欲的全面阐释,不光要包括精于算计的没爱欲者(他们追求欲望的满足,但没有被自我遗忘所掳走),还得包括书面文辞的没爱欲的"药"(drug)。被没爱欲的仙女们附体,必然成了苏格拉底后来在看到斐德若因朗读吕西阿斯的没爱欲的书面讲辞而变得神采飞扬时[40],跟着他一块陷入的"神圣迷狂"状态(参 234d)。苏格拉底以没爱欲者的名义发表的第一篇讲辞所展现出来的人为性质(artfulness),被他归于潘神和仙女们,"缪斯的传人们"和"当地的神"(262d),而那篇讲辞的人为(artful)开篇,也被苏格拉底归于仙女和潘神,它未经解释地确立了一种确定的爱欲定义,作为其展开谴责的前提(263d)。苏格拉底刚到时热情描述过的那个神圣的休憩场所属于仙女和蝉们,后者又是缪斯的先知(参 259b-d),而苏格拉底把"仙女们和缪斯们的涌泉"视为他和斐德若要向所有"城邦中的写作者"传达的讯息的来源(278b)——这个讯息就是这篇对话第二部分对技艺展开的反思。

既然是在斐德若面前与吕西阿斯的讲辞竞争，苏格拉底有理由担心被仙女们附体的危险；但是当第一次（［译按］见238d）中断讲辞的时候，苏格拉底已然认为，"神"应该把他从仙女们的攻击下解救出来。仙女们和缪斯们似乎是联手与爱若斯神（Eros）和苏格拉底的精灵（daimonion）为敌，意欲占据苏格拉底的灵魂。苏格拉底的第一篇讲辞归于反爱欲的（antierotic）仙女们和缪斯们，他的第二篇讲辞则归于让苏格拉底认识到爱欲之神圣疯狂的精灵（daimonion）。两篇讲辞的冲突体现了前后两种占据苏格拉底的力量之间的冲突。不同神灵的附体，使得苏格拉底的讲辞分成了颇具欺骗性的两篇，因为每一篇都假装自己是整体。不过，早在他为没爱欲者所作的讲辞结束之前，苏格拉底就把他针对仙女们的辩辞交给了神；他还推迟了第二篇讲辞，正如他在第一篇讲辞之前的推脱和讲演之间的中断一样，这些都使得苏格拉底能诱使斐德若利用强迫的做法，最终成为一道反对吕西阿斯的伙伴。

在继续讨论之前，苏格拉底很小心地再次确认自己与自己刚发表的讲辞之间的界限。故事（the muthos）必须要遭受它该有的命运；苏格拉底也必须过河，以免再次受到斐德若的强迫（242a）。苏格拉底提及斐德若的强迫，对此，斐德若的回应是他自己也受到了奴役，但这种奴役不是来自讲辞（logos）的命令，也不是来自苏格拉底的灵魂的命令，而是来自环境的要求；他们必须靠交谈来打发时间，直到太阳西下。苏格拉底宣称，斐德若"在言辞方面如神一般（godlike）"且"单纯（artlessly）得令人惊奇"（242e）；苏格拉底表面上赞美斐德若对言辞的单纯欲望，而这欲望的动因却是他对环境的关注；这一幕恰好也映照了早先的一幕场景，在那里斐德若惊叹于苏格拉底对城邦外环境所怀有的单纯的陌生，而这陌生的动因却是苏格拉底对于与"城里人"交谈的关注（参230d）。但是，假如斐德若"在言辞方面如神一般"是因为他要求就刚刚讲过的东西进行讨论（dialegesthai），那么，除非揭示出爱欲整体中被压制的另一部分（最初的两篇讲辞都忽略了），否则斐德若的要求就不可能得到满足。

苏格拉底想纠正他刚才以没爱欲者的名义发表的讲辞，这是因为他意识到，有必要阐发出与吕西阿斯僵死而沉默的文本所刻画的"没爱欲者"形象相反的另一面。所以苏格拉底[41]提议再作一篇讲辞，而非像神一般的斐德若要求的那样，对刚刚发表的两篇讲辞做一番讨论；斐德若让他与吕西阿斯比赛，苏格拉底则以下述方式来回报斐德若：他让斐德若与讲辞制造者忒拜人西米阿斯比赛（242b）。西米阿斯迫使苏格拉底发表了一些有关灵魂不朽的讲辞。在从苏格拉底谴责爱欲之属人疯狂的讲辞向他赞颂爱欲之神圣疯狂转变的过程中，西米阿斯被树立为斐德若的榜样。通过把斐德若比作西米阿斯，苏格拉底暗示，赞美基于习传意见之节制的讲辞是有缺陷的，因此第一篇讲辞不能真正解决吕西阿斯书面讲辞所代表的没爱欲的技艺与苏格拉底的悔罪讲辞所代表的爱欲的神圣疯狂两者之间的冲突。至于苏格拉底受斐德若的魅惑而作的第一篇讲辞，对于死亡和爱欲之间的紧张关系是否具有一种隐秘的缓和作用，这个问题必须根据苏格拉底在西米阿斯的强迫下所作的那些讲辞才能得出判断；在苏格拉底对斐德若发表那两篇爱欲讲辞之间的时候，柏拉图的苏格拉底不禁让我们回想起他在生命的最后一天，在雅典的监狱里所作的谈话，这场谈话被斐多叙述了出来，记载于一篇与他同名的对话当中。

苏格拉底的最后一场谈话开篇是在解释他在被判刑之后、处决之前这段时间内所关注的东西。由于雅典人的涤罪（purification）仪式，处决被拖延了，这让苏格拉底有时间来进行属于他自己的涤罪仪式，也就是搞搞他一生中似乎还是头一遭的写作活动（《斐多》60e–61b）。他创作了一篇献给阿波罗的颂歌，以及一篇伊索寓言（muthoi）的韵体版本。苏格拉底解释说，他这么做不是为了跟欧艾诺斯（Evenus/Euenus）竞争（这人已听到有关苏格拉底在写作的传言），而是为了履行一项对缪斯们的义务；或许是由于其精灵（daimonion)的影响,①苏格拉底的一生完全忽略了缪斯。只是到了现在,在他被雅典民众(dēmos)判刑后,苏格拉底才开始怀疑自己以前对一个梦的回应是否正确,这梦在他的一生中经常出现,命令他"制作并好好搞音乐"(make music and work at it)(60e);苏格拉底一度以为这梦是在许可他对于哲学对话("最伟大的音乐")的爱欲,但现在苏格拉底得出了一种更加贴近字面意思的解释——它是在命令他制作"通俗(demotic)的音乐"。在他即将饮鸩而死的这一天,苏格拉底明确地表示内疚,以此展示了写作与死亡之间的纽带,与此相对的则是他一生从事的对话活动与他的爱欲之间的纽带。

当汇报完自己的创作活动之后,苏格拉底向欧艾诺斯告别,并建议说,如果他真是一位哲人,就该追随苏格拉底当前的路,越快越好。苏格拉底暗示说,哲人认为死亡值得欲求;西米阿斯被这个暗示搅得心神不宁,要求苏格拉底为自己辩护,就像在法庭上一样,证明他自己也意愿死亡,而且这死亡不只意味着和那些据说是我们的好主人的诸神分离,还得是和在场的同伴们分离。苏格拉底接受了挑战,他为哲学辩护,说哲学就是练习死亡,此处的死亡就是一种"分离(separation)"(64c)。[42]正如写作涤除了苏格拉底因为追随他对于哲学对话的爱欲而犯下的罪过一样,练习死亡作为某种分离也成了一种涤罪之举(67c)。

因为担心死亡就是自我完全化为虚无,苏格拉底的谈话者们所理解的涤罪,也就是通过练习死亡来使灵魂与肉体分离;因此,他们要求证明灵魂不朽,否则苏格拉底的自辩就不算成功(71a-b)。这些有关灵魂不朽的论证,并不能以其"魅力"驱散强大的死亡恐惧。在这些论证背后,苏格拉底展示了他自己对于练习死亡的理解:这是一种尝试性的分离,不是灵魂与肉体分离,而是对道理(logos)的

---

① 精灵(daimonion)既影响了苏格拉底的爱欲的特殊性,决定他会亲近哪些对话者(参《忒阿格斯》128b),同时也禁止他从事公共的写作活动,正如禁止他参与政治一样(参《王制》496c)。

关注与对自我的关注相分离(99d–102a)。柏拉图的苏格拉底在死前数小时的时间中,悄无声息地表明:作为练习死亡之基础的那种分离,其实已被柏拉图对话本身完成了,这些对话用一种作为书面形象的道理(logos)取代了苏格拉底的活的个体性和主动性。然而,苏格拉底对他如何转向逻各斯的阐述,并没有令西米阿斯满意。因为意识到的这些问题的严重性,以及人类心智自然的脆弱性,西米阿斯被彻底震住了(107a–b);因此,将死的苏格拉底为他编了一则有关灵魂死后命运的神话作为结束。

苏格拉底在谈论斐德若对自己的强迫时提到西米阿斯,这就预示了他即将发表的涤罪讲辞的主题:它将以证明灵魂不朽开篇,高潮则是作为回忆活动之推动力的神圣爱欲的礼赞。① 苏格拉底受感于仙女而作的讲辞(nympholeptic speech),以一种缺乏灵魂的区分原则的人类样板作为基础,谴责了爱欲的疯狂。因此,苏格拉底的罪恶感只有通过悔罪讲辞才能得到涤除,而这种改变的基础是努力证明"有关无论属神还是属人的灵魂的本性之真相"(245c)。苏格拉底对爱欲之神圣疯狂的赞美,展示了被吕西阿斯"死"的书面讲辞所压制的爱欲的另一部分;然而,既然揭示了这一可能,苏格拉底的悔罪讲辞也就一定会谴责所有的"没爱欲(nonlove)",结果便忽略了柏拉图式写作技艺所代表的那种远离爱欲之疯狂的做法所具有的价值。通过表明写作技艺和练习死亡与爱欲的疯狂的对立关系,苏格拉底揭示了写作技艺与练习死亡之间的内在关联;但是,为了在与没爱欲者的主张的斗争中赢得胜利,苏格拉底无法在爱欲疯狂的最高潜能和没爱欲的练习死亡的最高潜能之间,达成一种和解。现在看来,这篇对话对于催生了众多爱欲讲辞的那个神话([译按]即俄瑞狄娅神话)的反思,还没有结束:根据聪明人(sophoi)的解释,它藏着一套关于死亡的道理(logos),而苏格拉底则将它看作是对爱欲经验的解释。

---

① 比较《斐德若》249d–250d 与《斐多》73b–76e。

西米阿斯促使苏格拉底认识到,要想涤除因爱欲而导致的罪过,就必须为哲学之为练习死亡展开辩护;斐德若则促使苏格拉底认识到,要想涤除因让爱欲完全隶属于习俗式节制的做法而导致的罪过,就必须为哲学之为爱欲的最高标准展开辩护。因此,将斐德若对苏格拉底的强迫[43]与西米阿斯的强迫并置在一起,暗示了作为爱欲的哲学和作为练习死亡的哲学之间的必然联系,但是苏格拉底只暗示了这种联系是一个值得欲求的目标,却没有付诸实现。通过比较斐德若与西米阿斯二人,苏格拉底表明,习传意见并不足以充当疯狂与技艺、作为爱欲的哲学与作为死亡练习的哲学之间的纽带,但他没有考察柏拉图式写作技艺要求充当这一纽带的主张。由于突然意识到自己的精灵(daimonion)显现并发出禁令,苏格拉底也发现自己冒犯了爱若斯神(erōs),因此不得不涤除自己的罪过;尽管如此,苏格拉底也只是宣告了他向斐德若发表的两篇讲辞将是相互对立的而已。

# 第四章　苏格拉底受感于精灵而作的讲辞[①]

[44]当我正要过溪时,我的好人儿哦,精灵和那个通常会来的信号降临到我身上了——它总是禁止我做某种我正要去做的事——而且我想我听到了某种声音,它禁止我离开,除非我涤清了自己的罪,因为我好像是对神犯下了罪过。(《斐德若》,242c)

## 引　子

苏格拉底原想以对爱欲的谴责来结束对斐德若的劝说,然而,他的精灵的突然到来阻止了他这么做:它用一种声音在苏格拉底体内说话,提醒他爱欲(Eros)是"一位神"。在精灵的影响下,苏格拉底本人也表现出了他即将描述的所有形式的神圣疯狂;但苏格拉底所经验到的神圣疯狂其实是一种节制,而感发了(inspire)苏格拉底的精灵,也只是让他收回第一篇讲辞中的冒失(boldness),因为那篇讲辞赞美了以习传意见为基础的习俗的节制。因此,精灵的感发,令苏格拉底重新回归了自我;这精灵就是他的本性(nature),而他的本性就是爱欲。在苏格拉底的讲辞中,爱欲的敌人是属人的技艺,而从这篇对话整体来看,技艺的范式是写作技艺。通过描绘苏格拉底被精灵附体的样子,柏拉图将苏格拉底的神圣疯狂中的肆心,与他不事写

---

[①]　[译按]"受感于精灵而作"原文为daemonic。

作这一做法所体现的肆心联系了起来。

　　苏格拉底必须涤除罪过,是因为他以一种缺乏灵魂的区分原则的人类样板为基础,暗中否定了爱欲之属人疯狂具有一种不完整性。因此,要想承认神圣的爱欲,就必须首先证明,"有关灵魂(包括属神的和属人的)本性的真相"。不过,作为讲辞的必要起点而引入的抽象论证,只是证明了"所有灵魂"不死,并将灵魂等同于自我运动的运动,但它却没有阐明由爱欲经验所决定的属人灵魂的独特本性。因此,苏格拉底被迫走一条属人的道路,创造一种[灵魂的]意象,把灵魂比作"有翼的飞马与其驭者的合力"。

　　为了解释属人灵魂的种种行迹和遭遇,苏格拉底的意象必须从一种不断扩大的视角来看待:诸神在天上列队行进,大群属人灵魂追随诸神向上飞升,[45]尽情饱览天外诸存在者(the beings beyond the heavens)的视觉盛宴。这一幕场景的描述,必须由另一幕对于爱者和被爱者(由爱者根据他所追随的神的形象而选择的)之个体关系的描述作为补充。这种观看诸存在者的关键经验,为向下坠落的属人灵魂的特殊本性提供了基础;相应的,对某一位神的特殊崇拜,也为有爱欲者在与某一位被爱者相处时的行为提供了基础。但是,无论是能否完整无遗(comprehensiveness)地看到诸存在者,还是能否选择一个被爱者来让自己回忆起过去观看这场盛况的旅程,这些其实都取决于个体灵魂诸部分之间的内在关系;因此,苏格拉底在讲辞的最后,必须回过头分析他最初的那个意象所暗示的复杂区分。在这一分析中,白马(热爱荣誉和真实意见的人)充当了有控制力的驭者和黑马(肆心与骄傲的朋友)之间的纽带,正如苏格拉底的第一篇讲辞充当了吕西阿斯讲辞(它代表了对于诸理式的没爱欲[nonloving]的沉默)和苏格拉底的悔罪讲辞(recantation)(它赞美了爱欲的神圣疯狂)之间的纽带。

然而,如果说苏格拉底的悔罪讲辞为包括三篇爱欲讲辞在内的整体提供了一种诗性意象,那也只是在赞美神圣疯狂的语境中是如此;但只有转变成哲学的爱欲之后,爱欲的疯狂才会是一种神圣福佑(blessings)。正因如此,对真正整体的揭示(三篇爱欲讲辞在它面前不过是部分而已),还要等到一种脱离了爱欲之疯狂的、不为苏格拉底的神话颂歌所承认的批判性考察出现之后。

苏格拉底先是把创作第二篇讲辞的责任归咎于斐德若,并将他比作西米阿斯,接着又突然提起了自己的精灵。至于他的对话者施加给他的力量和他体内的精灵所具有的力量之间有着怎样的神秘关系,苏格拉底只是在这篇讲辞之中才开始解释。① 这位精灵要求得到承认;它要求苏格拉底认识到自己被神圣的疯狂所占据,但它只是通过阻止苏格拉底正要去做的事来达到这一目的。② 通过精灵的警告,苏格拉底认识到先前的讲辞犯了罪,并且想起来"爱欲(Eros)来自阿弗洛狄忒而且是某位神"(242d)。斐德若只表示了同意:"据说是这样。"他[46]似乎也记起了第俄提玛的讲辞,在那里爱欲(Eros)被等同于一个大精灵(daimon megas),"像所有精灵

---

① 参《忒阿格斯》128b。
② "那个被称之为'苏格拉底之精灵(daimonion)'的神奇现象,为我们了解苏格拉底的品性提供了一把钥匙。在罕见的特殊场合,当他那巨大的理智摇摆不定时,一个神圣的声音就会对他说话,给他提供可靠的支持。这个声音每次到来,都是劝阻他。在这个完全反常的人物(nature)身上,直觉性智慧的出现只是为了偶尔阻止有意识的知识。在所有创造性的人(productive men)那里,直觉乃是创造性、肯定性的力量,意识则扮演着批判和劝阻的角色。而在苏格拉底那里,直觉变成了批判者,意识反而成了创造者——真是一个缺损畸胎(monstrosity *per defectum*)!"见尼采,《悲剧的诞生》,Walter Kaufmann 译,页88。[译按]此处参照了孙周兴的译文(《悲剧的诞生》,孙周兴译,北京:商务印书馆,2012)。

般的存在一样"，居住在有死者和不朽者之间，能将属人之事解释和传达给诸神，或者相反(《会饮》202e)。这位精灵爱若斯(Eros)处于"智慧和无知之间"，因此是一位"热爱智慧的人"(《会饮》204b)，而苏格拉底本人似乎就是这么一个形象。现在，苏格拉底在斐德若面前把自己呈现为一个如同精灵一般(daimonios)的人，拥有"诸神与人的一切接触和谈话(dialektos)"都少不了的这种精灵的智慧(参《会饮》203a)。

如果说，精灵是通过爱欲的神圣疯狂来转变了苏格拉底，那么，它同时也就让苏格拉底接触到了其他形式的神圣疯狂；正是各种形式的神圣疯狂的综合(collection)，构成了苏格拉底受神灵感发而作的颂歌的出发点(参244a)。不过，之所以要阐明苏格拉底在那篇悔罪讲辞之前所陷入的神灵感发状态(inspiration)，其原因只不过是为了摹仿苏格拉底的批判性意识，即：先前的讲辞还不完整。在精灵附体的状态下，苏格拉底宣告了他的预言能力，并且展现了"神启预言"这种神圣的疯狂(参244d)；但是"灵魂自身就是某种会预言的东西"，就像苏格拉底所承认的那样(242c)。神启预言揭示了他们先前的无知，这种预言其实就是苏格拉底对于先前遭到压制的那个整体的意识："刚才朗诵讲辞时，心里就一直觉得不安。"(242c)如果像苏格拉底暗示的那样，他开始第一篇讲辞的时候就已经有第二篇讲辞在他脑子里，那么，精灵不过是在提醒他回忆起某种早已知道的东西，而预言也不过是重新恢复某种被遗忘的东西。精灵要求他们必须涤尽先前的罪过(243a)，这一要求展现了涤罪的神秘仪式中的神圣疯狂(参244e)；不过，苏格拉底的罪是因为他接受了一种因为片面、所以错误的论点，而用于涤罪的神秘仪式仅仅是把这种片面的论点转变成一种更加完整的真理而已。当强调第三种形式的神圣疯狂，即"一个简单纯粹的灵魂为缪斯们所占据"(245a)的疯狂时，苏格拉底选择了诗人伊比科斯为例，伊比科斯曾表示担心自己是"靠得罪诸神来得到众人的尊敬"(242d);①然而,苏格拉底被缪斯们附体这件事,其实是对他在发表第一篇讲辞时所经验到的"不安"的一种描述,而他之所以意识到得罪了爱若斯神(Eros),乃是因为受到了一篇不完整的讲辞(logos)的强迫。

在摹仿各种形式的神圣疯狂时,通过摹仿,苏格拉底认识到他的第一篇讲辞"没有打中目标"(hamartema),换言之,它要么是一种错误,要么是一种罪过(242d);语言本身似乎也体现了(bear the consciousness)苏格拉底的那条原则——德性即知识。因此,先前发表的那两篇讲辞,既是不虔敬的,因为它们说爱欲是邪恶的,"而神样的东西不可能是邪恶的"(242e);又是愚蠢的,因为它们为了骗取一些"小子(manikins)"(243a)的赞誉,②假装说了一些健康又真实的东西。这些讲辞的愚蠢与不虔敬之间的联系,也体现在苏格拉底第二篇讲辞背后的双重动机——在一位高贵者面前感到的羞耻与对爱若斯神(Eros)的畏惧(243c)——之间的联系上。

[47]苏格拉底以西麦拉(Himera)的诗人斯忒西科(Stesichorus)为例,强调了这种双重的动机:斯忒西科因为污蔑海伦而瞎了眼,但作为"缪斯的信徒",他知道自己瞎眼的原因,于是赶紧写了一首悔罪诗(recantation),马上就恢复了视力(243a–b)。斯忒西科在美的问题上认识到自己犯了把外观当作实在的错误,苏格拉底则

---

① 根据 Diogenian 的暗示,此处引用的伊比科斯的话的含义其实就是一句谚语:"像伊比科斯那样古老。"这句谚语常用于形容人傻,因为伊比科斯放弃了作为僭主统治其同胞的机会(*Proverbs* I. 207,转引自《希腊抒情诗歌》[*Greek Lyric Poetry*],ed J. M. Edmonds, vol. 2,页83)。通过参照伊比科斯来表达自身的负罪感的做法,苏格拉底不禁想起了另一个源自伊比科斯的比喻,那是苏格拉底在和帕墨尼德交谈时从他那里听来的:"爱欲的临近让我颤栗,就像战车竞赛中的一匹年迈的冠军马(champion horse),不情不愿地拖着迅捷的战车加入竞赛"(转引自《帕墨尼德》136e 的某注释家)。当帕墨尼德将哲学的准备比作爱欲的经验时,他只看到了两者在"强迫"这一点上的联系。

② [校注]《斐德若》原文找不到"manikins"这个词,怀疑是"(some) mankinds"(*anthrōpiskous… tinas*)之误。

认识到自己犯了把爱欲当作对美的欲望的错误;斯忒西科的错误成了苏格拉底的错误的最好例子。① 如果对于诗人来说,海伦代表了美,代表了欲望的对象,那么在苏格拉底这里,代表了欲望对象的事物就是爱欲本身。斯忒西科立刻作了悔罪诗,这一点暗示:创作悔罪诗这件事,与其说是他作为一名真正的缪斯信徒的结果,不如说创作悔罪诗和成为真正的缪斯信徒是一回事;他之所以立刻恢复视力,与其说是诗中展现的知识的结果,还不如说恢复视力和展现知识是一回事。罪与盲之间,或者涤罪与复明之间的关系,被神话式地呈现为时间上的因果顺序,但应该被哲学式地理解为同一件事——事件本身即是对它的奖惩。或许,正是对这一点的认识,说明苏格拉底与他古代的老师们相比有着"更大的智慧"(参243b)。由此,苏格拉底传达了一种警告:比喻与其实指之间的那种哲学式的关系,可能会被神话式的表现形式扭曲为原因与结果的关系,这种扭曲就暗藏在苏格拉底即将展示的神话式解释背后。这种神话式解释将灵魂的活动呈现为随之而来的奖赏或惩罚的原因,而奖赏或惩罚的结果又被认为要对灵魂的境况负责。然而,在进入神话式解释之前,苏格拉底声称,无知与惩罚的源头,反思与恢复的源头,都同时包含(contain)在他自身之中;苏格拉底在作下一篇讲辞时揭去了盖头,以倒转第一篇讲辞时的自我致盲之举(243b),由此,他把这种自足(self‑containment)戏剧化地呈现了出来。

---

① 对于柏拉图而言,斯忒西科口中的海伦幻影传说的意义,在《王制》卷九苏格拉底与格劳孔讨论快乐与痛苦问题的时候,被揭示了出来。在那里,海伦被当作一个意象,喻指那种混合着痛苦的真实快乐的幻影,被各种需要所勾勒出来的"影像(shadow‑paintings)"。这些幻影和影像"催生出疯狂的愤怒和愚蠢的爱欲(love),让人们相互争斗"(586c)。凭借着海伦幻影这个意象,柏拉图加入了诗人们的一种传统之中(参欧里庇德斯,*Helen* 605及以后;*Electra* 1282及以后);但是,柏拉图必定也想到了他的同代人伊索克拉底,伊索克拉底也曾经使用同一个故事来为他那服务于美的写作技艺作辩护(参*Helen*64)。参附录,"漂亮的伊索克拉底"。

先前那场盛宴的苦涩,必须被接下来这场盛宴的甜蜜所洗尽。当苏格拉底建议吕西阿斯也这么做的时候,斐德若承诺他会迫使吕西阿斯这么做,就像激励一位参赛者加入竞赛一样。尽管斐德若迫不及待地想听另一篇讲辞,苏格拉底却必须先声明下一篇讲辞的双重动机,一是对真理的爱,二是对斐德若灵魂的关心。苏格拉底起初说在斐德若面前感到羞耻(237a),现在他则说一想到某位"出身高贵、品性温和"的人就会感到羞耻,因为这人知道一种自由的爱欲,故而会认为,先前两篇讲辞的爱欲描写统统出自在水手中间长大的人之手(243c)。苏格拉底在此诉诸斐德若的羞耻感,以及他想当一位"出身高贵、品性温和"者的欲望;斐德若的确也被这些字眼所打动,证据就是当苏格拉底谴责了先前讲辞的无耻之后,斐德若以凭着宙斯发誓的方式,报以热烈的响应。

通过第一篇讲辞的叙述性框架,苏格拉底揭示出,吕西阿斯讲辞的直接演说的形式,其实是一位藏而不露的有爱欲者对他的无名的被爱者所说的话。既然现在是为有爱欲者说话,苏格拉底就用直接演说取代了叙述性框架,直接面对斐德若,把他当作一位"美丽的少年",[48]试图赢得他的芳心(243e)。苏格拉底提醒我们,这篇甜蜜的讲辞本身是一种说服,意在阻止这一位被爱者爱上一位没爱欲者。不过,尽管放弃了第一篇讲辞用过的叙述性框架,苏格拉底还是试图与他即将发表的这篇悔罪讲辞拉开距离。苏格拉底将第一篇讲辞的责任推给了密里努(Myrrhinus)人斐德若(其名字表明他"对名声的渴望"),而第二篇讲辞的责任则被推给了西麦拉人斯忒西科(其名字暗示了他与"关于欲望的虔敬讲辞"之间的联系,244a)。苏格拉底通过开头的这些词源学暗示,为他献给神圣疯狂的颂辞定下了基调。①

---

① 在《克拉底鲁》(396d)中,根据柏拉图的描述,苏格拉底的灵感来自预言家游叙弗伦(Euthyphro):对于许多含义已经湮没无闻的词语,游叙弗伦提供给苏格拉底的神圣知识包含了它们最初的真相。而在这里,苏格拉底指出了应当为其爱欲讲辞负责的人的名字,有关这些名字的词源学含义的知识的描述,包含了与上述例子相似的反讽。

在悔罪讲辞的开篇,苏格拉底重申了自己的论辩意图:这篇讲辞旨在反驳下述主张,即没爱欲者比有爱欲者更值得爱。由于意识到吕西阿斯讲辞的说服力——以及真理的萌芽——在于它的攻击对象不是爱欲之为爱欲本身,而是作为疯狂的爱欲,因此,苏格拉底必须证明疯狂不一定就是恶,而且如果疯狂是神所赐,它还会是至福之源。正是这一论辩意图,塑造了苏格拉底神话颂歌的第一个开端(尽管可能不是真正的开端):要想在技艺面前为爱欲作辩护,各种"神圣疯狂"的综合乃是必要的基础,而爱欲将被证明是这些神圣疯狂中的一种。苏格拉底并没有说他最初的综合就已穷尽了所有的情形;尽管这一看似主观随意的综合,早在讲辞开始前便有预示,但对于各种形式的神圣疯狂的综合似乎不过是一种神灵感发的产物而已。

如果说,与吕西阿斯的竞争促成了苏格拉底讲辞的开端,包括它对于各种形式的神圣疯狂的随意综合,那么,只有当苏格拉底确立了为爱欲辩护的真正基础之后,这个最初的动机才能被超越。届时,这将不再像是一个随意的基础,而是成为这篇讲辞真正的出发点。尽管对神圣疯狂的考察使得苏格拉底把爱欲视为它的诸部分之一,对这一部分的分析事实上却表明:爱欲的疯狂乃是一切灵魂背后的推动性力量,所以它不是部分而是整体。① 因此,对美的爱欲(Eros)也就不再只是疯狂的一个例子,像预言、涤罪和诗那样,而是决定了所有属人灵魂的类型及其最高表现形态的真正原则。因此,只有证明疯狂与爱欲是一回事,以及疯狂内部的神人之分与爱欲内部的神人之分也是一回事时,苏格拉底最初对于神圣疯狂的四种例子所作的思考才能克服自身的任意性。

预言被认为是最美的技艺,因为它能判断未来(244c);苏格拉

---

① 参 Herman Sinaiko,《柏拉图对话中的爱、知识与话语》(*Love, Knowledge, and Discourse in Plato: Dialogue and Dialectic in Phaedrus, Republis, Paramounts*),页 101。

底开篇便指出疯狂(mania)和预言(mantikē)之间的词源学上的关系,藉此表明了自己对于各种神圣疯狂的综合具有怎样的地位。缺乏克制和自私的算计,标志着德尔菲(Delphi)先知、多多那(Dodona)女祭司、西比尔女巫(the Sibyl)以及其他人所具有的一种神圣来源。他们受到神灵的感发,与之相反的例子则是凭借鸟占术(oionistic)而对鸟和其他一些征兆所做的神志清醒的考察。① 鸟占术的名称表明了它是这样一种活动:通过理智(dianoia),将心灵(nous)和信息[49](historia)提供给人的思想(thought,oiēsis)(244c – d)。不是尽管,而是恰恰因为这种带有游戏性的词源学暗示,苏格拉底嘲弄了自己对疯狂的赞美;尽管古人的确也认为疯狂的技艺优于鸟占术,"无论在名称上还是作为上",但苏格拉底其实是在承认,通过神启先知而传承下来的诸神的礼物,与所有形式的人类理性正相对立。既然作为神之馈赠的预言的疯狂与人的解释的技艺性(artfulness)迥然不同,那么,要想实现这种疯狂的潜在好处,就必然取决于某种与它全然不同的东西。②

　　同样不动声色的自嘲,也体现在第二种形式的神圣疯狂中,即各种涤罪和神秘的仪式,它们的目的是要涤除祖辈的罪业所招致的种种恶果。因为祖辈罪业而降临到某些家族中的"疾病和最大的恶"似乎就是一种疯狂,一种通过神谕的力量降临,并为这些受苦者提供解脱的疯狂——疯狂所给予的福佑就是从疯狂中解脱出来。通过在祈祷和祭神中寻求庇护,已行过涤罪仪式的受苦者理应"脱离危险",无论现在还是将来。但是,苏格拉底最后说"一个人正确

---

① 《斐勒布》结尾,当确立快乐在诸善的等级次序中的位置时,苏格拉底谴责众人像"占卜师相信鸟"一样,相信对于"野兽的情欲(loves)"的观察,却不相信"受到爱智慧的缪斯的感发而生的言辞"(67b)。

② 在雅典的法庭上为自己的生活申辩的时候,苏格拉底透露了他对德尔菲女先知的态度:一方面,苏格拉底确实接受了女先知的神谕,将其作为他一生的核心使命;但另一方面,他也花费了一生的时间来试图反驳它,以检验其真伪。

地为疯狂所占有,就已经从眼前(present)的祸患中得到了解脱",这等于是在暗示:疯狂的好处仅仅在于它产生的一种自我遗忘状态。而且,苏格拉底对于涤罪仪式的神圣疯狂的赞美,诉诸了有关祖辈罪业的神话概念,而在他即将发表的宇宙神话中,苏格拉底把人生而有之的罪业(算是人的原罪)理解为无知,即以"属人意见的食料"替代了真理(参248b)。①

苏格拉底后来说,要把每一种形式的神圣疯狂归于相应的某一位神(265b);与此相反,只有对于第三种神圣疯狂,苏格拉底才明确指出了来源——缪斯们的附体,感发了一个纯洁而简单的灵魂,使得它"颂扬先辈们数不尽的功业,以此教化后代"(245a)。就像那些没有被疯狂从日常规矩中解放出来的自私自利的占卜师或负罪者一样,要是没有疯狂,任何想要用技艺来作诗的人也会一事无成。苏格拉底认为,如果一位诗人还有自我意识,仅仅将缪斯当作灵感(inspiration)的一种诗歌比喻,那么他的摹仿技艺就不过是一个骗子的算计。当苏格拉底认为诗完全出自疯狂,丝毫没有技艺的成分时,苏格拉底也暴露了其神话颂歌在视角上的片面性:它的动机是证明神圣疯狂能带来各种福佑,但这种欲望完全压倒了习俗性节制的种种要求。因此,苏格拉底赞美诗人自我遗忘的神灵感发状态,但也恰恰是这种状态,导致诗人无力探究他所摹仿的真理,这一点例示了所有神灵感发状态所固有的悲剧性缺陷。② 就算一个"纯洁而简单的灵魂"真能在神灵感发的疯狂中,并通过这种疯狂创造出一个诗性的"宇宙(cosmos)",他也仅仅是充当了他所颂扬的先辈们的业绩与他所教化的后代对智慧的欲望之间的中介。[50]诗人

---

① 《斐多》里,在一段颇具神秘色彩的诗性讲辞之后,苏格拉底声称,与节制、勇敢、正义和智慧相伴随的真理本身,乃是真正的涤罪。他接着以自己对于这些神话的隐微含义的解读(真正的神秘十分罕见,且就是哲人本身,69c)为基础,称赞创造这些神话的人"绝非无知之辈"。

② 参《普罗塔戈拉》347e;《希琵阿斯前篇》365d;《申辩》22b‑c;《伊翁》533e‑534d;《法义》719c,801b‑d;《王制》600e‑601a。

在神圣疯狂之中并通过这种疯狂获得的好处,只有在人类技艺对于其受感于神灵的作品的检验中,并通过这种检验才能实现。

在完成了对于各种源自神圣疯狂的"美妙事迹"的综合之后,苏格拉底承认这一综合还不够透彻;他还可以举出更多的例子(245b)。① 就这样,苏格拉底进入了这篇讲辞的基本论点,即证明爱欲也是诸神为了人类幸福而降下的一种疯狂。先前已经建立起了有关神圣疯狂的各种典型,只要爱欲是由它们决定的,对爱欲的理解就不得不与一切人的理性相对立;爱欲的好处在于它能创造出一种自我遗忘的幻觉,但它可能的福佑只有通过一种技艺性(artful)的转化才能成为现实。苏格拉底用来说明神圣疯狂的那些例子,仅仅证明了受神灵感发的预言、涤罪仪式和诗,比起出自算计的、属人的同一类活动更加优越,但他并没有证明任何属人技艺都比不上疯狂。因此,苏格拉底对爱欲的神圣疯狂的赞美,仅仅证明了受神灵感发的爱欲比起总是算计得失的属人爱欲更加优越,却没有主张它比一切属人技艺都优越。

苏格拉底警告说,对于"爱欲是一种神圣疯狂"的证明(apodeixis),只会让有智慧的人信服,不会让那些仅仅是聪明的人(merely clever)信服(243c);只是聪明而没有智慧的人,必定是那些"精明"(sophisticated)的不信者(nonbelievers)。正如苏格拉底回答斐德若的提问时曾解释过的那样,这类人用一种关于死亡的道理(logos)取代了关于爱欲的故事(muthos),因为他们看不到神话中所包含的对属人灵魂的解释(参 229d - 230a)。因此,对神圣爱欲的考察,必须首先证明"有关无论属神还是属人的灵魂的本性之真相"(245c)。②

---

① 爱欲的神圣疯狂似乎和苏格拉底的没爱欲者在上一篇讲辞中所描述的复杂的 hubris[肆心]一样,也是"成员众多(many - membered)"、"形式多样(many - formed)"(参 238a - b)。

② 因此,苏格拉底试图在他的悔罪诗中实现他屡次提及的要求,它是一切"有技艺"(artful)的演讲者的起点(参 237c, 259e, 271a, 271d, 273d, 277b - c)。

爱欲解释的真正开端,只有在考察灵魂的时候才会出现。接下来,苏格拉底就要把灵魂等同于自我运动的运动(self-moving motion)和一切生成(becoming)的开端(archē)。假如苏格拉底还记得他在第一篇讲辞中提出的建议——开端决定了讨论将达成什么样的共识(237c)——他现在就会暗示,爱欲本身就是灵魂的自我运动的运动。事实上,正如苏格拉底的比喻随后描绘的那样,每一个灵魂都是由驱动它的某种特定形式的爱欲疯狂所决定的。

  当看见(idonta)灵魂所遭受的和所作的事时,思考(noēsai)有关其本性的真理也是必不可少的。看见和思考之间的分离十分重要,理解其重要性的线索在于,苏格拉底将他的意象化的(imagistic)灵魂旅行神话与其论证的开端分开了:前者是对爱欲经验的一种解释,后者则是将灵魂的存在和道理(logos)定义为自我运动的运动。从最初的论证中渐渐显露出来的区分——作为自我运动之运动的灵魂与以灵魂作为运动之源的身体之间的区分——在这篇讲辞的结构中似乎有一种自我指涉式的对应物:构成这一论证之开端(archē)的道理(logos)与随后的意象化解释之间的关系,[5]必定等同于"自立自存(itself by itself)"的灵魂与以灵魂作为运动之源的活的身体之间的关系。

  对于"无论属神还是属人的灵魂之本性"的证明,一开始就提出了它想要的结论:"所有灵魂(Pasa psuchē)都是不死的"(245c)。由于其主题具有一种未经考察的含混性——究竟是"所有灵魂"综合起来说还是"每个灵魂"分开来说——对于灵魂不朽的证明,并没有提供有关灵魂整体及其各部分的知识。苏格拉底早先曾说,获得这种知识是他认识自我的目标,后来他还把这种知识视为一切言说技艺的必要基础。"所有灵魂/每个灵魂"的分析藏有一种含混性,同样的含混性还将在稍后苏格拉底确立"如何将文章有技艺地组织成有机整体"的原则时再次出现:活物(living animal)的整体性是评判"所有文章(logos)/每篇文章(logos)"的恰当标准(参264c)。

为了证明"所有灵魂"都是不死的,苏格拉底首先提出,永恒运动的东西都是不死的,但他没有澄清其中隐含的假定,即生命就是运动。尽管证明灵魂不死似乎还需要证明灵魂即永恒运动,苏格拉底却试图首先表明,只有自我运动的东西才能永恒运动,因为对于驱动着其他东西或被其他东西所驱动的事物来说,一旦运动停止,生命就停止了。当声称只有自我运动而使其他东西运动的事物才被认为是永恒运动时,苏格拉底没有考虑,自我运动的东西是否同时也使得其他东西运动;他不动声色地指出,在因自我运动而永恒运动的灵魂,与作为身体的运动之源的灵魂(身体一旦运动停止便死去)之间,可能存在着一种紧张关系。

既已证明,由于自我运动者不会被导向自身之外,因而只有自我运动者才能永远不停止运动,那么,现在该接着证明:灵魂就是这样一种自我运动。但这一证明因为一席貌似离题的话而被推迟了,在这段离题话中,自我运动者被视为一切处于运动之中的事物的开端。这段离题话推迟了关于灵魂就是自我运动且永恒运动的运动的证明,它被第一阶段论证中隐含的一种张力所决定,即:作为单纯的自我运动的灵魂与作为身体的运动之源的灵魂之间的张力。从论证自我运动就是永恒运动转移到论证自我运动将导向自身之外,整个论证过程承认了它的假设性条件:一切处于运动中的事物的开端,必定是自我运动,而且这一自我运动的开端必定不生不灭(ungenerated and indestructible),否则"诸天和所有的生成(genesis)"都将走向停滞,永远失去运动之源。① 假定存在着一个永恒的生成

---

① 有论者认为,柏拉图的证明试图将爱奥尼亚学派自然哲学中的"本源"(archē)与俄耳甫斯教 – 毕达哥拉斯派(Orphic – Pythagorean)灵魂不朽的信仰结合起来。参 J. B. Skemp,《柏拉图后期对话中的运动理论》(*Theory of Motion in Plato's Later Dialogue*),页 3 及以后。Skemp 认为,这一论证受到毕达哥拉斯派的阿尔克马翁(Alcmaeon)观点的影响。阿尔克马翁试图以灵魂与不朽之物之间的亲缘关系为基础来证明灵魂是不朽的,即通过灵魂"永不停息的运动,而任何不朽之物都处在持续的运动之中——太阳、月亮、星辰以及整个诸天(heavens)"(参亚里士多德《论灵魂》,405a29 – b1)。

(becoming)世界,这世界的开端就一定是非生成的,要是开端是从其自身之外的某种东西之中产生,那它就不会是从开端中产生的。开端本身也永远不会被摧毁,否则,不光其他任何东西都不能从中产生,它也决不能从任何其他事物中产生,[52]因为一切都必须从开端中产生。因此,只有自我运动的事物,能够提供一切运动背后永远在场的开端,而且这一开端不生不灭,否则将不会有任何生成(becoming)存在。

从证明自我运动就是永恒运动,扩大到证明自我运动的事物就是一切运动的开端,背后的意图似乎都是为了证明自我运动的灵魂乃是身体运动的必要源泉。① 此处论证的扩大显得有些多余,这一点从论证的结论就能得到确认,因为它似乎只是重复了论证一开始就提出的结论,即自我运动之物是不死的。尽管苏格拉底最初在证明"自我运动之物是不死的"这一基础之上,试图证明灵魂也是不死的,他现在似乎却要求我们虔敬地接受灵魂的不死,以此作为证明灵魂就是自我运动之物的基础。虽然苏格拉底已经提供了一种逻辑论证来证明自我运动之物就是永恒运动之物,并在这一意义上乃是不死的,但他仅仅宣布了一点:将自我运动之物等同于"灵魂的存在[或'本质'](ousia)与道理[或'定义'](logos)""并不羞耻"(245e)。② 确立了这一定义后,非生成且不朽的灵魂的本性最终便能确定下来;尽管如此,将不死的自我运动之物等同于灵魂的做法,

---

① 然而,无论是苏格拉底的证明还是他的神话,都没有解释形体的运动如何从灵魂中产生。

② 苏格拉底向斐德若发表的讲辞的开头,将灵魂等同于自我运动的运动,而这一等同的理由似乎要等到对于灵魂不朽的初始证明之后的爱欲解释。因此,上述论证自我运动之运动的特殊理由,似乎与来自雅典的异乡人的看法(《法义》卷十)难以一致:他将自我运动之运动视为一种名为"灵魂"(psuchē)的存在者之本性的"定义"(logos),就像"一个能平分成两等份的数字"是一种名为"偶数"的存在者的"定义"(logos)一样(895d – 896b)。在来自雅典的异乡人的论证中,灵魂等同于自我运动的前提是将灵魂等同于生命,而在苏格拉底向斐德若阐发的论证中,苏格拉底的论证次序似乎刚好相反。

虽让人肃然起敬,却并非一种推理的必然结论。这个道理(logos)在成功证明了自我运动之物就是永恒运动之物,以及一切生成的源头必定不生不灭之后,却在将自我运动的运动等同于灵魂的存在时不得不诉诸羞耻心。

自我运动之物与永恒运动之物的同一性问题,暗示了"所有灵魂"在含义上的模糊性,而"所有灵魂"据说已被证明是非生成的和不死的。为了揭示其含义,对所有灵魂之不死的逻辑论证开始是被当作证明爱欲乃是神圣疯狂的一种形式的必要开端(archē),现在则必须被置于随后的个体灵魂的神话意象中来考察。基于这个意象,对爱欲经验的描述表明,有爱欲者的灵魂自身内部缺乏运动的来源;在有爱欲者那里,作为欲望对象的被爱者表面上的完满(fullness of perfection)成了运动的目的因。如果目的因代表了运动的开端,那么,只有当灵魂自身内部包含了驱动它的那个欲望对象时,灵魂才能够被理解为是自我运动的。① 自我运动要有可能,欲望对象就必须包含在灵魂之中,而永恒运动要有可能,欲望本身就必须是永恒持续的,因为如果是欲望让灵魂处于运动之中,那么欲望的满足就会让灵魂归于静止。欲望和欲望对象之间的关系,反映了自我运动和永恒运动之间的悖谬式张力和相互依赖的关系,因为只有在欲望对象既包含在灵魂的自身之中且又永远无法被灵魂得到的情况下,灵魂的自我运动的运动才能够成为永恒。

因此,自我运动且永恒运动的那种东西,必须被视为一个作为综合整体的灵魂的完整性,而非其各部分的不完整性。但是,一旦假定了一个作为综合整体的灵魂之自我运动的运动具有完整性,我们恰恰就无法设想运动具有任何目的(telos)。[53]苏格拉底对灵魂不死的证明,似乎是采取了其研究对象的视角:一个以自我运动

---

① 亚里士多德认为,"自我推动的事物必然由两个部分组成,一个部分产生运动但自身不动,另一个部分被推动但不必然推动任何他物;两个部分或相互接触,或其中一者去接触另一者"(《物理学》8.5,258a18 - 21)。[译按]参亚里士多德《物理学》,张竹明译,北京:商务印书馆,1982,页240)。

作为其存在/本质（ousia）的灵魂，确认了生成（genesis）作为一个整体是永恒的，却无法承认任何静止的存在者存在。对"所有灵魂"的不死之证明中有着一种自足性的幻觉，对于揭示爱欲的幻觉来说，它是一个再合适不过的准备；在爱欲的幻觉中，有爱欲者"疯狂地"寻求与被爱者的结合，试图藉此而实现一种自足的整体。

正是在对灵魂作为自我运动之运动的抽象分析中遗漏的东西，迫使苏格拉底通过对灵魂样式（idea）①的考察，来补充最初对灵魂不死的论证（246a）。先是证明灵魂作为自我运动之运动是不死的，接下来又需要考察灵魂的样式；这两者之间的紧张关系，反映在苏格拉底的神话式解释中，就是永生的诸神和僵死的诸理式（ideai）之间的紧张关系。自我运动之运动是永恒的，苏格拉底已将其"令人尊敬地（honorably）"等同于所有灵魂的永恒生命，与之相对的，恰好就是沉默的"天外存在者（beings）"永恒的死一般静止的景象。但是，对于灵魂不死的逻辑论证，尽管没有提到诸存在者，却为永恒的生成领域提供了一种解释。有关灵魂不死的道理（logos），似乎反映了苏格拉底自发思考的自足性，同时也提供了对于灵魂之为自我运动的运动的一种抽象解释。不过，唯有苏格拉底对于爱欲经验的意象化解释，才能揭示出灵魂和诸理式（ideai）之间的关系。

苏格拉底也承认自己的逻辑证明还不够充分；他毕竟承诺过，

---

① ［译按］关于 idea – ideai ［eidos］的翻译，学界通行的"理念"乃是误译，不予采用。该词在古希腊文中既有日常用法，也有柏拉图的"哲学理解"。在《斐德若》中，苏格拉底对于灵魂"样式、样子"的分析（246a）主要是日常用法，因为苏格拉底在分析最后就是以马车这个意象来描绘灵魂的"样子"；而在灵魂神话的高潮处，伯格又用 ideai（idea 复数形式）来指称诸神和少数人看到的"天外存在者"，举的例子是"正义本身"、"节制本身"等等，具有超出感官经验的"道理"意涵，故译为"理式"或"诸理式"。但要注意，《斐德若》原文在这里并没有用 ideai 或 idea，故伯格的做法似在发挥，根据可能是柏拉图在其他对话中有将正义、善等等称为"理式"的做法（例如《王制》505a2"善的理式"和486d10"存在者的理式"）。因此，"样式–理式"的翻译或许能保留柏拉图形同神异的笔法。

要刻画属人灵魂的遭遇(pathē)与行迹,为达此目的,除了论证灵魂不朽之外,补充以对灵魂之"样式(look)"的描述。尽管苏格拉底承认有必要讨论灵魂的样式(idea),但是他却声称只能谈谈与之相似的东西。为了证明这一让步的合理性,苏格拉底必须诉诸神与人的区分——在他对所有灵魂之不朽性的论证中却没有这一区分——这个区分作为讲辞的一种方法论原则而出现:"要说灵魂是个什么样子,必是一种全然神圣而冗长的叙述,但是要说它像什么东西,则是属人的且比较短的一种叙述。"(246a)苏格拉底把"有身体的灵魂(embodied soul)"[即人类]的思想和言辞,等同于制造样式(idea)的影像(likeness)以作为其"化身"(embodiment)的能力;区分属人言辞和属神言辞的标准,似乎反映了将人的有死性和神的不死性区别开来的标准,它就是灵魂与身体的联系(参246c－d)。

在最初对于灵魂不死的证明中,与灵魂相区别的身体(body)被视为一种在自身之中缺乏运动本原(principle)的东西。从苏格拉底所暗示的身体和影像(image)之间的联系来看,身体中缺乏自我运动或许暗示了影像中也缺乏自我运动,因此这样的影像似乎最能代表不动的诸理式。但是,诸理式之中缺乏运动,这是其自足性的标志,而一种暗中声称自足的影像却隐藏了它所指向的那种存在(being)。只有像活的身体一样可以通过灵魂的运动而获得生命的影像,才能阐明它所代表的东西。如果柏拉图的文本[54]就是这种充分表现了理式(idea)的"全然神圣而冗长的叙述",那它就不需要具备一种戏剧化的表现才有的意象化性质。只有承认了自己只是一影像,因而是不自足的,这篇对话才能拒绝将自己标榜为对一种理式(idea)的充分表达,拒绝让自己取代活的思想;通过超出自身并指向它所摹仿的东西,对话实现了它所具有的潜能——成为"自我运动的运动"。苏格拉底现在赋予所有灵魂的自我运动之运动的不死性,最终通过生成(generation)的隐喻,同样被赋予给了合法言辞(logoi)的循环——这种言辞是由辩证法技艺所培育的(参277a)。

对不死性的论证,把灵魂的存在(ousia)和道理(logos)等同于自我运动的运动。在寻找一种恰当的意象(image)来展现个体灵魂的遭遇和行迹时,苏格拉底选择了马车(conveyance);只有当被看成一个复合的整体时,马车才能被认为是自我运动的。但是,"有翼的飞马与其驭者之间的合力"(246a)这一意象①仅指马车的各个部分,联结了各部分的那个无生命的马车(vehicle)本身却从未被提及。② 虽没有明确承认,这个意象本身却表明,这些部分的共生并非一种自然现象,而是在一件人造物上共同作用的结果。每一部分出于自然就是一整体,但那个整体本身是一种不自然的复合体。如果就其是被驱动的而言,这个未被言及的马车代表了身体,那么表面看来,那些据说是构成了灵魂的彼此分离的各部分,只有在身体在场的情况下才能聚合到一起。而且,既然这同一个意象最初是被用来解释诸神的灵魂和人的灵魂,那么苏格拉底似乎从一开始就在暗示:这篇神话颂歌中的诸神,就像诗人们的传统诸神一样,乃是人自身的本性所投射出来的影像(image)。

神人之间的区分,最初是通过思考一个样式与制作一个影像[或意象]之间的区分而被引入的。现在,这种区分体现在作为灵魂之意象的马车的本性中:诸神的马和驭者都是"优良的(good),出身也优良",而属人灵魂的马和驭者则"混杂不纯"(246b)。③ 与"尘世身体"的联系,是人区别于神的标志,也必然决定了灵魂本身

---

① 苏格拉底的这个意象(eikōn)背后可能有一种漫长的传统,从荷马到帕墨尼德,马车常被用来作为"灵魂之旅程"的意象。

② 亚里士多德曾问道,如果灵魂被分成功能不同的众多部分,那么是什么将它们统一到一起的呢?那个起到统一作用的施动者是单一的还是复合的呢?(De Anima 411b6-11)。

③ 苏格拉底的意象(images)中所暗示的属神灵魂和属人灵魂之间的对比,令人想起荷马的意象中的对比,即以宙斯(《伊利亚特》8.41-42)或波塞冬(《伊利亚特》13.23)的由"有着铜质的马蹄和流动的鬃毛的两匹快马"所组成的双马战车为代表的诸神的战车,与阿喀琉斯由两匹"快如风驰"的神马和一匹纯种凡马所组成的"混杂的"战车(《伊利亚特》16.148-154)之间的对比。

的本性。评价属人马车的结构中的不同部分,着眼于它们各自不同的功能:一匹马是绅士,"既美且善,出身也如此",另一匹则"恰恰相反,出身也相反",两者之间的龃龉致使驾驭它们十分困难,麻烦丛生(246b)。属人灵魂的马车所具有的混杂不纯的性质,必须根据属神马车所代表的标准来理解,但是苏格拉底却承认,他的意象化的讲辞带有欺骗性,因为"我们既没见过,也不能清楚地认识诸神",只是出于人类的无知,"我们虚构了一个不朽的存在,有灵魂也有身体,且两者永远结合在一起"(246d)。诸神作为人的影像向着人所欲求的完美状态的投射,在诗人的编造(fabrication)中似乎反映了爱欲的经验:在爱欲经验中,爱者把他自己的理想形象,投射到他所选择的被爱者身上,把被爱者当神一样崇拜。

[55]不过,编造出来的诸神虽然可能只是人的理想化的自我投射,却也构成了人的自我理解所必需的标准。因此,最初被呈现为一种既定的自然事实的属人灵魂(不同品种的马的混合),现在必须被解释为从完满状态坠落下来的结果(247b):一方面,坠落似乎是彼此搭档的两匹马之间缺乏协调的结果;另一方面,两匹马之间的不协调本身,又是坠入不完满状态的结果。人的境况的低劣性是由人与神的差异来定义的,这种低劣性只有通过一种因果循环来解释,即属人灵魂之本性的种种局限造成了其自身活动的缺陷,而其自身活动的缺陷又造成了其本性的局限。

马的种类决定了马车整体究竟是属人的还是属神的,它反映在羽翼的状况上。羽翼似乎既不属于马,也不属于驭者,而是属于未被谈及的那个整体。完美的、羽翼丰满的"所有灵魂"的任务是照料所有无灵魂的东西,而当灵魂失去羽翼并接纳一个尘世身体,从而成为活物之后,它的任务就成了在某一身体中产生运动(246b - c)。对于自我运动之运动的解释把"所有灵魂"看作是生命的本原(principle),而苏格拉底现在表明,成为一个"有灵魂的活物"就意味着难逃一死(246c)。与属神的马车不同,身体性以及随之而来的必死性和个体性,构成了正在萌发羽翼(wing - growing)的属人马车的特征;但是,通过承认羽翼"比身体上任何其他部分"分享了更多的神性(246c),苏格拉底也透露出,他那个诸神之有翼马车的意象是成问题的。构成羽翼的自然力量的上升运动,代表了对神圣之物的欲望,即对"美、智慧、善和所有此类事物"的欲望;这些东西滋养羽翼,而那些"可耻的和恶的东西"则会毁掉羽翼。但是苏格拉底在滋养灵魂羽翼的神圣之物(to theion)与有关诸神的意象之间,做出了区分;羽翼的上升运动,不是朝向羽翼丰满的诸神,而是朝向使诸神成为诸神的那种东西。

与羽翼丰满的神的灵魂相比,人的灵魂因为丧失羽翼而向下坠落。为了说明羽翼的丧失,苏格拉底将宇宙描绘为宇宙大军纵横驰骋的战场,无数战车列队行进。其中,人类的方阵被神圣统领们的阵列(taxis)划分开,后者是人崇拜和追随的对象(247a)。这支宇宙大军的神圣统领,显然代表了传统的奥林匹亚诸神(oi dōdeka theoi [十二主神])的神族。① 在对这些神圣统领的描述中,苏格拉底摹仿诗人的做法,暗示诸神只是各种人的类型的"美化"。② 诸神的天上军团的边界由宙斯和赫斯提亚坐镇:宙斯"规整并照料万物",赫斯提亚则"独自留守于诸神之家"(247a)。宙斯是将军,"居首",其至上性意味着普遍性。③ 假如宙斯与诸神军队的关系等同于哲人与其他所有人的关系(参252e),那么,宙斯必然也就代表了灵魂中

---

① 品达曾提到奥林匹亚有一座献给"十二位神"的祭坛,乃赫勒克勒斯所创立的一个教派的信徒所设(*Olympia* 10.50)。希罗多德和修昔底德都曾经提到雅典有一座献给"十二位神"的祭坛。参《历史》2.7,6.108;《伯罗奔半岛战争志》6.54.6-7。

② "把艺术作为引诱人们生活下去的对人生此在的补充和完成而创建出来的那同一种冲动,也使得奥林匹斯世界得以产生,希腊人的'意志'把这个世界当作一面具有美化作用的镜子来使用。于是,诸神为人类生活做出了辩护:他们自己过上了人的生活——此乃唯一令人满意的神正论!"参尼采,《悲剧的诞生》,考夫曼译,页43。[译按]中译文参照了孙周兴的译文,参《悲剧的诞生》,孙周兴译,北京:商务印书馆,2012。

③ 参亚里士多德《形而上学》12.10,1075a11-16。

最能将整体当作一个整体来认识的本原(principle)。相比之下，赫斯提亚则代表了大地、家庭、私人事物，即那些最为个体性的东西，①[56]他一直留在中心未动，所以看不到"天外的存在者"(247c)，尽管看到这一景象被当作是灵魂成为属人灵魂的最低要求(参249b)。② 在这一宇宙大军的众多神圣统领中，只提到了宙斯和赫斯提亚；藉此，苏格拉底暗示，人的理想次序有两个边界，一是彻底的普遍性，一是彻底的私人性，但苏格拉底并没有考察这两者之间的冲突。

宙斯和赫斯提亚界定了宇宙大军的两极，两者之间的张力反映在全体诸神的活动中，"天界里有好多美不胜收的景观和路径，诸神在其中穿行，各尽职守"(247a)。诸神只做自己的事；③宇宙大军的这一条正义原则，与言辞的看似缺席和嫉妒在诸神之间的实际消失，有十分紧密的联系(247b)。如果诸神代表了自足性的实现，他们就不可能欲望任何自身之外的东西，也就是基于本性而外在于爱欲经验的东西，但恰恰是这种爱欲经验决定了人对神圣之物的渴望。言辞和爱欲在诸神之中的缺席，也体现在他们朝着"天外那些真实存在的存在者"上升时的轻而易举之中(247b)。诸神不需要以对另一个体的爱欲作为上升的推动力，而是直接向着诸理式进

---

① 《克拉底鲁》(401b)探讨诸神的名字的时候，苏格拉底以"法律所认定的第一位神"赫斯提亚开始，把她的名字等同于代表存在(essia)的古代词语。这种等同应该也是城邦(polis)所可认的，因为城邦在祭祀仪式中也将这位女神摆在首位。苏格拉底似乎暗示，人自然地、也是盲目地把最私人性的东西、因而也是对属人的意见来说首要的东西，当作基于自然就是第一位的东西。

② 这一要求的重要意义，在苏格拉底向格劳孔描述僭主的生活时有所暗示："尽管他的灵魂充满贪欲，他是城邦中唯一一个不能出国旅行或观看其他自由人都爱看的神圣庆典的人。大多数时候，他必须像女人一样蜷缩在屋里，空自羡慕那些可以出国旅行参观的公民。"(《王制》579b-c)非常奇怪的是，在卡里克勒斯对于身为爱智者的苏格拉底的生活的描述中，僭主的这种形象也若隐若现。参《高尔吉亚》485d。

③ 参《王制》433a-b。

发；但是苏格拉底丝毫没有谈到促成诸神如此运动的欲望是什么，没有谈到诸神在诸天之内的职责是否可能存在冲突，也没有谈到他们对诸天之外的存在者的沉思。①

属神马车的驭者已然为存在者的盛宴所滋养，也正因此，这些所谓的不朽者们可以轻易地完成上升；他们肯定已经无数次上升到绝顶，"站在宇宙的脊背上，随天体绕行，观看天外的东西"（247c）。整个生成领域处于永恒的旋转之中，天外的东西据说则是不动的，尽管它们可能仅仅是在与生成运动的关系中看似如此。苏格拉底声称它们的不动并不只是一种相对的现象，这个说法透露了苏格拉底的肆心（hubris），他敢于做第一个也是最后一个"以一种配得上的方式赞颂天外之域"的诗人（247c）。苏格拉底的勇气在于他讲了真话，因为他正在谈论真理（247c），所以他必须要这么做。"布满这一区域的那一类（genos）"，全都是"无色、无形、不可触摸的真实存在的东西，也是所有真正知识的对象，唯有理智，这位灵魂的驭者才能看见它们"（247c – d）。

既然唯有纯粹的理智才不需要意象化的言辞（这类言辞现在被赶出了真理的领地），那么，谈论有关灵魂的真理似乎就是不可能的，因为与那些固定不动的存在者形成鲜明对比的是处于永恒运动之中的灵魂。② 正是在苏格拉底声称"说真话"的时候，他在理智和灵魂之间做了区分，而这一区分无论对人还是对作为意象的诸神都是有效的。灵魂的本性据说是由它所欲求的滋养所决定的，因为它

---

① 苏格拉底没有解释，在诸天的背面休息的诸神，是否也同时掌管并"操心"着"所有无灵魂的存在物"；或许他假定，爱利亚的陌生人在讲给小苏格拉底的神话中认为神所具有的那种同时兼顾沉思与"操心"的性质是不可能的。参《治邦者》272e。

② 就其对天外盛宴的接受度来说，灵魂可能展现了它与不动的存在者之间的亲缘关系，但是定义了"灵魂"的那种自我运动的运动提供了一种能动的原则，而这种原则在天外诸存在者的领域中是缺失的。参《智术师》248e – 249b。

靠那些最适合它的东西为生,但是即便在诸神那里,天外存在者的视觉盛宴也只是滋养作为"驭者"的理智,[57]而代表着灵魂之运动力量的马匹则需要仙食和琼浆(247e);"无色、无形、不可触摸的存在"对于滋养灵魂整体来说,还远远不够。

然而,诸神的马车可以直接上升去观看诸理式,而属人马车的上升过程,不是被对智慧的爱,就是被对他所追随的某位神祇的爱所驱使。在灵魂朝向诸理式的旅程中,不同的推动力之间的差异就体现在旅程的性质中:与神的旅程的轻松惬意不同,受劣马坠向地面的运动所累,人的旅程总是不断地被往下拉,同时也将他的驭者拖入"极度的痛苦和挣扎"中(247b)。因此,诸神生活中的那种至福的景象转瞬即逝,迅速被痛苦、挣扎、竞争、挫败的一幕所取代,唯有少数"最跟得上且最像神"的人,可以零零星星、勉勉强强地得到一点满足(248a)。在这些少数人当中,只有驭者的头偶尔能被举到那个天外之域;整体被它最高的部分所取代,这一点意味着即便在诸神那里,也存在着理智与灵魂之间的紧张。

被逐出真理的青草地之后,在天穹(surface)之下相互竞争的车队不得不靠"意见的食料"过活(248b),这显然是由人类技艺所培育的另一片草地。没爱欲者曾经赞美让自然欲望臣服于习传意见的做法,而现在这种做法被证明不过是围绕着假象而展开的相互争斗,这种争斗乃是从真理的青草地上被驱逐出去的人类群体的典型特征。属人的灵魂无法持续看到天外存在者的整全景象,这本身既是惩罚的结果也是惩罚的原因,而属人的灵魂之所以无能,原因在于它无力追随神的领导。结果便是,属人灵魂丧失了羽翼,坠落到地上,但是苏格拉底将坠落的原因,不仅仅是归于属人灵魂的既有本性,还归于"某种偶然事故",这些事故让灵魂变得沉重、健忘而邪恶(248c)。造成属人灵魂坠落下来的那种事故,是因"某些牵缠"不幸沾染了不义而导致的(250a),因此这种事故就等同于天界之下,愚蠢而盲目的人中间发生的践踏和推搡。

灵魂的活动就是灵魂之状况的原因,这里所包含的那种循环,也体现在神圣诗人所宣告"命定法规"(law of destiny)之中,这条法规主宰了坠落下来的属人灵魂的等级;"命定法规"宣布了九种灵魂类型的等级划分,决定划分之基础的不是命运,而是"意见食料"中所混杂的对于真理景象之记忆的比例。如果意见的草场(取代了天外存在者的自然滋养)代表的是政治共同体,个体灵魂类型之间的分化似乎就与城邦(polis)之统一性所必需的职能分工有关。①然而,人的类型的分化固然代表了一种认识层面上的等级次序,并与政治共同体所必需的职能分工有关,[58]但它仍然没有回答:为什么是九种,以及为什么是如此这般的九种。正是因为它被说成是"命定法规",这组据称穷尽了所有类型的分类背后的逻辑基础没有得到交代,取而代之的只是一条关于其意义的神秘线索。②

———————

① 灵魂诸类型与其在城邦中的职能之间的关系,在它们的名称中已有所暗示,这些名称大多以 - ikos 结尾,代表着从事一种技艺。参伯纳德特,"对苏格拉底的谴责",页168。这一原则的例外情况,可能是在暗示那些职业不能被理解为一种技艺(teckne),这些职业包括:哲人,爱美者,守法的君主,专注于照料肉体的人,以及其他的摹仿者(248d)。

② 用来表示灵魂诸类型的清单的语言本身似乎暗示,这些类型之间的排列遵循着一种不同于线性的高低序列的其他模式。前四种职能用属格(genitive)表示,属格跟着介词 eis,且有序数词,第五种用宾格表示(accusative),最后四种职能用主格表示,代表灵魂水平的数字则用了与格(dative)。由此,前四种类型似乎把灵魂描绘为一种主动的原则(principle),而其职能只是一个容器(receptacle),后四种把职能描绘为主动的,而灵魂只是接受它。如果这一清单的前半部分(以最高者开头)与后半部分(以最低者开头)逐一对应,作为第一种与第九种类型的哲人与僭主就可以因其为爱欲所决定而联系在一起(参《王制》490b,573d);第二种类型,即守法的君主或军事将领,则可能代表了一种可以被智术师或煽动家即第八种类型所戏仿的权威形式(参《王制》492a - 493a);第三种类型,即商人或金融家(如果不是治邦者的话),可能与第七种类型,即手艺人或农民相联系,因为两者都追求经济收益(参《王制》371e);由体育家或医生构成的第四种类型,可能与第六种类型,即诗人或摹仿性的工匠相联系,他们都看重美胜过看重善,因此与灵魂相比更看重肉体(参《法义》727d);先知或神秘主义者作为处于中心位置的类型,其特有的职能可能是自觉地反映了作为"命定法规"的清单本身的性质。

作为歌颂"天外(superuranian)之域"的诗人,苏格拉底很快承认,他讲出来这些秘密,是为了纪念回忆(250c)。九种灵魂类型的等级次序来源于回忆的力量,而记忆女神(Memory)的孩子就是九位缪斯。苏格拉底颇为反讽地把缪斯们的高超技艺(artfulness)当作诗人的神圣疯狂的源泉:诗人通过歌颂祖辈们的功绩来教育后代(245a),进而也影响到记忆的等级,而正是记忆的等级决定了属人灵魂类型的等级次序。身为"缪斯们"的信徒,斯忒西科认识到了自己的无知,因此作了一篇悔罪诗,苏格拉底神话颂歌正是以斯忒西科的悔罪诗(recantation)作为典范。由此可见,在苏格拉底的属人灵魂类型的等级之下,还藏着记忆女神的女儿们,亦即九位缪斯之间的等级次序,而属人灵魂等级的运动原则是由灵魂记住的真理多少来决定的。① 在讲辞结尾,苏格拉底讲起了有关缪斯们的一个传说:在缪斯们的等级次序中,领头的是掌管"天"和"属神的和属人的言辞(logos)"的"声音最美的缪斯"(259d)。缪斯们的力量反映在受感于她们的写作所具有的力量上,而缪斯们的力量表明,只有那些受感于"爱智慧的缪斯"②的诗人,才能超越意见的领域,重新获得对诸理式景象的记忆。苏格拉底所赞美的爱欲的神圣疯狂,是属人灵魂回忆起过去追随神的旅程的最佳时机;缪斯们虽然充当了那场旅程的目标——即完整无遗地看到[天外存在者的景象]——的一个榜样,但她们的职能似乎却是指向了书面文辞所引发的回忆。

苏格拉底以没爱欲者的名义所发表的第一篇讲辞,在开头祈求

---

① 这一观点似乎为苏格拉底讲给泰阿泰德的那个灵魂"蜡块"的比喻所支持。这种蜡块保存了知觉和思想的印象并被认为是记忆女神(Mnemosyne),亦即缪斯的母亲所赠予的礼物(《泰阿泰德》191d)。鉴于蜡块可能被赋予的特征——硬或软,大或小,纯或不纯,或"适度"[metrios]——苏格拉底事实上暗示了人类记忆的九种可能的类型。参伯纳德特,"对苏格拉底的谴责",页115。

② 参《斐多》61a。

"声音高亢的缪斯"(237a),而在其赞颂爱欲之神圣疯狂的讲辞[即第二篇讲辞]结尾,他转而向爱若斯神祈求(257a)。但在后面的批判性考察中,对于这篇发表于"暴君爱欲"的僭政下的讲辞,苏格拉底只认可其游戏性,却将他那篇站在没爱欲者立场上而作的讲辞的高超技艺(artfulness)归于"缪斯的先知们(prophets)"(262d)。苏格拉底有关缪斯们的神话,似乎确认了她们作为爱欲(Eros)对立面的象征意义,也就实现了朝向对于这几篇爱欲讲辞的批判性考察的过渡。对于那些爱慕缪斯的人,缪斯给他们的惩罚是死亡,奖赏则是把他们变成蝉,不停不歇地歌唱,不用为生活操劳(259b-c)。如果爱若斯神代表了人类欲望的神化,缪斯们就代表了人类技艺的神化,爱若斯和缪斯之间的紧张就反映了欲望和技艺之间的紧张,也就是活的对话与死的书面文辞之间的紧张,而后者也是这篇对话的主题。在这篇对话的最后,斐德若被要求向"城邦中的作者们"(278b-c)传达讯息,苏格拉底把这讯息的源头说成是"仙女和缪斯们的涌泉",而这讯息不是别的,就是柏拉图的这篇对话本身。

苏格拉底宣布的"命定法规"确立了[59]属人灵魂九种类型之间的等级次序,这种次序以九个缪斯之间的等级制为榜样,由回忆的程度所决定。但在这种划分之前,还有另一种灵魂类型的等级次序,它是以十二位神所率领的宇宙大军为基础,每一位神都有一队凡人崇拜者追随,其中每一个人追随最像他自己的那一位神。因此,缪斯和爱神之间的对立,似乎被普遍化地扩大为缪斯与十二位神之间的对立。这十二位神作为榜样,也决定了属人灵魂的分类。而且,这两种相互冲突的分类方式都区分出了多种灵魂类型,其中每一类型本身显然都是一个统一体;但是在讲辞开头,苏格拉底就为每一个灵魂提出了一种普遍的划分,即把每一个灵魂比喻为长有羽翼的一对马和驭者的组合。一是由对天外存在者的记忆所决定的九种灵魂类型的划分,二是由对某一位神的崇拜所决定的灵魂的十二种类型,三是最开始作为单个灵魂之意像(*eikōn*)的包含三部分的马车，①四是"所有灵魂"的统一性，它充当了"爱欲是一种神圣疯狂"的证明的开端(archē)：对于上述四者之间的关系，苏格拉底并没有给出一个明确的解释。

苏格拉底拒绝将这些不同的划分融为一体，借此暗示了下述两者之间的紧张：一方面是作为生命本原(principle)的灵魂的不死的自我运动的运动，另一方面是人类个体灵魂的本性。人类个体灵魂的本性，又为一种双重原则之间的紧张所决定，该原则的基础一方面是对诸理式(ideai)的认识，另一方面是对另一个体(他被当作一位神来崇拜)的爱欲。在灵魂整体与其各部分之间的结构问题上，苏格拉底无力提供一种决定性的"算术"(arithmetic)，这一事实标志着他的神话颂歌的地位。神话颂歌与前两篇谴责人类爱欲之疯狂的讲辞相对立，但它没能说明，这个整体如何能将一切爱欲讲辞当作部分，统统包含进自身之中。灵魂的整体与其各部分之间的结构，没有得到一种确定的分析，相应地，对于作为一个整体的爱欲来说，也没有一篇具有统一性的讲辞。只有在后面的批判性考察中，这个问题才会被凸显出来。后面的批判性考察试图把相互对立的爱欲讲辞当作一个整体的各部分，将它们联结起来，以此作为真正的言说技艺的首要条件；同时，它要通过认识这个整体的统一性和内部划分，确立有关灵魂本性的知识(参 271a,271d,273d,277b–c)。

在尚未解决灵魂究竟是单一的还是复合的这个问题之前，苏格拉底对于通过"命定法规"而宣布的、表面上已经固定下来的等级次序，做出了重大改造；他声称，无论灵魂处在哪个等级上都可以活

---

① Robert Brumbaugh 提出了一种图式，来协调《斐多》中列出来的九种灵魂类型和《王制》卷八、卷九所列出来的各种政体类型，以及《王制》卷三到卷四对等级的划分。参 Robert Brumbaugh,《柏拉图的数学想象》(*Plato's Mathematical Imagination*)，页 142。抛开其他问题不谈，考虑到两种三分法，即《王制》(441a)中的"计算部分"(logistikon)、"意气部分"(thumoeidēs)与"嗜欲部分"(epithumetikon)，与《斐多》(246b)中的驭者、白马和黑马之间的差异，这样一种协调似乎很成问题。

得正义或不正义,进而获得一种更好或更坏的命运(248e)。苏格拉底似乎想用这个补充来暗示,道德德性既不取决于爱欲,也不取决于对诸理式的观看;这样看来,一个不正义的哲人和一个正义的僭主,都不是不可能的。① 个人命运的基础在于他在生活中正义还是不正义地履行自己的职能,而个人对命运所负的责任植根于一种宇宙秩序之中;因此,每一个坠落的灵魂都必须经历十个千年的循环,每一个千年都是一种尘世生活并生成一定的奖赏或惩罚,而它们在每个千年结束以后都必须选择一次自己的来生。② 先前九种灵魂类型的划分,现在被重新整合成两类:一类的代表是"诚实无欺的哲人"或"将对少年的爱与哲学联结在一起的人"(249a),这一类人成了人的标准。在它面前,[60]其他所有种类都是有缺陷的。只有哲人可以免于十个周期的循环,连续三次选择来生之后,就可以重新长出灵魂的羽翼;这也预示了后文提到的哲人在"三场真正的奥林匹亚竞赛"中的胜利(256b)。

令哲人这一类人最近似于神的原则,也使得哲人成了一切人类的标准,因此也成了区分人与非人的标准。成为人(entry into a human nature)的最低要求,便是多多少少看见过"那永远是其所是的存在者":这些回忆出现在生活之中,让人回忆起在过去那场与神同游的旅程中看到的景象。不过,灵魂成为人的这一要求,再次让我

---

① 命运与选择的另一种结合隐藏在《王制》结尾的厄尔神话之下:在那里,各种灵魂选择各自的生活方式(paradeigma)的次序是由抽签决定的,而"德性没有主人,每个人拥有德性的多少取决于他对德性的重视或轻蔑"(617e)。

② 苏格拉底向斐德若讲述的灵魂的命运,与《高尔吉亚》结尾苏格拉底所讲述的关于赏罚的宇宙神话十分不同,前者明显略去了任何有关惩罚的详细描述;对于一篇毫不隐瞒地把修辞技艺与爱欲经验联系起来讨论的对话来说,这一省略合情合理。与此不同的是,《高尔吉亚》对修辞技艺的讨论把修辞技艺看作是"只对正义有用"的东西(527c)。外部惩罚对于保障正义来说不可或缺,但《斐多》没有谈及此类话题,而是把焦点放在爱欲经验上。这一做法或许能解释,赏罚只能呈现为一种"与属人的形式相符合"的生活的延续(《斐德若》249b)。

们回想起最初的那种紧张关系,即:推动属人灵魂进入那场旅程的动力,究竟是对某位与他自己最像的神的爱欲,还是为了再次看到整体这一目的因?① 唯一可能的答案就在哲人身上:当哲人爱上另一个体的时候,他也仍然能通过回忆,与"那些使得神具有神性的东西"尽可能保持着联系(249c)。哲人是唯一一类心智"生有羽翼"的类型。

在人类生活中,能够看到诸存在者的景象的标志,就是有能力"通过爱多斯[理式](eidos)来理解,逐渐从杂多的可感觉的东西出来,进入一种通过理性思考(logismō)而统摄起来的统一性"(249b-c)。悖谬的是,苏格拉底是用一种加入秘仪的入会语言,来描述通过言辞而将杂多统摄为一的对于"类"(class)的理解活动(249c-d)。终极神秘,即苏格拉底所赞颂的那种神圣疯狂,不是别的,就是理性思考。理性思考是哲人特有的能力,哲人据此而成了衡量人之为人的标准。然而,由于与意见主宰的属人利益相分离,哲人不可能被多数人(the many)承认为人的终极标准;他们更容易被视为精神错乱的受害者,而不是神灵充溢的激情(god-filled enthusiasm)的牺牲品(249d)。传统的秘仪入会者(the initiate)与城邦的疏离,被苏格拉底转化为哲人与多数人的分离。但多数人的意见在某种意义上是对的,因为哲人的确疯狂;尽管爱欲的疯狂决定了每一种灵魂类型,苏格拉底却只是在提到哲人的时候,才明确地谈到疯狂。

这篇讲辞的中心句紧接在对哲学式灵魂的描述之后出现,它提醒我们,整篇讲辞的主题一直都是第四种神圣疯狂,也就是对于一

---

① "而且,这些假的整全(即各种政体,每一种都声称完全满足了人性的要求),在《斐多》中的苏格拉底的第二篇讲辞中有其对应物,在那里每一个人类灵魂的虚假的完整性,都是因为它追随自己的神,并因此远离了诸理式。人类灵魂虽然为诸理式所感染,但即便在最好的情况下,也不会直接回到诸理式;它总是在爱欲的引导下远离诸理式并朝向自己的神,尽管没有爱欲它也无法走向诸理式。"见伯纳德特,《论柏拉图〈蒂迈欧〉及〈蒂迈欧〉中的科学虚构》(On Plato's Timaeus and Timaeus' Science Fiction),页50-51。

段无法得到却又一直渴望的回忆的经验:由于曾经现场看过美本身,人产生了想回忆起真实之物的渴望(249d)。人的灵魂是一只没有羽翼、却正在生发出羽翼的鸟,对美的爱欲乃是它最重要的本性。如果灵魂所特有的经验就是加入"一切秘仪中最有福佑的秘仪"的经验,那么,这种作为欲望之终极对象的经验也就定义了人的生活。但是,这一目标对于埋葬在身体中,就像"牡蛎因于甲壳"的灵魂来说,又是不可实现的(250c)。爱欲的神圣疯狂,只是一种无法实现的渴望,但却是"在所有着魔(inspiration)中,本身最好出身也最好的"(249e)。苏格拉底似乎只描述第一种灵魂类型,[61]即热爱美的人;但是因为每一种灵魂都被一种它眼中的美所驱动,这一种类型本身也就成了所有类型的真正代表;就像诸神中的宙斯一样,哲人或热爱美的人的首要性就意味着普遍性。所有其他的灵魂类型,都代表了对美的爱欲的各种内在表达;对于真理的回忆力的减少,决定了这些灵魂类型对美的爱也随之减少。因此,这篇讲辞的中心句表明:赞颂爱欲其实就是赞颂回忆,它是人的境况(human condition)的本质性需要(250c)。

  爱欲的神圣疯狂是否可能,取决于灵魂的回忆是否可能,而灵魂之所以会坠入人的境况,也是因为它的善忘。由于被禁止"在纯净的光辉中,观看那完满而又单纯,恒定而又让人幸福无比的神奇景象"(250c),①从那个整体之中被驱逐出来之后,人的生活就成了一种渴望,渴望回忆起那个整体。召回这种回忆的力量,不在于似是而非的正义、节制或"为灵魂所尊重的其他诸如此类的东西",而只在于美的景象所散发出来的光辉(250b)。视觉是人最敏锐的感官,通过视觉看到美,从而在人心中激发起爱欲,但是这种对美的观看,无法照亮"智慧和其他的被爱者"(250d);②苏格拉底似乎暗示,

---

  ① 在描述灵魂免于肉身的妨碍而在纯净的光中看到的"神奇景象"时,苏格拉底似乎是在以宗教秘仪(mysteries)的语言说话。参《斐多》66a,67a,69c,109d – 110a。

  ② 参亚里士多德《尼各马可伦理学》9.12,1171b29 – 32。

当爱多斯[理式](*eidos*)显现出来的时候,美就是首先发光的东西,美本身就是一切不可见的爱多斯[理式]的显现。① 但是,美所发出的充满光辉的引诱,也在人身上激起了一种惊异,②这种惊异状态的特征是无法自控,以及缺乏自我理解(250a);在赞颂美的景象的同时,苏格拉底也暗示了当他试图赞美爱欲的疯狂,贬低一切人类技艺的节制时可能造成的歪曲。

这篇讲辞的核心,是把爱欲的疯狂定义为对美的爱欲;爱欲的疯狂的价值,在于它能让人回忆起决定每一灵魂之本性的那种关键经验。现在,苏格拉底要根据对人类生活的反思,继续重述这种关键经验,途径便是描述出对于欲求美的有爱欲者来说,美会产生哪些影响。一位不是新近加入秘仪的人或者已腐化的人体现出一种遗忘状态,让人忘却了恐惧与羞耻,以此而让有爱欲者成为享乐的奴隶,"像四脚野兽一样趴着交媾、下崽",或者"违背本性地追求快感"(251a)。相反,对于新近加入秘仪者或未受腐化者来说,他们的记忆会使他们对天外存在者的景象产生一种古老的敬畏,从而使这些有爱欲者"敬奉美就像敬奉一位神"(251a)。一见到被爱者,有爱欲者就会战栗、冒汗,热得发烫。一股美的泉流,从被爱者那里,经过被爱者的眼睛,流进了有爱欲者的身体,温暖了他,让他羽翼内的管道得到滋润,让僵硬而闭塞的管腺变得柔软,羽翼也就从根上长满整个灵魂(251b)。③ 爱欲激情的突出特点,就在于随着羽

---

① "美并不是取悦于人的东西,而是隶属于真理之命运的赠礼,当那个永远不闪现的、因而不可见的东西进入最具有显现性的闪现中时,这种命运的赠礼就自行发生了。"参海德格尔,《何谓思?》(*What is Called Thinking?*), trans. J. Glenn Gray and F. Wieck, Lecture 2, 页 19。[译按]此处中译文由友人张振华参照海德格尔德语原文译出,特此致谢。

② 有爱欲者在美面前的惊异(ekplēttontai),让人想起苏格拉底所宣称的他在斐德若的光彩(当他朗读吕西阿斯的讲辞时,234d)面前的惊异(ekplagēnai),也预示了苏格拉底对蝉族之命运的描述,这些蝉族在缪斯们出生之后,陶醉(exeplagēsan 在歌唱中(259b))。

③ 有关性爱流过眼睛的比喻,参欧里庇德斯 *Hippolytus* 525。

翼根部的刺痛和悸动而来的种种痛苦,以及因看到美而使羽毛管变得温暖湿润所产生的短暂的快乐(251c)。这段赞美有爱欲者不屈服于享乐的描写,恰恰是用性爱的语言来完成了对于爱欲经验的刻画;①[62]那个与肉体完全分离的灵魂的意象,表明了性欲和上升运动的本原(principle)之间的关系。②

有爱欲者渴望被爱者的疗救,崇敬他的美,这些都会导致他蔑视城邦的习俗。那些被爱欲的神圣疯狂所折磨的人,就像那些被属人的疯狂所折磨的人一样,也会撇下父母、兄弟和朋友,对家产生计不闻不问,不顾法律和仪表,不惜放弃所有自由,变成被爱者的奴隶(252a)。有爱欲者无论是遭神圣的疯狂还是属人的疯狂所折磨,都会舍弃一切为自己谋利的欲望,并且忽视来自家庭与城邦的所有要求。爱欲的私人性与城邦的公共要求之间的紧张,已经突出表现在多数人对哲人的蔑视中,这一点始终是无论赞美还是谴责爱欲之疯狂的所有讲辞的共同前提。③

---

① Richard B. Onians 把"液化和融化"等语言的发展追溯到对性爱的描述,还征引了荷马、阿那克瑞翁、阿尔克迈翁(Alcmaeon),以及献给潘神(Pan)的荷马颂歌。他提出,在 erao("我爱")和 erao(在复合词中表示"我倒出")之间存在着词源学上的关联。参《有关身体、心智、灵魂、世界、时间和命运的欧洲思想的起源》(*The Origins of European Thought about the Body, the Mind, the Soul, the World, Time, and Fate*),页 202。

② 斐奇诺引用当时英国学者 Nicolfonus 的观察,试图证明对《斐德若》中的意象进行寓意解释的必要性:"人们会发现[在《斐德若》中]有着如此多的 erōn 和 erōmenos,以及如此多的对那种极坏之恶的奇怪影射,以致于我们需要有德性的思想和仁慈的心灵,把那些话语中的奇怪比喻予以寓意解释,以传达一种纯洁的意思。"转引自 Marsilio Ficino,《现存的柏拉图哲学》(*Platonis philosophi quae exstant*), vol. 10, 页 vii。

③ 接受爱欲之疯狂与城邦所必需的节制之间的冲突,并将其作为三篇讲辞之间的统摄性的线索,这一点似乎表明苏格拉底赞同亚里士多德的看法,"那种不能生活在城邦之中,即因为自足故无需要的人,不是野兽就是神,总之不会是城邦的一部分"(《政治学》1.2,1253a27 – 29)。

在描述了有爱欲者遭受的折磨之后,正在神灵感发状态中的苏格拉底,把诸神的名字和人称"爱欲"(eros)的这种状态联系了起来。① 苏格拉底从一些"荷马后代"(Homeridae)没有公开过的诗(232b)中,转引了几行"并不很符合格律"的诗句,诗句中透出一种肆心,因为它声称知道诸神的语言:"凡人叫它'展翅飞翔的爱若斯(Erōta potēnon)',诸神则叫它'有翼飞翔者'(The Winged, Pterōta),因其令羽翼生长的必然"(252b - c)。诗人声称自己知道诸神的语言,有爱欲者摹仿诸神却意识不到自己的不完满;两者都有一种自欺欺人的肆心,两者的肆心形影不离。只有羽翼丰满(fully - winged)的不朽者,才知道有爱欲者生出羽翼的必然性,凡人因为没有长出羽翼的自然能力,就认为神的完满是一种不可满足的欲望状态。在苏格拉底引用的那些充满肆心的诗句中,爱神(Eros)被展现为独一无二的(the)神,因为对爱欲的神化揭示了人类创造所有人的神的过程:作为一种欲望或匮乏的状态,爱欲(love)被误以为是它所追求的那种完满,一如每位神必定代表了与某种人类欲望相对应的完满。在对属人灵魂的刻画背后,就是对话开头提到的少女俄瑞狄娅被玻瑞阿斯[北风神]掳走这个故事的某种变体:每个属人灵魂都是"有翼飞翔的神"的受害者,它们被想要将自身理想化的欲望所俘虏。②

在选择被爱者的时候,有爱欲者找到了一面镜子,这镜子反映出来的就是他所崇拜的那位神的本性;然而,既然有爱欲者唯有在自身之内寻求,才能找到真正属于他的被爱者(253a),爱欲的疯狂也就不过是有爱欲者的一种经验,即通过回忆来认识他所追随的那

---

① 苏格拉底在《克拉底鲁》中描述灵感(inspiration)时,确立了如下原则,即诸神使用自然正确的名字称呼万物(391e);然而,当他后来证明我们对于诸神本身和他们用来称呼自身的名字均一无所知时(400d),苏格拉底决定从命名(in the giving of names)方面来对人和引导人的意见展开考察。

② 苏格拉底在描述"以羽翼为名"者(pterōnumos,即爱欲)的重负时,似乎介于神对它的称呼(pterōta)和人对它的称呼(erōta potēnon,参252c)之间。

位神的本性。① 因此,命定法规的循环同样反映在对有爱欲者的刻画上:有爱欲者根据他自己的本性去追随一位神,然后选择一个能反映出这位神的本性的被爱者,进而通过努力让自身摹仿那位神的做法来发展自己的本性。对于天外存在者的观看是一个关键经验,它既是决定每一个体属于何种"类型"的认识水平(level of awareness)的基础,也是其结果;与此类似,崇拜哪一位神,既是一个有爱欲者选择被爱者并展开二人关系的基础,[63]也是其结果。但是,爱上一个人的经验,既不等于也不能独立于灵魂对于诸理式的景象的回忆。因此,对于"天外存在者"的观看与对于一位最像自己的神的追求之间的关系问题,就代表了有关整体的知识与以自我认识为基础的爱欲之间的关系问题。

通过被一个特定的被爱者所吸引,有爱欲者发现了自己基于本性而必须追随的神。神用来感发其追随者的那股美的泉流,由此转移到了被爱者身上。被爱者自身并不是光明的来源,而是反射的反射[诸理式的光反射到诸神再反射到被爱者身上](253a)。

然而,有爱欲者像对待神一样对待被爱者,把他当雕像一样来敬奉(252d)。一方面他想将被爱者灵魂的自我运动固定下来,另一方面又想要从一尊雕像那里得到根本不可能得到的活生生的回应;二者之间的不谐和,让有爱欲者内心的挣扎更为激烈。在被爱者的光辉形象里,有爱欲者看到了一位神的完满,却没有认识到,这种完满只是他通过支离破碎的自我视角而看到的一种被反射出来的理想化。对整体的渴望或许能缓解个体视域的支离破碎性质,但

---

① 苏格拉底只选择了四个例子来说明这一原则:宙斯的追随者寻求一种"哲学的和统领式的秉性";[战神]阿热(Ares)的追随者一旦感到别人有负于他,就会起杀念;赫拉的追随者寻求一种"帝王的秉性";阿波罗的追随者只是被提及,没有进一步的描述(252c – 253b)。这四位神都感发了人类爱欲,此处的选择显然颇为随意,就像讲辞开头苏格拉底随意罗列的那几种形式的神圣疯狂一样。

只有在爱欲经验中疯狂地寻找,这种渴望才能被找到。①

　　有爱欲者根据自己的本性选择一位神,然后在行为中摹仿他。有爱欲者在这里积极实践的循环,到了被爱者身上,就成了一种被动的适用;被爱者因其与有爱欲者的神相似而被选择,然后被引导着尽可能地发展出[与那个神相符的]"实践和形式"(253b)。一方面,有爱欲者依照他所追随的神来塑造自己的行为,另一方面,他也努力"劝说和命令"被爱者走同样的路(253b),前者既是后者的原因也是其结果。有爱欲者的上述努力只会加强被爱者对有爱欲者自己的欣赏,这便支持了如下观点:有爱欲者不会有"嫉妒和小肚鸡肠的敌意"(253b);但是,有爱欲者努力使被爱者像他自己,似乎标志着有爱欲者遭受了自爱的奴役。② 不过,如果说嫉妒透露了对自己的可欲性(desirability)缺乏信心,也就是缺乏真正的自爱,那么,不嫉妒必然就是好人(good man)的自爱,他承认自身的价值,并希望他的被爱者也如此。③ 把爱欲理解为一种相似与不相似之间的关系④,最初是本篇对话的情节所提出的一个问题,而这个问题出现在苏格拉底的神话颂歌之中;问题的根据不是静止的二元对立,

---

　　① 参《会饮》(192e - 193a)中阿里斯托芬有关爱欲的讲辞:"个中原因是我们最初的本性正如我所描述的,而且我们是整全的;对那一整全的欲望和追求就被叫做爱欲。"

　　② 《蒂迈欧》中有关造物之神(demiurge)和他所安排的宇宙之间的关系的描述,提供了关于此悖论的一个说明:尽管造物之神的心中据说有一种永恒的模型作为宇宙整体的范式,他还是被说成是因为没有任何嫉妒心,所以想让自己造的摹本(the copy)尽可能地像他自己(《蒂迈欧》29d - e)。

　　③ 亚里士多德曾说,朋友就像另一个自己,好人(the good man)与他自己的关系就同如友爱,而且人们普遍倾向于将友爱的过度比作自爱友爱;通过把好人的"自爱"等同于爱德性,他还指出了一种改正自爱的消极后果的方式(《尼各马可伦理学》9.4,1166a10 以下)。

　　④ 参《斐多》240c;《吕西斯》214a;《普罗塔戈拉》337d;《会饮》195b;《王制》329a;《法义》716c,837a;亚里士多德《尼各马可伦理学》8.1;亚里士多德《修辞学》2.4。

而是一种发展进程。被爱者作为美的体现,让有爱欲者意识到自己的不完满;但对美的感知本身又要求被爱者与有爱欲者的相似,因为有爱欲者就像狂欢的地母崇拜者(Corybantic worshipper)那样,只对占据他的神的个性(strain)敏感,对其他事物一概视而不见(253a)。① 被爱者身上的他者性(otherness)受到了有爱欲者的欢迎,它似乎既是一种吸引力,也是一种欺骗:作为吸引力,它对于向着整全景象(vision of the whole)的上升而言是必不可少的;作为欺骗,它掩盖了被爱者的相似性,而这种相似性对于看到整体而言是一种障碍。唯一可以摆脱这种障碍的有爱欲者,应该是这样的:他说服被爱者,通过追求那个无生命的、不可个体化的爱欲对象——即"永远是其所是的存在者"的景象——不断变得与他自己相像。

与有爱欲者的灵魂和它的无生命的对象之间的关系不同,两位个体的相遇看起来必然代表了两位相似者的结合。但是,恰恰因为他们每一个人的生活和反应都是独立的,所以有爱欲者与被爱者之间的自然结合无法保证其相互关系。尽管有爱欲者从被爱者的美中痛饮神启之流(waters of inspiration),当他试图把这股泉流倾倒在被爱者身上时,他却采用了爱欲讲辞的形式,说服被爱者把有爱欲者当作自己的理想对象;而有爱欲者在追求被爱者的同时,也声称自己是在引导他。当苏格拉底谈及真正的有爱欲者能为他所"俘获"的被爱者带来怎样的幸福时(253c),他承认,有爱欲者在追捕猎物的时候确实有强迫的成分。如果说爱欲的必然性天然地将有爱欲与被爱者联结在一起,有爱欲者却不得不靠技艺来捕获被爱者,以便用这条[天然的]纽带将对方与自己绑在一起。②

要详细解释被爱者如何被捕获,就要考察个体灵魂内部的各种力量,所以要回到讲辞开头那个拉车的马和驭者所构成的灵魂的意

---

① 参《伊翁》536c。
② 参《智术师》222d—e。

象。个体灵魂的统一性,是关于神与人列队行进的宇宙大军的描述与关于有爱欲者追求与他的神最相似的被爱者的论述背后的共同假定;相反,灵魂的复杂的可划分性,是由马车这一最初的意象所暗示,并在讲辞的结尾部分才成为焦点。只有随着"内战"的内在状况的出现,灵魂的内部区分才一道凸显了出来;这也是一种人的灵魂而非神的灵魂所特有的状况。先前那样一幅充满了相互竞争冲撞的各色[属人的]马车的平面化(two-dimensional)的争斗场景,现在被单个马车内部展开的反叛和强迫的情节加上了纵深(depth)。苏格拉底"神话颂歌"的推进,表明了要想认识到灵魂的本性究竟是简单的还是复合的,完全取决于看待这个问题的视域;因此,在赞美爱欲之神圣疯狂的神话颂歌中,苏格拉底暗示了他后来提出的要让一种灵魂的"算术学"为一门真正的言说技艺奠基的要求是多么困难(参 273e)。

"灵魂-马车"作为一个意象,体现了被各种内部力量所俘虏的经验——这些内部力量看起来就像是具有自身意志的异己存在(alien beings);同时,这个意象也否认了这些力量与被胁迫的存在(being)之间存在着任何自然的统一性。在分裂的灵魂内部爆发的斗争,不仅源自驭者想要制服灵魂的控制性意图,也源自两匹马互相冲突的本性,因为"较美的那匹马,挺拔、匀称,高高的个头,鹰钩鼻,白色,黑眼,爱荣誉却不乏节制和羞耻感,好争夺真正的赞誉,无需鞭策就能驾驭,凭借命令和言辞就能使唤。另一匹马则佝偻、笨重,不成比例,脖子又粗又短,鼻子又扁又平,皮毛黑黑,眼神泛灰还带着血红,[65]生性放肆(hubris)而骄傲,耳朵一圈乱蓬蓬的长毛,又聋,鞭打脚踢都很难驾驭"(253d-e)。至于黑马和白马各有什么职能,苏格拉底似乎在第一篇讲辞中提供了线索,他在那里说"我们身上有两种支配性的观念",一种是"对快乐的自然欲望",一种是"追求最好之物(the best)的习传意见"(参 237e),尽管一种更高原则的缺失也反映了一种对于与肉体截然不同的灵魂的思考的缺失。

白马为羞耻和惊异所约束，搞得整个灵魂都被汗水打湿透了；黑马则朝着被爱者乱蹦乱跳，勒紧的马嚼子却弄得它的舌头和下颚满是血迹。① 在先前对宇宙大军的描述中，灵魂的羽翼遭到毁坏，不仅是灵魂从天界坠落的结果，也是坠落的原因；在对个体灵魂内部的争吵的刻画中，惩罚黑马，不仅是驭者出于意愿而行动的结果，同时也伴随着他出于对美的敬畏而往后退却的自然反应(254c)。在宇宙戏剧的框架中，属人灵魂就像一个悲剧英雄，渴望着一种不可得的东西；在灵魂内部戏剧的框架中，黑马承担了悲剧英雄的角色，它要经受痛苦的折磨而变得谦卑和智慧(参254e)。

桀骜不驯的(hubristic)黑马，结实强壮，还长着狮子鼻，就像苏格拉底的长相一样。② 黑马在灵魂的内部戏剧中扮演了灵魂整体在宇宙戏剧中的角色，仅此而论，苏格拉底似乎是错把整体当成了一个部分，错把他自己的灵魂投射成了普遍的东西；然而，通过把黑马呈现为一个象征着他自己的意象，苏格拉底其实是将自己等同于"所有灵魂"中的一个部分。丑陋而有害的黑马不易受到言辞力量的感染，难以驾驭，让属人灵魂的驭者饱受折磨；尽管如此，黑马却是爱欲的运动本原(moving principle)，而它被苏格拉底赞颂成是我

---

① 黑马体现了爱欲的强迫性力量，但它的愤怒的谴责，对于他人怯懦软弱、背弃职责和约定的怒斥，又体现出某些血气(thumos)的特征；白马表面看来意愿稍弱，但也得和它的同伴一样被归为"有爱欲者"[erastēs]，因为它也在朝向被爱者运动，因此也需要驭者通过诉诸羞耻心来加以遏制。因此，苏格拉底的eikōn[意象]似乎否认了某种一般预设的有效性，这种预设就是把《王制》(436a及之后)中的灵魂三分法直接等同于《斐德若》中的灵魂三分法。按照这样的观点，黑马代表爱欲(erōs)，白马代表血气(thumos)，驭者代表了理性(logistiks)；不过，苏格拉底展现了[黑马和白马的]这种张力，从而暗示灵魂的内在划分必须考虑到讨论这个问题的具体语境。借此，苏格拉底再一次提出了疑问：既然一门真正的言说技艺的基础是关于灵魂的简单性和复杂性的知识，那么，这门技艺究竟有没有可能满足为它设立的种种条件？(参271a, 271d, 273d, 277b-c)

② 参《泰阿泰德》143e。

们的至福之源。黑马为属人的灵魂提供了与属神的灵魂迥然不同的特征，正是在这匹黑马身上，苏格拉底看到了他自己。

如果说黑马出于本性就是一个叛逆者，那么白马出于习俗就是灵魂政体(polity)中的一名绅士和好公民。① 黑马似乎是苏格拉底自己的形象，白马则通过它在爱欲经验中的角色，体现出与苏格拉底的差异；白马高大漂亮，是一个被爱者，只是被它那个不安分的伙伴拖入了一种属于有爱欲者的活动中。羞耻心和对荣誉的爱束缚了白马，这一点似乎代表了主流政治意见在个体灵魂中的隐秘在场。因此，白马是斐德若灵魂的意象；苏格拉底为了看到自己的灵魂而观看斐德若灵魂，就像看一面镜子那样。镜中的形象总是因为镜子自身的性质而遭到扭曲。苏格拉底的灵魂意象将白马也纳入了进来，这一点表明了苏格拉底的爱欲技艺与他对自我认识的追求之间的关系。在苏格拉底的灵魂意象(eikōn)中，处在激情难耐的黑马和试图控制它的驭者之间的白马，被拽向两个相反的方向，也充当了[66]一个必不可少的纽带；苏格拉底赞美真正有爱欲者的神圣疯狂，吕西阿斯赞美没爱欲者的保持距离(detached)的清醒，只有靠被他们二人所撕裂的斐德若的中介，苏格拉底才能和吕西阿斯交流(参257b)。

如果属人灵魂要追随神，让有爱欲者在尘世都能过上幸福的生活，那么黑马就必须服从同伴的约束或驭者的强迫，而白马则必须听从驭者的指令。这一过程反映在这篇对话中，就是表现为次人的自然(nature in its subhuman manifestation)屈服于属人的意见，属人的意见又屈服于表现为超人的自然(nature in its superhuman manifestation)；吕西阿斯所理解的爱欲的疯狂必定居于没爱欲者的道德审慎之下，没爱欲者的道德审慎必定又居于爱欲的神圣疯狂之下，

---

① 白马至始至终都在抵抗黑马的挣扎，而黑马挣扎着要靠近的东西，最初被称作是"违背自然的"，最后却被称作是"糟糕的"和"非法的"(参251a和254b)。

而后者也就是对智慧的自然欲望。因此,将苏格拉底灵魂意象(eikōn)中的马车的各部分统统包含在内的无名整体,也就十分贴切地喻示了另一个将三篇爱欲讲辞统统包含在内的无名整体。①

然而,只有屈服于黑马的强力,驭者才能被带到被爱者那光芒四射的面容前,回忆起美的本性,看它就像看到一座兼具纯洁和节制的雕像一般(254b)。驭者在被爱者面前的转变,将他与驱使着黑马的欲望力量,而非约束白马的羞耻心所具有的习俗力量,更加紧密地联系在了一起。对于实现苏格拉底的神话颂歌所赞美的哲学式爱欲的神圣疯狂来说,在苏格拉底的第一篇讲辞中为没爱欲者所赞颂的习传意见的节制,与属人爱欲的疯狂相比,或许是一种更大的障碍。同时,吕西阿斯沉默的写作技艺也透露出一种与爱欲之神圣疯狂的疏离(alienation);习俗的节制胜过爱欲的属人疯狂,这一事实代表了一种根本障碍,阻碍了一场能将这种疏离的潜在价值实现出来的转变。苏格拉底的爱欲辩证法与柏拉图的辩证的写作技艺之间要想结合到一起,似乎既要求拒绝习传意见,也要求承认自身的非自足性。这种非自足性在属人的爱欲和属神的爱欲中,表现得同样明显。

因为苏格拉底是从欲望的不完满性来理解爱欲的本性,所以与头两篇讲辞不同,他的神话颂歌是从有爱欲者而非被爱者的视角出发创作的;当苏格拉底最终转向分析被爱者的反应的时候,他把焦点放在分析被爱者如何转变成一个有爱欲者上。② 有爱欲者把被

---

① 这些部分的统一性问题似乎依赖于一种主导性理解,即肉体和灵魂之间的统一性。在《蒂迈欧》有关造的描述中,灵魂的统一性被认为是一种不朽而神圣的本原(principle),而那个内在分成若干部分的有朽的灵魂只是因其与身体的关联而产生;正是身体的实际结构决定了灵魂的内在区分(《蒂迈欧》69e–70a)。

② 为了胜过一篇爱欲讲辞,阿尔喀比亚德也曾发表过一篇有关苏格拉底的讲辞,其中提到,和许多年轻人一样,他也发现了苏格拉底爱的方式颇具欺骗性,他总是表现得像个被爱者而非有爱欲者。参《会饮》222b。

爱者当成神一样来敬奉,所以被爱者对于关心他的有爱欲者自然是友好的;对一位真正的有爱欲者的拒绝,只能是由于"被一些同伴或其他人挑唆"所致的一种不自然的结果(255a)。这些骗人的同伴误导被爱者,宣称"与有爱欲者交往是可耻的"(255a)。这些同伴无疑就是那些妨碍灵魂的羽翼生长的伙伴,他们让人的意见的健忘取代了对真理的回忆[67](参250a)。然而,由于相似的人命中注定要相互吸引,被爱者身上那些不自然的影响随着时间的推移也会逐渐消失,最终他将开始以同样的感情来回报那个爱者(255b)。①

有爱欲者与被爱者的相爱,在吕西阿斯的讲辞中是不可能的事情,在苏格拉底这里却成了必然会发生的事情,"坏(evil)人绝不会与坏人相好(friendship),好人与好人则不可能不相好"(255b)。苏格拉底对于爱欲的正义问题的处理方式,是用友爱代替爱欲,并且假定只有在好人与好人之间才一定会有这样的友爱。② 然而,受到感发的有爱欲者的忘我(self-forgetfulness)彻底征服了被爱者,所以被爱者一定会将有爱欲者的感情排在"其他所有亲朋好友"之上(255b)。有爱欲者忘我的好意(good will)把被爱者转变成了一个有爱欲者,这种好意通过"言辞和交往"上的亲密表现出来(255b)。自然的美貌让被爱者光彩照人,而爱欲的回报是否可能,端取决于有爱欲者在被爱者的光彩面前,是否有能力用美丽的言辞让自己也变得光彩照人。"智慧和其他叫人爱的东西(beloveds)"缺少可见的形象(250d),而这种可见形象的替代品就是言说技艺,因为言说能让灵魂之美变得可以感知。

为了证明相互的友爱如何进一步变成相互的欲望,苏格拉底回到了先前对有爱欲者的经验的描述中。那股由美丽的被爱者所激

---

① 参《法义》837b-a。
② 参《吕西斯》214d;亚里士多德《尼各马可伦理学》8.3,1156b23-25。

起的渴望之流,冲向有爱欲者,①充满了他的全身,然后流溢出来,反过来又涌向美丽的被爱者,让他的灵魂也充满了爱(255c)。② 因此,欲火中烧(desiring)的有爱欲者变成了美的反射体:美流了回来,流过被爱者的双眼,使他的羽翼的羽毛管振奋起来,得到滋润,进而让羽翼开始生长(255d)。有爱欲者就像一面镜子,让缺乏理解和自我认识的被爱者在其中看到自己。被爱者的"回报之爱"(anterōta)让他注定只能享有一种自爱(self-love),但对此习焉不察的被爱者,仅仅把它当成纯粹的友爱(255e)。尽管存在着表面上的映射,被爱者的欲望始终不过是有爱欲者对他的欲望的影像(eidōlon);③苏格拉底似乎是在暗示,在他对神圣爱欲的赞美中,爱欲的指向永远是欲望自身,而不是欲望的对象。④

在转变的过程中,被爱者发现他的那匹桀骜不驯的马,"跃跃欲试,神魂颠倒",对有爱欲者有求必应,尽管他也遭到了另一匹马和驭者通过羞耻心和言辞而作出的抵抗(256a)。被爱者的黑马也驱

---

① 被爱者宙斯此前象征着流过有爱欲者的欲望之流的来源(253a),现在却成了有爱欲者:宙斯曾在与甘尼米德相爱时,把一条小溪命名为"欲望"(*himeon*,255c)。

② 苏格拉底似乎化用了恩培多克勒的观点,"凡存在着的万物皆在持续不断地产生着流溢物"(辑语89)。在有爱欲者和被爱者之间流淌的美之流的特殊性,与恩培多克勒的感知之流相似;就后者而言,只有某些对象的特定的流溢物才能与某些特定的感觉器官的通道相适配。相似物的相互作用,是恩培多克勒对自然和人类思想的分析的基础,因为"所有那些更适合于混合的事物,都被阿弗洛狄特弄得彼此相似,并且通过友爱而联结到一起友爱"。(辑语22)。参《前苏格拉底哲学》(*The Presocratic Philosophers*),ed. G. S. Kirk and J. E. Raven,页343。

③ "被爱的人因其自身之故就感到快乐,因此似乎被爱比被授予荣誉更好,友爱似乎因其自身之故就是可欲的……但是[友爱]似乎更多地在于爱而非被爱,这可以从母亲乐于去爱中看出来。"(亚里士多德《尼各马可伦理学》8.3,1159a25-b1)

④ "最终,一个人爱的是自己的欲望而不是那被欲望的东西。"见尼采,《善恶的彼岸》(*Beyong Good and Evil*),trans. Walter Kaufmann,页175。

使他接受有爱欲者,但与它那默然无言的激情相比,因受折磨而变得智慧的有爱欲者的黑马似乎变得特别能说会道,不断央求驭者对它的苦痛给一点报偿(255e)。在接踵而至的斗争中,如果"心灵中更好的部分"占了上风,"这一对情侣就会在尘世过上一种幸福而和谐的生活,掌控好自己,有规有矩,最后变得轻盈并且长出羽翼"(256a)。一旦降伏了灵魂中的邪恶力量,有德性的部分就能获得自由;这一结果也代表着"无论属人的节制或神圣的疯狂所能给予人的最大善好(good)"(256b)。由此,这一对能掌控好自己的情侣便取得了"三场真正的奥林匹亚竞赛"中的[68]一场胜利(256b),而它无疑也是哲人在根据"命定法规"必须在尘世经历的三个时期中赢得的一场胜利(参249a)。

但苏格拉底没有忘记,他的爱欲讲辞是说给斐德若听的,这位被爱者身上的那种被反射出来的欲望是他想要激发的东西。因此,他接着就将爱欲的回报扩展到了种种福佑,称它们会降临到那些生活"更为普通"而"没有哲学"的人身上(256b)。对于那些受对荣誉之爱所统治的灵魂,这两匹马不可能完全规矩下来,因为在没有驭者控制的情况下,白马所肩负的原本就不稳定的监护职责,可能会在"醉酒或松懈"的时刻丢得一干二净(256c)。不过,由于正确习惯的力量,也由于松懈的时刻并不常见,这一对情侣"也会像朋友一样度过余生,尽管不像另外一对":他们会信守爱的誓言,临终之时也能开始长出羽翼(256d)。

在证明了神圣疯狂所带来的种种福佑之后,苏格拉底再次引入一条宇宙法规:"那些已经开始上升之旅的人,绝不会再次堕入黑暗和地下的旅程"(256d)。假如神话解释(muthos)的原则真的就像苏格拉底在这篇对话开场不久所给出的那样(参230a),那么,地下的旅程似乎就代表了对于那些陷入次人(subhuman)处境的人的惩罚(参249b),其实也就是在描述属人灵魂中兽性的胜利。天外存在者的视觉盛宴对于灵魂的羽翼的滋养,乃是[进入]人的境况的必要条件,而它取决于爱欲经验,因为只有看到美人儿才能唤醒有爱欲者的记忆,才能使其灵魂的羽翼开始生长。灵魂羽翼的毁灭以及随之而来的上升旅程的休止,乃是对没爱欲(not loving)的惩罚,因此,灵魂被逐出上界(upper region),而被逐本身又是对看不到[那场盛宴]的惩罚。"命定法规"支配着有爱欲者与被爱者之间的互动,对真理的青草地的回忆则支配着另外的东西;尽管两者支配的东西不同,它们却是不可分离的。

先前的几篇讲辞并不全面,为了弥补这一点,苏格拉底的悔罪诗要在赞美真正的有爱欲者的疯狂的同时,说明自己否定没爱欲者的根据。没爱欲者的私人化的亲密(familiarity, oikeiotēs)与"凡人的节制"混杂在一起,先是通过前两篇讲辞中诉诸被爱者的利益的做法而凸显出来,现在则被揭示为一种"凡俗(mortal)而小气(thrifty)"的经济事务(256e)。在苏格拉底看来,造成"先是在地上晃晃悠悠、后是在地下没头没脑(mindless)虚度九千年"这一境况的原因,就是被多数人当作德性来大加歌颂的"节制"所具有的奴性(257a)。因此,象征着次人(subhuman)胜利的地下旅行被视为没爱欲者的命运,而没爱欲者在先前的讲辞中是被赞颂的对象。被逐出真理以及相应的爱欲的缺乏,既是人类坠落的原因,也是对坠落的惩罚;与此类似,有死者的明智所具有的狭隘性,[69]不仅是随之即来的某些惩罚的原因,也是在人类生活中经验到的那些惩罚的本性。

苏格拉底的讲辞开篇是为了说服一位美少年,让他不要选择一个没爱欲者而非有爱欲者,但到了最后,苏格拉底却将讲辞献给了爱若斯神(257a)。苏格拉底试图让爱欲本身变得美丽起来,即揭示其"神性",以此解决美丽的被爱者与作为对美的欲望的爱欲之间的紧张。但是,苏格拉底能否成功地把爱欲本身确立为一位值得追求的被爱者,端取决于他能否成功地引导被爱者斐德若成为一位有爱欲者。一篇试图在没爱欲者身上激起爱欲的讲辞,必然是一篇出自有爱欲者之口的说服性讲辞,而有爱欲者的自尊促使他要用他自己的形象来引导被爱者。苏格拉底就是这样一位有爱欲者,他的请求证明了这一点:他请求"在美人面前博得比现在更多的称赞",也得到了在两个相反方向之间遭受拉扯的斐德若的青睐。

苏格拉底接受了斐德若所提议的比赛,但他的挑战不止针对吕西阿斯个人,还针对所有那些为了追求自身利益,利用写作来骗人的人;在这场比赛的过程中,苏格拉底试图说服斐德若追随他,不是追随他个人,而是追随"与哲学式言辞相伴随的爱欲"(257b)。苏格拉底的修辞目标,即说服斐德若,只有在成功实现了他的哲学式的目标,即讲述有关爱欲的真理之后,才能得以实现。在献给爱若斯神的神话颂歌中,苏格拉底确立了有关存在的知识和有关灵魂的知识之间相互依赖关系的基础。在苏格拉底看来,有关灵魂的知识是言说或写作技艺的必要条件(参 277b–c)。不过,爱欲的福佑在于它能让人回忆起整全的景象,对一位特定个体的追求则让有爱欲者注定只能获得一种支离破碎的观看整全的视角。神圣的有爱欲者的甜蜜讲辞,洗净了没爱欲者讲辞中的苦涩,但它无法揭示出藏在苏格拉底为真正的言说技艺所确立的条件之中的张力。

# 第五章　言说技艺与辩证法的原则

[70]我本人嘛,算是个有爱欲者,斐德若,爱的就是拆开(分析)和捏拢(综合),①由此我才能言说(speak)和思考。而且,只要我认定一个人天生就有这种看到一和多的能力,那我就要追随他的足迹,仿佛他是个神一样。此外,对于这号能人,直到今儿我都叫做辩证家;至于我是否把他称呼对了,只有神知道。(《斐德若》,266b)

## 引　子

如果说,将这篇对话整合起来的主题,是通过苏格拉底之口,对某种写作技艺进行柏拉图式的辩护,那么,这部剧中的苏格拉底就必定与他本人相去甚远,因为他要在言辞中捍卫苏格拉底本人一生以实际行动进行谴责的东西。然而,对写作技艺的柏拉图式的辩护,其实就在苏格拉底谴责写作技艺的危险时呈现了出来。此外,苏格拉底还将某些原则确立为恰当的言说或恰当的写作的必要基础;对写作技艺的柏拉图式的辩护,必须以这些原则为根基。因此,写得美(beautiful writing)的问题虽然紧随在那几篇爱欲讲辞(the speeches on erōs)之后,却突然被一段题外话岔开;这段题外话表明了柏拉图站在苏格拉底一

---

① [译按]英译作 division and collection,刘小枫译本颇传神,故保留原译,同时列出流行译法。但为行文方便,后文统译为"划分和综合"。

边，反对修辞家们的下述普遍假定：除了关于多数人意见的知识之外，说服技艺无需其他任何基础。

苏格拉底讲了一个关于当时正午烈日下在他们俩头上鸣唱的蝉的神话，藉此成功打断了写作问题的讨论，而这么做是为了讨论言说；苏格拉底将这些缪斯的仆从们的故事解释为一个警告，警醒他和斐德若要抗拒扰人心神的催眠鸣唱，继续交谈下去。这则神话表现了奴役与自由之间的冲突：前者是屈服于蝉鸣的诱惑，后者则是批判地摆脱蝉鸣的魔力。这种冲突也体现在接下来它所引起的另一段题外话中：在那里，苏格拉底审判了言说技艺的一个化身，它自称是对关于真实（truth）的知识的某种必要补充，而这种知识的目的在于说服。

正如苏格拉底所见，出于偶然或命运，那几篇爱欲讲辞为考察这门言说技艺提供了必要的材料。对吕西阿斯讲辞的考察引出了一项原则：要区分指代明确的语词和含义混乱的语词，前者是讨论达成一致的基础，后者则是修辞术的欺骗力量的基础。[71]该原则指向一个备受忽视的事实：爱欲一词含义不明。基于此原则，吕西阿斯的讲辞遭到批判，因为它的开篇明显缺乏一个明确的定义，结果毫无逻辑次序可言。与此相反，对苏格拉底那两篇讲辞的考察引出了一项要求："一切辞章"（all speech）都应当组织得像一个活物，①各部分与整体之间有着适当的联系。在此原则下，爱欲被表述为一个整体，被

---

① ［译按］苏格拉底在259e提出的问题涵盖了本章所讨论的绝大部分对话段落，但他的问题是"口说和书写文章，哪种方式好哪种方式不好"，而非先前约定的"写得美或不美的方式是什么"（258d），对话里也是一会儿谈到写作，一会儿谈到言说。此外，苏格拉底讨论"行文律"这条重要原则，是以自己脱口而出的"言辞"之讲辞作为正面典型，以吕西阿斯写下来的"文辞"之讲辞作为反面典型，所以，这条原则既适用于"写作"也适用于"言说"。因此，这里的speech（logos）试译为"辞章"，中间专指写作或言说的部分再按前述speech（logos）的翻译原则采译。

划分成神圣的部分与属人的部分；基于这一点，苏格拉底那两篇讲辞就可以被看作是一篇。正因如此，苏格拉底那两篇游戏之作才能展现出严肃的价值：它们本身就是对"划分"和"综合"观念的一种证明。苏格拉底从整体－部分的结构方面展开了对这几篇爱欲讲辞的批判性考察，藉此承认辩证法的原则才是他的爱欲的真正对象。

只有将辩证法的这些原则确立为一切技艺的必要基础，苏格拉底才能批判时下修辞学论著中展现的各种诀窍（refinements），说它们只不过是通向一切真正的言说技艺的预备阶段而已。修辞家们声称能教授一门技艺，其基础是关于"相似"的知识；苏格拉底在与这种主张进行最后的斗争时，证明了这种关于相似的知识即便是出于说服的目的，也必须依赖关于真实的知识。一反修辞家们对属人的意见（human opinion）俯首帖耳的奴态，苏格拉底表明他本人决心要献身于一种超人的事业（superhuman project）：只要任何技艺的条件都是拥有关于其主题的整体与部分方面的知识，那么，一门说服技艺的必要条件就是关于灵魂的知识，即便我们难以得到它。

苏格拉底以祷告结束了献给爱神的"神话颂歌"（Mythic hymn）。其中，他再次提到了吕西阿斯的讲辞；正因为它，苏格拉底自己也不得不以没爱欲者的口吻作了一篇讲辞，随后还不得不反对这一立场。在回应这段祷告时，斐德若怀疑吕西阿斯是否愿意再写一篇讲辞来与苏格拉底比赛；就这样，斐德若不知不觉迫使他们回到这场对话的核心问题上："那么，写得美或不美的方式是什么哩？斐德若啊，我们不需要在这一点上来检查吕西阿斯和其他人一番吗？无论谁，只要写了什么或要写什么，无论所写作的关乎城邦事务还是私人的事情，无论是以诗人身份用诗行写，还是普通人用散文写？"（258d）然而，就在确定了他们要考察的核心主题后，苏格拉底却突然打岔，讲了一个关于在他俩头上鸣叫的蝉的神话。由于这段题外话，关于写作本性的问题被搁置了。他们转而开始考察"一般意义上好的和坏的言说和写作"(259e),直到对这个问题的考察结束之后,[72]关于写作本性的问题才重新回到视野之中。① 这场批判性讨论的次序所引发的困惑,其实揭示了一条让这篇对话整体的哲学意图得以实现的必要道路:柏拉图与苏格拉底联手捍卫辩证法,反对修辞的主张,这一点必定是柏拉图反对苏格拉底而为写作技艺作辩护的首要条件。

斐德若提出了最低层次的柏拉图式辩护,也正是他的本性暗示了书面文辞(written word)难以捉摸的力量。治邦者们把吕西阿斯轻蔑地称为"写文章的人"(logographos),斐德若担心,这些人的指责会激发起吕西阿斯对名誉的爱,致使他从此戒掉写作(257c)。尽管斐德若自己醉心于书面文辞,但他确实也相信,羞耻心是令人戒掉写作的有力原因,因为"各城邦中那些最有能耐、最有名气的人物都耻于写文章,耻于留下撰述给自己的后人,担心后人会如何看他们,深怕自己被后人叫做智术师"。(257d)人们通常对智术师把智慧当作职业的做法抱有怀疑,怀疑这是一种隐匿的对名誉的爱,这种怀疑理所当然地与人们对写作活动的怀疑相联系起来;②因为,书面文辞本身必然具有的公共性,暗示了它的基础有可能就是追求名誉的欲望。③ 斐德若只关心意见,如果说这种关切导致了他眼下对吕西阿斯会不会继续比赛感到犹豫,那么即便如此,这种考虑也预示了苏格拉底对写作的谴责:苏格拉底的谴责依据的是书面文辞潜在具有的智术师本性,即只有智慧的虚假外观而没有任何实在

---

① "就在增补、书写,或者也可以说是'药'被引入的时刻,所有的对话主体、主题和对话者,都被耗尽了"(德里达,《柏拉图的药》[La Pharmacie de Platon],页82)。德里达将这段关于写作之本性的"增补性"(supplementary)讨论(实际上写作的本性才是核心问题),与其他人对于写作的讨论进行了一番比较,包括索绪尔《普通语言学教程》、卢梭《论语言的起源》、黑格尔《哲学全书》。

② 参《普罗塔戈拉》316d – e。

③ 参《帕墨尼德》128a – e。

(参275a)。①

刚开始,苏格拉底是在斐德若提出的层次上继续讨论。他论证说,对名誉的爱可能会约束吕西阿斯;但是,同样的爱其实是驱使了那些最骄傲的治邦者为后人留下撰述,因为他们追求不朽的方式就是"生育"成文法(257e)。② 如果说写作的典范是成文法,那是由于法律就是权威且不变的书面文辞的最佳样板,而这恰恰就是苏格拉底要谴责的那一类书面文辞。③ 苏格拉底把公民大会上的立法者比作剧场里的诗人,依据在于他们都有追求名声的欲望,并且都诉诸多数人的意见。④ 通过将诗与法律文书树立为书写作品的典范,苏格拉底揭露了书面文辞固有的危险:辩证法活动要求一切既成意见都要接受检验,而书面文辞正是辩证法活动的一个潜在阻碍。

立法者的欲望是要作为"城邦里的写作者"(writer in the city)而不朽;基于这一点,斐德若同意苏格拉底的看法——"写文章这件事本身不一定是可耻的"。然而,斐德若的同意是根据属人的意见的佐证,这种同意必须被转化为一种认识,即:"写作之所以可耻,主要是由于说得或者写得可耻或不好。"(258d)斐德若对一种有益的意见深信不疑,却不理解其意涵,而苏格拉底一定要让他们一致达成的共识接受进一步的追问:"那么,写得美或不美的方式是什么哩?"(258d)这个问题的答案不仅要从苏格拉底和斐德若两人,还要从吕西阿斯以及古往今来一切别的作家那里努力赢获。斐德若怀着极大的热忱回应了这项计划:"你问咱们是否应该?一个人活着干嘛?要我说,[73]活着不就是为了这类乐事?当然,我想,对于那种人来说并非如此,他们认为,想有快乐,先得吃苦头,几乎所有涉及体肤的快乐都如此;所以说,它们被正当地叫做奴隶般的(快乐)。"(258e)

---

① 参《智术师》229c,267b - 268a。
② 参《会饮》209d - e。
③ 参《治邦者》294b。
④ 见克里昂在密提林辩论中的发言,参修昔底德《伯罗奔尼撒战争史》,3.38.7。

就在斐德若急着要对写作的可耻性展开一番探究时,苏格拉底接着却讲了一个关于缪斯的神话,突然打断了讨论。假如柏拉图的对话不是一部戏剧,而是一本论著,苏格拉底想必就会紧咬他的核心问题不放,继续讨论写得美的必要条件。但是,斐德若的回应显然诱使苏格拉底开始讲那个离题的神话,其实也就开启了关于言说技艺的全部讨论。苏格拉底似乎是被迫开始讲题外话,因为斐德若太过急切地泄露了自己对文辞的理解:他觉得文辞就是生命的至高快乐,单凭它有着免于痛苦的自由这一点,这种快乐便已超越了身体的快乐。在他们能够开始讨论写作之前,苏格拉底必须改变斐德若对文辞本身的无条件赞美态度,这种态度显然没有因为苏格拉底那场漂亮的讲辞(beautiful speech)而改变。苏格拉底意识到了这场改变的必要性,这一点在他对斐德若的直接回答中得到了暗示:"看来咱们还有闲暇(leisure)。"(258e)这句回答表面上似乎与苏格拉底最初的想法相悖,即他们的相遇是"一件比正经事(business)更重要的事情"(参 227b)。① 实际上,正是由于斐德若仅仅将文章等同于闲暇娱乐,苏格拉底才会如此严肃而急迫地需要闲暇,暂停关于写作问题的讨论,以便讲述这段题外话。

苏格拉底开讲的这段离题的神话,恰当地说是一个关于奴役和自由的故事。苏格拉底警告斐德若,千万不要被在他们头上鸣唱的蝉勾走了魂儿,就像在正午太阳下打瞌睡的奴隶一样;② 相反,他们

---

① 忒奥多洛对苏格拉底说过同样的话:"咱们还有闲暇,不是吗,苏格拉底?"(《泰阿泰德》172c)这时,苏格拉底岔开了话题,转而开始比较两类人的生活和文章:一类是从小在法庭里长大的人,对于这样的奴隶而言,文章属于生计问题;另一类是忒奥多洛所说的"哲学家",对于这样的自由人而言,文章则完全是关于闲暇的事情。但是,就在他打岔的时候,苏格拉底实际上还在想着即将面对雅典民众的审判这个要命问题。像忒奥多洛一样,斐德若也把苏格拉底表面上的闲暇当成了他真正拥有自由的一个标志。

② 或许,柏拉图想到了阿里斯多芬的意象:"那树上的知了叫个把月就完了,而雅典人是一辈子告状起诉,告个没完。"(《鸟》,39-41)[译按]引文从杨宪益先生译文,见《古希腊戏剧选》,北京:人民文学出版社,2012,页166。

必须驶过这群塞壬,像自由人那样继续"交谈"(dialegomenous)(259a)。苏格拉底讲述的这则故事,将这群塞壬自己遭到的奴役描述为它们因热爱歌唱的快乐而得到的奖赏。正是由于这个故事惟妙惟肖地描绘出斐德若的本性,苏格拉底才会声称:斐德若这么一个热爱缪斯的人竟然没有听过这个故事,实在是和他很不相称(259b)。《斐德若》的第一个神话是一个因爱而遭掳走的故事,聪明人(sophoi)将它解释成一个关于死亡的故事,它引出了下文吕西阿斯的讲稿;苏格拉底现在拿出了他自己的神话,在这个神话里,爱是致死的原因。

缪斯们刚出生时,一些人禁不住对歌唱的热爱,忘了吃喝,就那样一直唱到死;但是,对这种不可阻挡的爱的奖赏,便是把他们变成蝉类(genos),不用吃喝,一直唱到死。死后,蝉变为信使,还能得到缪斯给予热爱她们的人的宠爱。然而,苏格拉底坚称,这些居间者只向那些在它们富有诱惑性的魔力下安然度过的人馈赠礼物(259a);① 因此,苏格拉底在故事的最后赞美了乌拉尼亚和卡利俄佩,这两位缪斯分别司掌着"天"与"属神和属人的言说(logos)"(259d)。② 苏格拉底反讽地从他们头上鸣唱的蝉那里寻求帮助,让自己有力量抵抗蝉的咒语;这种帮助必定源于那些终身致力于哲学的人所敬拜的缪斯(参259d),因为只有这几位[74]缪斯鼓励人抵抗她们仆人的危险诱惑。最古老的缪斯肯定相当于苏格拉底所追随的那些神,等同于苏格拉底总是称之为"辩证家"的那些人(参266b);只有对这几位缪斯,苏格拉底才会爱得那么炽烈,以至于他

---

① 如果说,赫西俄德承认了公平裁断的力量是缪斯赐予人的礼物(见《神谱》,75-103),那么,他也同时暗示了该礼物具有欺骗的危险(参《神谱》,22-34)。

② 最高位缪斯的恩宠是要授予那些把一辈子花在哲学上的人,这些恩宠明显有别于厄拉托的恩宠(授予爱情诗人)与忒耳普斯科瑞的恩宠(授予在合唱歌舞中赞美她的人,259c);苏格拉底似乎是将斯忒西科的诗以及通常讲辞里的诗,与"属神和属人的言说"活动区分开来。

宁可接受死亡,也不过一种无法为她们服务的生活。①

　　苏格拉底是在正午时分吟诵了关于缪斯们的仆人的神话,他自己也提到了这个时间(259a),这正是斐德若对吕西阿斯的讲辞稿痴迷无比的日出时分与斐德若和苏格拉底一道为内在的美而祈祷的日落时分的正中间。② 苏格拉底把这个故事解释为某种告诫,要求他们继续交谈以抵抗蝉鸣的催眠诱惑,而该故事又构成了那几篇爱欲讲辞和两人的批判性考察之间的纽带。蝉的神话打断了紧随爱欲讲辞之后的关于写作的探究,还引出了一场关于言说技艺的讨论,而这场讨论将辩证法的原则确立为一切言说技艺或写作技艺的必要基础。因而,就苏格拉底这一处于中心位置的神话而言,这篇对话整体的结构反映了它的内容,因为蝉的神话带来了这样一个结果:被掳的疯狂藉由辩证法的实践而得以避免。③

　　蝉的神话位于首尾两个神话的中间位置。开头是一个关于欲望和死亡的故事,苏格拉底从自我认识的难题这个角度进行了解释;最后是一个写作技艺的发明的故事。一方面,蝉的神话讲述了一个汇集着爱与死的传说,从而与开始的神话有了联系;另一方面,它证实了通过"不停不歇的歌唱"所表达的"这一类事物的不死性"(259c),从而与最后的神话也有了联系。因此,这个关于热爱缪斯的人们的故事,指向了写作的这一功能:在爱欲(erōs)与死亡的冲突中充当某种纽带。永恒不灭的歌声迷惑了听众,使他们沦为奴隶,并诱使他们抛弃了对话的责任;因此,这种歌声无疑也象征着

---

　　①　参《斐多》60e–61a。

　　②　恰恰也是在正午,也就是来自雅典的异乡人和他的对话者们在正午烈日下找荫凉地方的时候,他们借助于说服的方式而对法律的正确形式展开讨论,认为它应该是奴役与自由之间的一种平衡,参《法义》722c–d。

　　③　通过蝉的神话,苏格拉底的神灵感发的反讽性质浮出了水面,因为将哲学描述为热情的做法并非一种教导,而是比喻。这种比喻的反讽性,恰恰是由如此有技巧地控制着比喻的言说(logos)所建立的。见 Hermann Gundert,《柏拉图研究》(*Platon Studien*),页22。

"写在书上的东西",因为写作具有同样危险的诱惑(参 227d)。因而,"对话"(dialegesthai)与永恒不灭的歌声之间的对立,从形式上预示着最终确立为辩证法与书面文辞之间的对立——书面文辞凭借其"清晰和牢靠"的假象(参 275c),诱使读者放弃了自己的思考。

就在这个神话之后,苏格拉底马上确立了说得好或说得美的评判标准:"说话人的心里得清楚知道他要说的东西的真相。"(259e)然而,斐德若热心地报告了苏格拉底的对手的根本立场,立刻就让苏格拉底遭到了挑战:"这一点么,亲爱的苏格拉底,我倒听过这样的说法:对于想当修辞家的人来说,其实没必要去了解正确实际上是什么,只需要了解在那些会下判断的多数人看来是正确的就可以了;不需要了解实际的善和美,而是显得如此就行。因为,说服靠的是这个,而非真理。"(260a)对此,苏格拉底给出了一个反讽式的回答,含蓄地拒绝了上述立场:他坚称,接受这种"聪明人的话"不能以意见为理由,而是必须根据它背后可能具有的真理来进行考察(260a)。在考察的一开始,苏格拉底就让斐德若同意,[75]在马的名义下赞美驴子是荒谬的。斐德若断言这样一种替换"可笑透顶"(260c),却没有注意到可能导致这种混淆产生的相似性,或者可能故意引起这种混淆的意图。然而,通过将这种可笑的受骗与聪明敌人所具有的危险相比,苏格拉底贬低了前者,它就好比一位对善恶浑然无知的修辞家,还试图根据对多数人意见的研究而在善的名义下赞美恶(260c)。① 斐德若似乎早就忘了吕西阿斯在非爱欲的名义下赞美自私自利的做法,还欣然赞同这样的修辞术会从播下的种子里得到糟糕的收成(260d)。

但是,苏格拉底唯恐他们的指责太过严厉,他觉得必须让言说技艺活过来,为自己作辩护。② 在这一段简短的"申辩"(apologia)里,言说技艺其实是为苏格拉底本人惯常的活动作了辩护。言说技

---

① 参《王制》493a-c。
② 参亚里士多德《修辞学》1.1, 1355a20-b8。

艺虽然没有强迫任何人在不知道真实的情况下就去学如何说话,但也只是一味声称,没有它的力量,关于真实的知识单靠自身无法成为一种说服的技艺(260d)。① 要想评判这种说法,言说技艺就必须在苏格拉底所说的"拉科尼亚人"的论点面前接受审判;这些"高贵的生灵"将要说服斐德若"这位有一群漂亮孩子的父亲",根本没有、也永远不会存在一种不懂得真实的言说技艺(261a)。因而,苏格拉底将他先前献给爱神,请求爱神帮助自己引导斐德若的祷告(257b),替换成了向拉科尼亚人[即拉刻代蒙人/斯巴达人]的论点发出的请求,请求他们帮助自己驳斥那种认为存在着一门仅仅以意见为基础的言说技艺的主张。

一开始,这项指控把修辞术定义为"某种靠言语来引导灵魂的技艺,不仅仅在法庭和其他政治集会场合,在私人领域也是如此"(261a)。② 靠"言语"(logoi)来"引导灵魂"(psuchagōgia)的"技艺"(tekhnē)便成了修辞术的一个定义,③ 而没有任何进一步的界定。这个定义既不排斥苏格拉底最初的规定,即说话人的心里必须知道他要说的东西的真相,也丝毫不排斥斐德若的规定,即说话人必须知道对他的听众们而言看似真实的东西(260a)。"引导灵魂"的力量构成了"修辞术的整体",该整体超越了小的和大的话题、严肃的和琐碎的话题之间的差异(261b)。然而,在这场审判中既是证人

---

① 在与高尔吉亚讨论修辞术的时候,苏格拉底划分了说服的两种类型:一类产生出毫无知识的信念,另一类是通过教育来实现知识的产生。见《高尔吉亚》454e。

② 参见亚里士多德对修辞术的划分:议事(sumbouleutikon)、诉讼(dikanikon)、赞咏(epideiktikon)。见《修辞学》1.3,1358b1–30。

③ 在《奥德赛》里,"引导灵魂"(psuchagōgia)的行为被归于赫耳墨斯——演说之神。赫耳墨斯能用金杖使人阖上双眼,或者使人从沉睡中醒来。凭借这门技艺,赫耳墨斯将求婚者们的灵魂招聚到一起,将它们带到脱离了肉身的灵魂的居所(24.1)。这种"凭言语引导灵魂"的作用,恰恰也是伊索克拉底对他自己的写作技艺的描述(*Evagoras* 10a–b)。见附录,"漂亮的伊索克拉底"。

又是陪审团的斐德若,暴露出他本人对此完全缺乏意识:因为在回应苏格拉底的普遍化陈述时,斐德若竟然说自己从未曾听说过修辞技艺能运用于私人领域,可他刚刚还在背诵吕西阿斯那篇旨在说服的爱欲讲辞哩!苏格拉底举出芝诺的作品,作为私人性的争辩术(art of contention)的一个例子:他写的文章让同样的东西显得既相似又不相似、既是一又是多、既静止又运动,①藉此代表了与在法庭上争辩是非、在公民大会上争辩好坏相对的私人领域的情形。苏格拉底还将这位"埃利亚的帕拉墨得斯"[即芝诺]的争辩术论著反讽地比作涅斯托和奥德修斯在特洛伊战争空闲时写的"言说的技艺"(arts of speaking)!② 这种争辩术的每一项例证,都被苏格拉底玩笑似地视为写作的产物(production of writing)。只要写作技艺使最具私人性的事务变成公共的,苏格拉底就已捍卫了他早已想要的[76]公共修辞与私人修辞的合一,与此同时,就斐德若怀疑一种完全私人性的修辞技艺是否可能而言,苏格拉底也阐明了这种怀疑背后所隐藏的真相。

基于法庭辩护人、公民大会的演说家、埃利亚的帕拉墨得斯三者的相似性,苏格拉底把这种构成了修辞术之整体的争辩术描述为一种能力,一种"把样样能搞得相似的事情都搞得与别的能搞得相似的事情相似,还能让别人搞出来并藏起来的相似性暴露在光天化日之下"(261e)的能力。与表面意图相反,苏格拉底其实是在暗示:以发现相似性作为基础的争辩术,不可能完全独立于综合和划分的活动。而且,他很快就要引入这些活动,作为一切思考和言说的原则(265d-e)。就算这种发现相似性的能力只被用作欺骗的手段,苏格拉底也断言道:唯有免于自我欺骗,这种能力才能满足一门

---

① 参《帕墨尼德》129e。

② 关于涅斯托和奥德修斯的修辞技艺,见《伊利亚特》1.249, 3.216ff;苏格拉底似乎是半心半意地赞同斐德若的猜测,即涅斯托肯定代表着高尔吉亚,奥德修斯代表着忒拉绪马霍斯或忒奥多洛(261c)。不过,苏格拉底更感兴趣的是检省他们的"争辩术"的含义,而非他们究竟是谁。

技艺的条件,因为"这门通过种种相似性而将别人一点一点从每样实际的东西引向其反面的技艺,不可能被不知道每样东西实际是什么的人所掌握"(262b)。关于每种存在者本性的知识,是由关于它与"别的东西"、与别的存在者(以及将它们反映出来的影像)之间的相似或不似的知识所构成;关于整体的完备知识就代表了一门争辩术的必要条件。

各种存在者都是一个有机整体的部分,彼此具有相似性。这些相似性具有一种相互关联的结构,并且反映在各式各样看待整体的个别视角当中;这种结构不是别的,正是各路神明及其各自的人类追随者们所瞻仰的天外盛况。然而,对人的灵魂而言,追随某一位神只不过是看到各种诸理式(ideas)的必要而非充分条件。就算不是充分条件,关于存在之结构的知识的必要条件也一定是关于灵魂的知识,后者的必要基础便是自我知识。关于相似性的知识被当作真正的言说技艺的条件,它开始变得像是对苏格拉底式爱欲的一种描述。苏格拉底证明,言说技艺的根据就是关于存在的知识与关于灵魂的知识之间的纽带。由此,他既捍卫了言说技艺,认为它是关于真实的知识的一个必要补充,也捍卫了关于真实的知识,认为它是一切言说技艺的必要条件。但是,至于这种可欲的技艺是否真的可能,苏格拉底对此似乎心存疑虑。因为,假如没有关于整体的完备知识,欺骗似乎就不可避免,即便人类记忆的本性就是以那样一种完备知识的部分缺失作为前提的。

为了探究一门真正的言说技艺的可能性,苏格拉底提议将他即兴而作的那几篇讲辞当作合适的例子;斐德若觉得他们目前的批判性讨论有点儿"干巴巴的",所以欣然同意(262c)。对于"有的人尽管知道真实,却用玩弄辞藻的方式来误导听者"这样的做法,"那两篇讲辞"提供了完美的范例(262d);苏格拉底似乎故意说得模棱两可,既可能是指他自己的两篇讲辞,也可能[77]是指吕西阿斯的讲辞和他的两篇讲辞之一,还可能是指吕西阿斯的讲辞和他的两篇讲辞（算作一篇）。① 苏格拉底把那两篇讲辞的典范地位归因于"某些个机遇"（262d）；他反讽地将柏拉图的写作技艺的责任，替换成了他对来自"那地方的神们"和"缪斯们的先知们"的灵感的赞美。②

在考察这几篇讲辞的过程中，既然斐德若要求得到更进一步的澄清，苏格拉底便要他朗读一下吕西阿斯那篇讲辞的开头（262d）。但是，就在斐德若刚要读到吕西阿斯对爱欲的隐藏定义时，苏格拉底立刻打断了朗诵。在打岔的这段时间里，苏格拉底确立了一项修辞原则，使得斐德若一旦重新朗诵吕西阿斯的讲辞，就不得不应用这项原则。因而，斐德若对吕西阿斯之讲辞的开头几句的重复就形成了一个框架，中间叙述了一项基本的修辞原则："所以，谁若想献身修辞术，他首先就得从方法上区分这类事情，掌握这两类事情各自的特征，其中一类事情多数人被迫没把握，另一类则不是。"（263b）出于显而易见的理由，比起那些令我们"争执不休"的语词，譬如正义或善之类，修辞术在我们能（或自以为能）"有一致意见"的语词上较少具有欺骗的能力，譬如铁或银之类（263a–b）。

在那段神话颂歌里，苏格拉底将正义及各种德性等同于不动的天外存在者，现在他又将正义及各种德性作为"令我们迷失"的类（class）的代表。我们感知到的影像和后天习得的意见所具有的表面上的清晰性，加剧了我们对真理之景象（vision of truth）的遗忘，而这种遗忘导致我们"迷失"在自己的理解当中。因此，我们的遗忘导致了诸理式变得模糊，而这种模糊性成了欺骗力量的一个条件。然而，只要意识到这种模糊性，这种意识就足以开启思考的进程，因

---

① 苏格拉底将创作出"这两篇讲辞"（双数）的好机运归于这地方的神们和缪斯的先知们（262d）。当他对比了没有一个爱欲定义的吕西阿斯之讲辞和一开始就有爱欲定义的他那篇讲辞（单数）时，苏格拉底将他那篇讲辞的技艺归于河神阿刻罗俄斯的女儿水泽仙女们，以及赫耳墨斯的儿子牧神潘（263e）。

② 同样的替换在这篇对话的结尾得到了暗示，在那里，苏格拉底和斐德若一致同意要将来自"水泽仙女和缪斯的涌泉"的消息，带给"城邦里的写作者"（278c）。

此,唯有这种意识才能充当回忆活动的必要条件。苏格拉底目前将这种不可动摇的稳定性赋予了那些我们自认为有一致意见的语词,最终则是赋予了始终"外在于学习者的灵魂"的非对话性质的书面文辞(参275d)。只有当我们承认书写作品潜在的模糊性确实存在,从而不再信任它的清晰和牢靠时,书写作品才能开启内在的思考进程(参277d)。因此,这种导致修辞的欺骗力量存在的模糊性,使得柏拉图的对话能在适当的时候说话,在适当的时候沉默,以保护自己避免权威的书面文辞所固有的危险。①

由于应用了苏格拉底的划分原则,斐德若把"爱欲"(erōs)划入模糊的那一类语词,因为爱欲既可以被描述为"对被爱者和有爱欲者都有害",也可以是"再大不过的好事"(263c)。斐德若之所以觉得爱欲具有模糊性,必是因为他多少意识到了苏格拉底的两篇讲辞是一个整体;尽管苏格拉底称赞斐德若有这样的意识,但他又将斐德若的注意力引向了这两篇单独的讲辞,将它们各自当作一个孤立整体,目的在于探究它们在应对其主题的模糊性时是否有技艺(artfulness)。苏格拉底仅仅断言,一篇讲辞有没有技艺,取决于它是否及时建立起了一个定义,[78]因此他问,吕西阿斯是否"促使我们把爱欲(erōs)把握为某种实在的东西,他自己心目中所有的东西,然后以此安排全文,让它从头贯穿到尾"?(263d-e)苏格拉底推荐了他那篇讲辞的技艺性(artfulness),作为正确的示范;这里"讲辞"用的是单数,似乎是指他那篇"错谬而不虔敬"的讲辞,这篇讲辞确实一开始就为爱欲下了一个明确的定义(237d-238a),相反,苏格拉底改变论题后做的那篇讲辞,只是将爱欲推进到"对美好事

---

① 故意将模糊性用作一种既隐藏又公开的手段,在施特劳斯对于"话说得断断续续"、"依其两个面向而说话"的迈蒙尼德学说的讨论中已经得到了分析。这种手法在外对于和多数人交流有用,在内对于表达关于真理的知识有用。见列奥·施特劳斯:《迫害与写作艺术》(*Persecution and the Art of Writing*),页71。

物的爱欲"(eros of the beautiful)这个循环定义为止。① 这种对比体现在苏格拉底的两篇讲辞之中,他回想起了这种对比,也就使我们对这条修辞原则的可靠性产生怀疑:这条原则只不过是要求我们规定好这种或那种定义,作为一切研究的正确出发点而已。

在确立了一篇有技艺的讲辞的标准之后,苏格拉底叫斐德若又读了一遍吕西阿斯讲辞的开头几句,这一次刚好让他读到了爱欲的隐藏定义那里:"那些个有爱欲者一旦情欲满足了,莫不追悔自己献殷勤时所做的一切。"(264a)斐德若读的时候和他听的时候一模一样,他没有利用书写作品的可重复性,以便重新思考一下吕西阿斯的隐藏定义背后的修辞动机。由于苏格拉底指出的"缺乏定义"这一点说服了斐德若,斐德若也就默许了苏格拉底的谴责,谴责这篇讲辞是一个毫无技艺可言的书写作品。至于被视为书写作品典范的吕西阿斯的讲辞,斐德若对这篇讲辞开头几句话的重复形成了一个框架,将苏格拉底对于修辞和欺骗力量的讨论包裹起来,也正是通过这种重复,苏格拉底对这篇讲辞的谴责才得以产生。这段题外话以多数人的意见为基础,确立了模糊与清晰之间的划分。这段题外话与吕西阿斯之讲辞的关系,有如另一段确立了"划分和综合"原则的题外话与对写作的一般分析之间的关系。

苏格拉底只是在离题讨论了言说之后,才回到了对写作的分析(参 274b);与此相似,苏格拉底也只是在离题讨论了欺骗力量之后,才回到了对吕西阿斯讲辞的考察。吕西阿斯先是因为"从收尾处开头,简直像是从尾游到头",然后因为"把讲辞的其余部分随便拼凑在一起"而遭到批评(264a－b)。② 当苏格拉底问斐德若有没有从吕西阿斯讲辞表面上随意散漫的谋篇中看出"如此说和写的必要"(264b)时,他其实是在含蓄批评,这篇讲辞里的论证没有任何

---

① 爱欲在苏格拉底第二篇讲辞的语境中不可能得到定义,因为它是森罗万象的整体,其他所有东西都是根据它而得到定义的。见 Sinaiko,《柏拉图著作中的爱欲、知识与话语》(*Love, Knowledge, and Discourse in Plato*),页 101。

② [译按]作者注 254a－b,疑有误。

推理的"次序"(taxis),尽管苏格拉底还暗示吕西阿斯可能是由于某种修辞目的,才会避免或隐藏这样的"次序"。斐德若不懂修辞术与辩证法的"行文律"(logographic necessity)有什么不同,①他觉得苏格拉底是在奉承他,说他有这种敏锐的眼光;斐德若似乎早已忘掉了刚刚结束的关于模糊性的讨论,因为,吕西阿斯的修辞技艺掩盖了爱欲的模糊性,而正是爱欲的模糊性,使吕西阿斯之讲辞得到了一种欺骗的力量。吕西阿斯之讲辞的内容就反映在它的形式上:它的内容掩盖了爱欲的整体,目的是要谴责它的一个部分;它的形式掩盖了它的谋篇原则,目的是要显得详尽无遗。

吕西阿斯的讲辞明显缺乏逻辑结构,为了评价这一点,苏格拉底引入了"行文律"这一原则,[79]借此评判"一切辞章"或"每篇辞章"(pas logos, 264c);一切/每篇辞章(pas logos)的模糊性,反映了"一切/每个灵魂"(pasa puschē)的模糊性——苏格拉底在论述灵魂的不死即自我运动的运动时,便是以"一切/每个灵魂"(pasa puschē)作为开头(参 245c)。相应地,苏格拉底的原则要求一切/每篇辞章都要组织得"有如一个活物,有属于自己的身体的东西,头和脚样样不缺,有腰身也有四肢,写东西也当像这样写得(gegrammena)各部分之间、与整体之间都有恰当的联系"(264c)。苏格拉底确立了行文律的原则,要求"一切辞章"都要按照生命体的有机整体来进行组织。他将该原则作为一项标准,以此考察他那两篇即兴的爱欲讲辞的整体-部分结构,相比之下,吕西阿斯的讲辞就像是随便拼凑起来的一样。② 但是,对于这项原则的必要性,苏格拉底没有提出任何理由,他也没有澄清,关于一个整体及其多部分的

---

① [译按]logographic necessity 的现有译名包括"散文律"、"写作的必然性"、"写作原则"等等。究其原义,当指"如此写文章的必要性","文章"(logo)充当"写作"(graphic)动词的宾语,结构类同于 self-moving 一类西文短语,这是在讲一种写文章的"道理",故试译"行文律"。

② 参《治邦者》277b-c;《高尔吉亚》505d;《斐勒布》66d;《法义》752a;《蒂迈欧》32c-34b。

知识究竟是以什么作为基础。悖谬的是，只有苏格拉底的神话颂歌为这条辞章有技艺的原则提供过理据，而那首诗却是在赞美爱欲的神圣疯狂，并对灵魂看见天外存在者的旅程进行一番意象化的解释。在捍卫辞章有技艺的标准、抵御修辞家们的挑战时，柏拉图的苏格拉底反讽地乞灵于神灵感发，同时竭力不让人注意到他在组织那两篇据说是受感于神的讲辞的过程中展示出来的技艺，一种事实上导致了"如此写作的必要"的技艺。

　　写作技艺有一种潜在的价值，它能有技艺地组织起一篇有机统一的文章；对于这一点，苏格拉底拒绝承认，因为当他这么做时，他是在把吕西阿斯的讲辞当成书写作品的典型，这样也就效仿了吕西阿斯的错误，把一个部分当成了整体而予以谴责。这项原则要求所有文章必须组织得有如一个活物，相比之下，吕西阿斯那篇死气沉沉的文字稿则是环状的，无所谓开头和结尾。苏格拉底将它与佛律吉亚人密达斯坟墓上的环状墓志铭相比，它的任何一行诗放在开头或结尾都没有问题（264e）。一个活物凭借着欲望而出生、长成和衰亡；与此不同，青铜处女那凝固的声音就能永远重复下去，它对于没爱欲者的无生命的宣言来说是一个十分贴切的意象；吕西阿斯讲辞的无机形式反映了它在内容上对爱欲所作的谴责。因此，吕西阿斯那篇毫无生气的文字稿与苏格拉底所要求的辞章（logos）应当组织得有如一个活物的原则摆在一起，揭示了活的言辞（living speech）的爱欲自发性与书写作品死一般的不变性之间的张力。

　　然而，苏格拉底将他的那项要求，即一切辞章应当组织得有如一个活物，呈现为一项写作（gegrammena）原则（264c）；将我们对于辞章（logos）有灵魂的要求应用于书写作品，其中的反讽性实际上已被语言本身暗示了出来，因为用来描述一个活物（zōon）的语词同样可以用来指称任何形象或图像，例如绘画中的形象或图像。要想解决活的言辞的自发性与书写作品的僵硬制作之间的张力，似乎就要看一篇书写作品有没有可能凭借技艺而被组织得具有一个有机整体的次序（taxis），并且像一个有灵魂的存在者那样发挥作用。事实上，这篇对话本身就代表了这样一种书写作品。因为，这篇对话要求我们意识到它的隐藏结构是一个有机整体，[80] 从而要求解释活动必须产生，作为这篇对话本身的完成，借此，柏拉图的这篇"活的写作"(zōographia)展示了获得生命的潜能。

辞章(logos)要具有像活物一样的统一性，为了阐明这种统一性，苏格拉底拿他自己的两篇爱欲讲辞作为恰当的例子。只有根据这项原则，苏格拉底才能把他那两篇讲辞结合为一个"身体"，并将该整体划分为相互对立的左右两部分。既然那两篇讲辞都很"疯狂"(苏格拉底也提醒了斐德若这一点)，那么，他们目前的探究唯有以两"类"(eidē)疯狂作为基础，一类"源于人的疾病"，另一类"源自神所引起的习传规矩的颠转"(265a)，才能揭示作为疯狂的爱欲所具有的统一性。苏格拉底怀着一种属人理智的冷静态度，回顾了当时作为"爱神主人"的奴隶(265c)所进行的游戏性的意象制作活动(image-making)："在表达爱欲的经历(pathos)时，①我们用上了一些比喻，由此兴许让我们逮着了某种真实，虽然也可能使咱们走岔了道；咱们调配出了一篇不是完全不可信的讲辞，然后以叙事方式得体地唱诵了一段秘仪颂歌，代我和你向爱神，这位在我们之上的主人——哦，斐德若哟——向这位美少年的守护者祈求"。(265b-c)

在逃离爱欲的僭政之后，苏格拉底现在可以将他那两篇讲辞视为一场"游戏"(paidia)，一场从谴责转向赞美的游戏。② 但是，这场

---

① "爱欲自古以来就被人称作僭主"，苏格拉底对格劳孔和阿德曼托斯这样解释道。当时他正在说明，一个僭主式的人的本性是由欲望的僭政所决定的(《王制》573b)。

② 苏格拉底承认他的神话诗具有游戏性质，这一点为后来他要求哲人式的写作者承认自己的创作具有必要的游戏性质埋下伏笔(参 277e-278d)。"柏拉图越是为有理解力的读者揭示真相，他就越是把这篇对话称作'游戏'(paidia)。"Hermann Gundert, *Zum Spiel bei Platon*, 引自 G. J. DeVries,《柏拉图〈斐德若〉注疏》(*A Commentary on the Phaedrus of Plato*), 页 20。

游戏的严肃价值并不在于每一篇讲辞都假称自己是一篇关于爱欲的演说,而是在于它们共同显现出两种不可分离的形式(duoin eidoin),"它们的力量,要是技艺能把握的话,倒真不会不令人满意哩"(265d)。先前讨论的各种修辞术原则都缺乏理据,现在,这些理据在这两项原则中统统被暗示了出来:一个原则是"统观分散各处的东西,把它们纳入一个形式的类,以便通过确定每样东西,搞清楚自己究竟在任何具体境况下想要教诲什么"(265d);另一个原则是"能够重新按其自然关节拆开类,但不是像笨手笨脚的人那样,把每部分搞得支离破碎"(265e)。作为一切言说和思考的基础(265b),苏格拉底将他在神话诗里宣告的东西视为人类灵魂的本质需要——对与神同游的途中所见过的各种存在者的景象的回忆,反映在人的生活中,便是那种"懂得那所谓按爱多斯[理式](eidos)来陈说的东西,也就是从杂多的感觉脱显出来,经理性思考(logismō)统摄为一的东西"(249b-c)的能力。

如果技艺能把握这些原则的话,对所有技艺来说都是令人满意的。这些原则的例证能在那些爱欲讲辞里找到:首先,将分散的多综合成单一的类(idea)的例子,刚刚以爱欲定义的方式得到了体现——无论该定义是好是坏,它都使文章获得了清晰性与连贯性;其次,划分原则的例子,刚刚也以另一种方式得到了体现——两篇讲辞假定了一个共同的"类"(eidos),我们身上的疯狂就其本性而言是一个类,然后将它的左半边和右半边切开,藉此,一篇讲辞能正当地痛骂属人的爱欲,同时另一篇讲辞也能赞美神圣的爱欲(265d-e)。在考察他那两篇爱欲讲辞(现在已经成了一对爱欲讲辞)的时候,苏格拉底声称自己发现了一对适用于所有理性思考(reasoning)的原则,但当他对综合和划分原则予以单独解释时,苏格拉底却表明:每个原则本身也是一个对子,必然包含了各自作为一整体的综合及其各部分的划分,[81]因为只有首先"统观"(sunorōnta)分散的多,才能综合而成单一的样式;只有首先假定一个共同的"类"(eidos),才能按"类"(eidē)进行划分。

虽然苏格拉底只说要阐明一对相互补充的原则,但他其实也指出了它们的不平等地位。综合原则是通过定义进入单一的理式,划分原则是根据自然关节,按"类"进行划分;综合原则有着教育的动机,由此,它与分析原则区别开来;交流和分辨的双重意图,构成了对一切理性思考的双重原则做出区别的理由。在举例说明综合原则时,苏格拉底谈到,他的一篇讲辞根据一个定义而具有连贯性;在举例说明划分原则时,苏格拉底谈到,他的两篇讲辞分别表现了一个普遍理式的一部分。两种原则之间的张力,体现为苏格拉底对下述两者之张力的暗示:一边是要确定爱欲的定义,无论定义得好还是不好;另一边是要确定疯狂的形式,其整体包含诸部分。至于那几篇爱欲讲辞,苏格拉底已经从中抽出了修辞技艺的一系列诀窍,而上述两种原则在地位上的区别,其实在他们刚才对这些爱欲讲辞的考察中已有暗示。综合原则被大致勾勒出来,是为了确定那一类模糊的语词:修辞术在这些语词上展现了欺骗力量,这就致使任何文章都需要从一开始就确立一个定义,作为接下来推论的基础(263b – d);划分原则被大致勾勒出来,是为了应对文章的结构要求:要展现出一个活物的有机整体,各部分与整体之间具有适当的联系(264c)。要想评价苏格拉底第一篇讲辞高于吕西阿斯的讲辞,第一条原则提供了标准;要想理解苏格拉底两篇讲辞的有机统一性,将它们视为一个具有各部分的整体,第二条原则提供了标准。一切文章开篇要有定义,起初是那篇苏格拉底在没爱欲者的名义下所做的讲辞的必要出发点(237c – d),同时,将一个共同的类的综合当作进一步划分的基础,起初则是那篇苏格拉底赞美神圣爱欲的讲辞的出发点(参 244a – 245c)。

苏格拉底声称要通过他的爱欲讲辞来说明综合与划分原则,但他着重强调,将爱欲定义为一整体,将疯狂划为各部分,这些事情也是"刚刚"才实现的。在这几篇爱欲讲辞里,一切理性思考原则之所以得到例证,并不是通过最开始出现的那几篇讲辞,而仅仅是通过目前的批判性考察,一道揭示出了那两篇讲辞(算作一篇)的被综合起来的整体与被划分出来的各部分。① 言说和思考的基础,就是认识到整体和部分的存在。对另一个人的爱欲的疯狂似乎不可避免地会遮蔽这种认识,尽管如此,这种疯狂也可能是通往这种认识的必不可少的属人道路。苏格拉底将他的神圣疯狂的真相视作对综合和划分原则的爱欲(erōs),借此暗示了这种张力唯一可能的解决办法。无论谁是[82]让苏格拉底要像追随一位神那样去追随的那一位被爱者(beloved),这个人都要天生就能洞察一个整体及其相互勾连(articulated)的各部分;苏格拉底将追求这类活动的人称为"辩证家",只有神知道这个称呼是对是错(266b)。②

让同一样事物显得既好且坏,最初被认为是修辞术的能力;现已证明,该能力之所以产生,是因为包含着好的和坏的部分的整体遭到了隐瞒,而好的和坏的部分可能会欺骗性地呈现为整全本身。因此,苏格拉底解释了他最初坚持的看法。他最初认为,任何文章都不可能从头到尾都是假的,一篇文章的虚假性必定是由于它的不完备性(参 235e)。苏格拉底的爱欲讲辞都呈现为自足的整体,是因为它们各自看起来都是一篇说服性演说,面向一个特定的被爱者。这么一来,真正的整体也就遭到掩盖,而苏格拉底的爱欲讲辞不过是该整体的部分罢了。整体与部分的结构使得苏格拉底的两

---

① 这种张力或许已由下述事实所暗示:在他那游戏性的神启状态下,苏格拉底只提到缪斯创造了神圣的着魔(245a);相反,在他对第二篇讲辞的批判性分析里,苏格拉底声称已将疯狂的四种维度——预言、秘仪、作诗、爱欲——归于"四位"神:阿波罗、狄奥尼索斯、缪斯,以及阿芙洛狄特和爱若斯(265b)。

② 我们更容易理解,苏格拉底对于辩证法原则的抽象分析其实是一种评价修辞家们的主张的标准,而不是解释苏格拉底本人在对话中推进的方式,也不是解释柏拉图对话藉以组织成一种对苏格拉底对话的摹仿的方式。或许,只要每篇对话受到了它由以发生的讨论背景的潜在影响,对于辩证法原则的各种解释在柏拉图几篇对话里似乎就各不相同;然而,与此同时,这些正式的、抽象的分析每一个是如何在它想要澄清的对话中作为例证的,这一点绝不会立刻就能看清楚。见《王制》511b – d;《智术师》253b – e;《治邦者》285a – c;《斐勒布》16c – 17a;参见《斐多》99d – 102a。

篇讲辞呈现为一个活物,从而阐明了辩证法的原则。这种结构要求我们在两篇讲辞被说出之后还能回忆起它们,把它们当作可重复的实体一样;能否将两篇讲辞作为一个有关节的(articulated)整体来理解,似乎取决于我们能否认识到这些源于神灵感发的讲辞恰恰是在这篇书写作品[即《斐德若》]中被摹仿出来的,只有这样才能克服它们所具有的独立、自发的演讲这一虚假外观。

但是,辩证法原则之所以能在他的爱欲讲辞里出现,苏格拉底认为是因为偶然或命运(参 262d, 265d)。这一点保持了柏拉图的技艺不在场的假象,因为柏拉图的技艺其实才是使这些爱欲讲辞成为范例的原因。因此,柏拉图提醒我们,对话与有技艺的摹仿作品之间存在着距离——被描绘出来的对话是一场真实的事件,而有技艺的摹仿作品则是这场事件得以再现的场所。苏格拉底的"精灵"(daimonion)启发他认识到了一个假冒整体的部分的不完整性;在没有精灵的中介时,从"爱欲"(erōs)向哲学式"爱欲"(erōs)的转变似乎就需要保持客观的距离,而正是写作技艺使这段距离成为可能。若是没有神灵的感发,要想认识被综合起来的整体和被划分开来的部分,似乎就得靠一种"药"作为必要的指引,治疗人的记忆。柏拉图以写作的方式摹仿苏格拉底,藉此肯定了写作技艺具有这种潜在的价值;苏格拉底抵制写作活动,因为它与辩证法格格不入,同时,他又将对爱欲的辩证分析归因于神启,而这种分析恰恰是由柏拉图式的写作技艺实现的。

随着将综合和划分的活动视为那一类"辩证家们"的追求,苏格拉底同时也从中排除了斐德若、吕西阿斯、忒拉绪马霍斯,以及那些向"肯像奉承国王那样送他们礼"(266c)的人教授一门言说技艺的教师。斐德若愿意承认辩证法有它自己的地盘,但他这么做,仅仅是因为他坚持认为也存在着一门"在那些讲言说技艺的书里都有"(266d)的独立的修辞技艺。多亏斐德若"提醒得好",苏格拉底旋即总结了一下当时所有修辞大师传授的"这门技艺的各种诀窍"(266c–267d)。

苏格拉底带着一种几近挖苦的玩笑口吻，展示了他所知道的各种谋篇布局的修辞术原理，[83]详细说明了引言、陈述和证明、根据、可能性、确证以及反驳的先后次序。他充满反讽意味地夸赞了如下人物：尊敬的忒奥多洛(Theodorus)，他解释了用在指控和申辩中的反驳和进一步反驳；了不起的帕利俄斯人欧厄诺斯(Evenus)，他发明了暗讽和拐弯抹角的褒贬手法；高尔吉亚(Gorgias)和提西阿斯(Tisias)，他们发现似真(likelihood)要胜过真；聪明绝顶的普洛狄科(Prodicus)，他发现了把话说得不长不短而且"适中"的方法；希庇阿斯(Hippias)，他和普洛狄科气味相投；珀洛斯(Polus)①，以及他那些绝妙无比的修辞方法；利昆尼俄斯(Licymnius)所作的那些名目；普罗泰戈拉(Protagoras)所发明的那些正确措辞的原理；以及那位威力无穷的卡尔克敦人忒拉绪马霍斯(Thrasymachus)的训诫，这个人能根据适当的场合而在其听众心中激起温和的同情抑或是凶暴的怒气。最终，苏格拉底十分得体地发了一通夸赞，夸赞他们在讲辞如何收尾这个问题上的一致看法，虽然一些人把收尾称作"简要回顾"，另一些人则发明了不同的名称。尽管斐德若觉得这些个诀窍的力量是如此令人印象深刻(至少在公民大会上)，苏格拉底却坚持要检验"他们精心编织出的东西里到底有什么破绽"(268a)。

　　苏格拉底认为，辩证法的原则是一切技艺的必要基础。为了表明它与这些修辞术论著所展示的诀窍之间有着本质性区别，苏格拉底选取了三种技艺为例，医学、悲剧和音乐。这几门技艺似乎为阐明言说技艺的性质提供了合适的样板，它们联合起来更是如此。对于厄里克希马库斯和阿库美诺的医术所必需的病因知识和判断力，苏格拉底拿对治疗技术的单纯的经验性了解相比(268b)；对于索福克勒斯和欧里庇得斯所创作的伟大悲剧，苏格拉底拿把文章搞长搞短、搞得悲惨或恐怖的能力相比(263c)；对于讲究和谐的音律，苏

---

① [译按]原作 Prodicus，疑有误。

格拉底拿摆弄音阶上的最高音和最低音的能力相比(268e)。

据斐德若说,如果这些只懂技术的人(mere technician)声称自己是在运用一门技艺的话,愤慨的医生会骂他们是疯子,①轻蔑的悲剧作家会嘲笑这些滑稽的、不值一提的对手。但苏格拉底说道,有技艺(artful)的乐师就是"有乐师的样儿"(mousikos),他绝不会凶巴巴地责备那些自以为掌握了一门技艺,其实却是在自欺的人;真正的乐师是为了教育而进行说服,他会温和地解释,为了追求适当目的而采用的技术只不过是技艺的预备阶段,它本身不可能成为技艺(268e)。据此,在重述了斐德若关于有技艺的医生和悲剧作家的回答之后,苏格拉底将有技艺的乐师换成了一个对于"有乐师的样儿"(mousikos)的修辞家的摹仿,从而彰显了两者的同一性。在"甜嘴阿德拉斯托(Adrastus)或伯里克利(Pericles)"看来,②修辞术的诀窍必须被认为仅仅是预备阶段而已,而斐德若却对它们仰慕得很;修辞术的技术并不是以关于说服的正确目标的知识作为基础,也不能确保自身得到正确的应用——这些技术只不过是工具,它们欺骗性地假冒成了一门技艺。反之,只有真正掌握了一门修辞术的人,[84]才能在一个和谐整体的创作过程中,将这些技术用于说服。

---

① 当斐德若提出自己对于只懂一些医学技术的人的看法时,他是在为医生厄里克希马库斯和阿库美诺作辩护:"我想,他们会说:'这家伙疯疯癫癫,从哪本书上听到点什么或偶然捡到一些个普通方子,就自以为是个医生,其实根本不懂这门技艺。'"(268c)。尽管斐德若过早提出了真知识与书面文辞(它就像一剂人造的药)的"智慧的外观"(doxosophia)之关系的主题,斐德若还是不知不觉地取笑了他自己的品性。

② 在提到同时代的两位医生和两位悲剧作家之后,苏格拉底将伯里克利和传说人物阿德纳斯托并举,或许还隐瞒了他对一位同时代修辞家的提及(斐德若猜想苏格拉底说的涅斯托和奥德修斯或许是指高尔吉亚和忒拉绪马霍斯或者忒奥多洛,261b)。然而,远远比这些游戏性的争辩重要的是,苏格拉底很有兴趣要为修辞家确立某种典范:"就算他比佩洛普斯更像个君王,还有一张阿德纳斯托的甜嘴,也不行。"(Tyrtaeus, Fr. 8, v. 8,载于 Theodor Bergk, *Poetae lyrici graeci*。)

苏格拉底借这位有技艺的修辞家之口说话,而这位修辞家又在摹仿有技艺的乐师的言辞,藉此,苏格拉底反讽地责备自己和斐德若,责备他们对那些假装拥有一门修辞术技艺的人太过严苛;这些人没有能力定义修辞术的本性,乃是因为他们对辩证法的无知(269b)。

斐德若听取了责备,迫切地还想听听"一个人能如何以及从何处学得真正的修辞术和说服技艺"(269d)。苏格拉底强调,要想满足修辞术的必要条件,一个人必须在具备天赋之外得到知识和训练,但他一个字儿也没提到教育的可能性。① 苏格拉底拒绝将吕西阿斯和忒拉绪马霍斯视作这门技艺的教师,而是回到了伯里克利,称他是"业已存在的最完美的修辞家"(269e)。② 伯里克利被摆在了一个独特的位置,这是唯一一个掌握了一门言说技艺的非神话里的人物;然而,尽管伯里克利的知识是其天赋的必要补充,他的知识来源却是他从阿那克萨戈拉(Anaxagoras)的教导中得到的激励,激励他要"对自然说过来说过去,对自然展开天象领域的探究"

---

① 在确立真正的修辞技艺的条件时,柏拉图透过苏格拉底之口表达了伊索克拉底的主张;但是,伊索克拉底要求天赋、训练,以及一位好老师所作的榜样(*Against the Sophists* 10),苏格拉底却是要求天赋、训练和知识(《斐德若》269d)。见附录,"漂亮的伊索克拉底"。

② 苏格拉底这里对伯里克利的赞美,可以和他在《高尔吉亚》里对伯里克利的谴责作一番对比,在那里他谴责伯里克利在驯化民众(dēmos)时没能发挥修辞家的作用(515e)。这一对比应当根据修辞术的两种功用的区别来理解:一是作为惩罚活动,它是归于卡利克勒斯名下的修辞术的作用(《高尔吉亚》527c);另一方面是这里的修辞术与治疗术的类比。但是,苏格拉底指控伯里克利使雅典人变得"游手好闲(idle)、胆小懦弱、喋喋不休和贪婪无比"(《高尔吉亚》515e),这项指控似乎与他在这里的赞美产生共鸣:他赞美的是阿那克萨戈拉对伯里克利的教育,而这种教育是通过"说过来说过去(idle talk)和探究天象领域"而实现的。既然伯里克利同时被拥戴为一位了不起的修辞家和领袖,他也就被当成了德性不可教的典型。参《普罗塔戈拉》319e;《美诺》94b。

(270a)。① 这段话是对伯里克利的修辞及其理论基础的反讽式描写,借此,苏格拉底似乎是在暗示,最适合教授"真正的修辞术和说服技艺"的教师必须兼备两种兴趣:一是对于说服的政治力量,二是对于自然研究。苏格拉底本人拒绝了这两种目标,自称只有关于自己无知的知识。② 这么一来,苏格拉底本人必然也就提出了一个难题,即这门真正的说服技艺是否可教。

通过修辞术与治疗术的类比,苏格拉底揭示出说服技艺的可欲性与可能性之间的隐藏张力。医术和修辞术的技艺性都在于它们的分析能力,一个是分析身体的本性,另一个则是分析灵魂的本性。医术与修辞术的类比取决于身体与灵魂的对应关系,即,由药和饮食带来的健康和力量与由言辞和合法的行动带来的人们想要的意见和德性,这二者之间的对应关系(270b)。③ 至于医术与修辞术之类比的正当性,其先决条件是在缺乏一个综合性整体的情况下,两者各有其独立性,就像一门自主的技艺那样(因而才有身体与灵魂的严格对应关系)。所以,当苏格拉底要求关于"整体"的知识成为关于灵魂本性的知识的必要条件时,他也认识到了这种要求的模糊性——苏格拉底闭口不提这种认识,藉此隐藏了一个事实:他给出的例子是不充分的(270c)。④

为了支持自己的爱好,斐德若试图维持医术与修辞术的类比。

---

① 在西塞罗《论共和国》一处关于天象知识对政治实践有什么作用的讨论里,西庇阿援引了一则故事:伯罗奔尼撒战争期间,一次日蚀使得雅典人被恐惧所压倒,直到"无论在威望、演说还是智慧方面都首屈一指"的伯里克利出来,向他的同胞们展示了他从阿那克萨戈拉那里得来的信息:日蚀是一种很正常的现象。由此,伯里克利消除了人民的恐惧(《论共和国》1.16.25)。
② 参《申辩》18b-c,19b-c,23b。
③ 《斐德若》里的修辞术是被当作一种真正的技艺,类似于治疗术。这一点与《高尔吉亚》(465c)的安排不同,在那里,修辞术是一门虚假的技艺,在治疗灵魂方面它与正义的关系就好比在治疗身体方面饮食与医术的关系。
④ 亚里士多德质疑道:探究德性究竟只需要关于灵魂的知识,还是需要关于作为一个整体的人的知识?他追问的根据是政治学和医术的类比,结论也同样模糊(《尼各马可伦理学》1.13,1102a13-25)。

他将希波克拉底列为证人,这个人主张关于身体的知识也取决于关于整体的知识(270c)。① 由于不想未经深入检验就接受这位证人,苏格拉底声称要代表希波克拉底和"真实的道理(logos)"讲话:他断言,要对任何一个东西的本性进行有技艺的探究,首要的条件是要知道它是单一的还是杂多的。要求知道任何一种本性究竟是单一的还是杂多的,这种要求似乎只是在重复综合与划分原则;这两条原则最初是在苏格拉底检验[85]他的爱欲讲辞的过程中被发现,作为一切言说和思考的基础。但是,除了要求一个整体的综合及其各部分的划分的这些基本原则之外,对任何本性的探究都需要知道其活动和受动(action and passion)的能力,知道其真正的施动者和受动者(agents and patients)。因为,如果有待探究的本性是单一的,那它的活动和受动能力以及动因,都必须得到确定;如果它具有许多"形式"(或"许多类",$eidē$),那么这些形式每一个都必须列举出来,然后进行相应的讨论,就像对待单一存在者那样,它的活动和受动都能解释清楚。然而,苏格拉底并没有说这种探究能否完成,因为,复合的存在者是一个整体,而整体可能远远不止是其部分的总和。对身体本性的医术分析与对灵魂本性的修辞分析之间的简单联结,本身却并不一定能构成一种对人的本性的分析。作为相互平行且独立的技艺,医术与修辞术之间类比的不充分在它们的张力中得到了暗示,因此,这种张力也就反映在苏格拉底从这些原则的类比出发,推演出关于任何一种作为整体的本性的知识的过程中。② 不

---

① 当苏格拉底提出要用一种魔法来治疗卡尔米德的头痛时(要想有疗效需要首先治疗灵魂),他凭借色雷斯国王札耳摩克西(Zalmoxis)的御医的原则来为自己的操作流程作辩护。这个人教导过他,关于部分的知识需要关于整体的知识,因而,身体的健康只有基于灵魂健康才能得以实现(《卡尔米德》156d—157c)。

② 对于这种张力的反思,已经在苏格拉底创作的灵魂"意象"(eikōn)中得到了暗示——灵魂是一对有翼飞马拉着的马车;在那里,灵魂与肉体分离这一未经检省的假设,自相矛盾地导致了这样一个意象的产生:只有灵魂的各部分,而整体丝毫没有被提及(参246a)。

过,对整体和部分的认识或许就是苏格拉底称为"辩证法"的综合和划分的活动,这种认识被"真实的道理"视为判断一切活动是否合乎"技艺"(tekhnē)的标准,因为,"任何别的方法都像是瞎子走路"(270e)。

因此,判断一切活动是否合乎"技艺"(tekhnē)的标准,始终是对修辞家们自称拥有一门言说技艺的说法进行反思的基础。真正的言说技艺必须以关于灵魂的本性的知识为基础,相应地,根据"真实的道理",这种知识又必须以关于整体的本性的知识为基础;至于这里的"整体"究竟是指人的整体(身体和灵魂)还是存在的整体,苏格拉底没有明确提出这个问题。"整体"的意义存在着模糊性。在此基础上,苏格拉底隐瞒了他先后要求的分析对象其实已经发生了转变:先是要求分析一个人所谈论的(about which one speaks)各种存在者的本性,后是要求分析一个人的说话对象(that to which one speaks)的本性(270e)。然而,这种表面上看似随意的转变也有其理由,理由就在于苏格拉底对那些修辞教师——他们声称自己拥有一种普遍的说服技艺,可以完全不管它说的内容是什么——所说的话当中。①

既然修辞家的技艺是为了"说服灵魂"(271a),那么,谁要是严肃地说自己是在教授一门"修辞的技艺"(rhētorikē tekhnē),谁就得首先"尽可能清楚地描写灵魂,让咱们看得清楚,灵魂在其天性上究竟是单一的、一样的,抑或像身体的形一样是多样的"(271a);其次,他得弄明白灵魂的活动及其对象,还有它的受动者和施动者;第三,他得安排好言辞和灵魂的"种类"(genē),还要教导,为什么某些灵魂一定能被某些言辞说服,而别的灵魂就不行(271a–b)。如果说,言辞既代表了灵魂所经受的活动的施动者,也代表了灵魂所产生的活动的结果,那么,最后这一项条件,"言辞的类与灵魂的类相契合",也就必然派生于前面那几项条件,它们似乎只是将苏格拉

---

① 参亚里士多德《修辞学》1.2,1356a ff。

底刚才解释的原则应用于灵魂这个话题上来,而苏格拉底刚才是将这些原则解释成对任何本性进行探究的必要条件(参271d)。[86]苏格拉底最初对综合和划分活动的解释,规定了有技艺的言说和思考的最一般原则(265d-e),归于希波克拉底和"真实的道理"名下的按"类"(eidē)划分的解释,则规定了探究一切事物之本性的原则;尽管如此,苏格拉底把这些原则统统应用于灵魂分析,却只字不提各种存在者之间的划分。只有关于灵魂的知识与关于各种存在者的知识相互独立,"修辞技艺"(rhētorikē tekhnē)才能成为一个自主的整体;只有以此为基础,它才能在完全独立于教导的情况下,而去追求说服。

忒拉绪马霍斯先是被称为最能博得众人同情、煽起众人怒火又让众人冷静下来的人(267c),没过多久,现在他又被当作教授一门修辞技艺的真正教师的潜在典范。这一点表明,说服能力的效用与苏格拉底为一门说服技艺确立的必要条件,两者间存在着张力。凭借特定言辞来说服特定灵魂的能力,或许只是一个事关判断力或天赋的问题,而不是什么"技艺"(tekhnē)——对这一点的认识本身必定是关于灵魂的知识,而关于灵魂的知识,"如今论述言说技艺的写作者太懂了"(271c);既然是以教授一门说服技艺(tekhnē)为职业,这些魔术师就不得不隐瞒,他们知道这门技艺其实是不可能的。

一门言说技艺的首要条件,就在于说明灵魂的本性究竟是单一的还是杂多的。斐德若起初要探究一则"神话故事"(muthologema)的真相,而苏格拉底在对他的回应中坚持认为,对他本人而言,考察自己灵魂是单一的还是杂多的才是更急迫的事(参230a)。苏格拉底先前认识到这种优先性,是因为他知道自己的无知,而现在,这种优先性被视为任何一门言说技艺的普遍条件。尽管苏格拉底现在向有技艺的修辞家要求精确性,但他先前曾将对灵魂的精确描述说成是"完全属神的和漫长的叙述"(参246a),所以他尝试阐明灵魂的诸理式时只走了一条"属人的和更短的"道路,即创作出一幅灵魂的肖像。① 尽管苏格拉底在他的神话诗里一开始就做出了承诺,承诺要解释"无论属神还是属人的灵魂的本性"(245c),但就苏格拉底的讲辞而言,它的结构与内容其实恰恰取决于灵魂的单一性与杂多性之间不可解决的张力。

苏格拉底把那两篇受感于神灵的讲辞,当作"一个身体"的两部分来展开批判性的考察,但这样做也无法实现他所要求的关于灵魂本性的确切知识。左半部分的属人爱欲的疯狂之所以区别于另一半神圣的部分,是因为它具有指向"身体之美"的冲动,而且苏格拉底还暗示,身体才是导致灵魂的杂多性的原因;既然如此,面对谴责属人的爱欲和赞美神圣的爱欲的两篇言辞,一个整体怎样才能容纳下它们便成了难题,这个难题也反映了灵魂究竟单一还是杂多这个无解的难题。获得关于灵魂的整体-部分结构的确切知识,乃是真正的言说技艺的必要条件,苏格拉底的爱欲讲辞和目前的批判性讨论,似乎全都证明了对于这种确切知识能否获得的怀疑。

苏格拉底宣布了修辞术必须满足的标准,如果它想[87]在"严肃地教授一门修辞技艺的任何人"(即"如今那些写言说技艺的人")那里获得一门技艺的称号的话(271b - c)。任何一门说服技艺的必要基础,都是要有一种关于灵魂的整体及其部分之结构的知识;这也是一项要求,专门针对那些把言说技艺作为写作主题的人,而非针对那些仅仅实践言说技艺的人。苏格拉底先前已将自己的说服力量归因于神灵感发,由此证明他不受自己宣布的这些要求所约束(参 262d)。斐德若要求苏格拉底重复一遍他为说服技艺确立的原则,因为苏格拉底一会儿讲言说、一会儿讲写作,很可能已经把斐德若搞得晕头转向。不过,苏格拉底一开始讲的是"凭技艺来写

---

① 恰恰是在讨论灵魂究竟是单一的还是杂多的这个问题背景下,苏格拉底断定:"用我们在目前讨论中所使用的这套方式,我们永远不能精确地理解它——因为通向那里的是一条更长、更坎坷的道路——也许,我们还是以那些已经被我们确认和探过的东西为基础继续讨论为好。"(《王制》435d,参504a - b)[译按]引文参考《王制》,王扬译,北京:华夏出版社,2012,页151。

作的方法",他在这里的重复似乎却只是在展示言语说服(persuasion in speech)的必要条件:"既然言辞的力量在于引导灵魂",学习修辞术的人就必须知道灵魂的"类"(eidē)的数量与性质(苏格拉底现在补充说这一点决定了每个人的本性),言辞的"类"(eidē)的数量与性质,以及特定种类的言辞出于说服目的而在特定的人身上产生的效果;学习修辞术的人,一定要能凭感觉认识到哪个人属于哪一类,分得清说话和保持沉默的时机,还要能判断为了特定目的而使用特定言辞的正确场合(271d – 272a)。

这些特征现在被当成是写得有技艺的方法,但到了最后,苏格拉底恰恰认为书面文辞不具备这些特征(参 275d – e)。不过,在这段重复论述的结尾,苏格拉底把一段宣言塞进了以言说技艺作为主题的写作者的口中——他对于苏格拉底和斐德若一致接受这些原则的做法提出了质疑(272b)。苏格拉底之所以要探究言语说服有技艺的标准,其实是因为吕西阿斯那篇书面文章:这场探究一开始是要思考言说或写作有技艺的标准(271b – c),这些标准针对的是那些以言说技艺作为主题的写作者。而后,这场探究被重复了一遍,成了将言说技艺论述得有技艺的书面论著的典范(272b)。这种"修辞技艺"(rhētorikē tekhnē)被当作一种写作技艺,而这种写作技艺的主题则是言说技艺,因而,对这种"修辞技艺"(rhētorikē tekhnē)的分析,反映了整篇对话后半部分讨论的隐藏结构,这一点是通过一种隐匿的转变而实现的——先是从写作问题变为言说和写作的问题,然后变为只有言说问题,只有到了最后结论时,才回到写作问题本身。在这条弯弯绕绕的摹仿之路上,柏拉图通过苏格拉底之口说话,苏格拉底通过一位以言说技艺为主题的写作者的意见而说话,目的则是为了要求:假如修辞术还想实现它自称一门真正的说服技艺的主张,那么,在任何以言说技艺为主题的书面论著中,修辞术都要将辩证法的原则应用于灵魂的本性。

斐德若想不起别的方法,来回应苏格拉底为真正的"修辞的技艺"(rhētorikē tekhnē)所设立的标准。但他猜测,获得一种基于灵魂的辩证法的言说技艺"不是轻松的事情"(272b)。在两人的这次对话中，苏格拉底第一次也是唯一一次告诉斐德若："你说的是真的（Ἀληϑῆ λέγεις）。"(272d)尽管苏格拉底想检验他们所有的说法，找出一条较容易、较短的道路，斐德若却想不起来自己从吕西阿斯或别人那里听来的哪怕是一星半点的方法(272c)；显然，他早就忘光了[88]苏格拉底关于灵魂"意象"(eikōn)的描述，它走的是一条属人的、较短的道路，而不是对灵魂之样式(idea)进行一种神圣的、更长的分析(参246a)。然而，比起让斐德若回想起这条道路的存在，苏格拉底还是选择了警告，警告他一切影像制作(image-making)，以及这种制作活动拿"看似真实"(the likely)来取代关于真实的知识的做法所固有的危险(273d)。

　　苏格拉底要让辩证法原则成为一切技艺的必要基础。面对这项要求，苏格拉底试图再给说服技艺一个公平的申诉机会。因此，苏格拉底以"狼"的辩护人身份发言，①声称有能力的修辞家无需知道关于正义或好的真理，只要知道"看似真实"就行了，它才是说服的真正源泉(272e)。由于斐德若突然想起了这种辩护对于言说技艺的支持者们的重要性，苏格拉底接着就和这样一位支持者，也就是提西阿斯(Tisias)，展开了一番争辩：提西阿斯为"看似真实"下了一个"如此聪明、又如此有技艺"的定义，将它定义为多数人的意见(273b)。②苏格拉底与这位斐德若"反复研究过的"提西阿斯展开

---

　　① 有爱欲者对被爱者的欲望，曾被没爱欲者指责为狼对羊的食欲；现在，这位有爱欲者变成了一位修辞家，实践着一门仅仅基于意见的说服技艺——苏格拉底可能是想要为修辞家忒拉绪马霍斯创作一个属于他自己的形象。见《王制》336d。

　　② 在讨论虚假的修辞推论(enthymemes)时，亚里士多德将这种"背离可能性"(false probability)的学说归于科拉科斯(Corax)，指责它不诚实地省略了一些必要的限定条件。凭借苏格拉底目前也在分析的例子，即体弱者因暴力袭击而受审的例子，亚里士多德声称要讲清楚对"使更坏的论点显得更好"的做法提出控告的正当理由(《修辞学》2.24,1402a15-27)。

了斗争,在此过程中,苏格拉底要求斐德若支持辩证法,并且再次申明,基于可能性的论证的成功与否取决于它们与真实的相似程度(273d)。

尽管"狼"的论证力量在于,它仅仅将说服的效用而非真实视为技艺的标准。但是,苏格拉底通过如下解释也实践了他自己的说服:苏格拉底解释道,即便是要实现"狼"的目的,最好也是靠一门以关于真实的知识为基础的技艺(274a)。因此,苏格拉底证明,"数清楚"(diarithmēsetai)听者的本性、按"类"(eidē)划分诸存在者、将杂多综合为理式,这些能力才是一门真正的言说技艺的条件(273d–e)。提西阿斯声称,有一门说服技艺无需为自身如何可能提供理由;然而,即便是要求一种关于人们本性(natures)的"算术",也能提供出一条标准,据此可以衡量提西阿斯主张的缺陷所在。在一段似乎只是重复了严格意义上的说服技艺之条件的话里,苏格拉底将他最初的要求作了一个替换:最初他要求关于灵魂的知识,现在则是要求关于这篇演说所针对的听众的本性的知识。在此过程中,苏格拉底并没有讲清楚,对人的"诸本性"的划分,与对诸存在者的"类"(eidē)的划分和将其各部分综合为一理式的做法之间,究竟有着怎样的关系。

苏格拉底先是确立了综合与划分的一般原则(265d–e),而后是将这些原则当作对任何事物的本性进行有技艺的探究的条件(270d),接着又在讨论的中心提出了两则针对说服技艺之条件的解释,要求知道灵魂究竟是单一的还是杂多的,还要知道各类言辞与灵魂的相互作用所带来的影响(271a, 271d),只有到了现在,苏格拉底才开始考察修辞家自称拥有一门仅仅以可能性为根据的说服技艺的说法。至此,苏格拉底才定义了真正的言说技艺,定义的根据在于下列两项标准:关于任何言说之主题的辩证知识,以及关于与其交流该主题的听者的知识。因此,在这段答复提西阿斯的话里,苏格拉底要求关于演说听众之本性的辩证知识,也要求关于作为一有关节之整体的各种存在者的知识;在这段话里,苏格拉底反思了最初归于希波克拉底和[89]"真实的道理"名下的分析,以及它为了探究任何一种本性而必须具备的条件;通过这种反思,苏格拉底表达了两种核心解释及其要求,这两种解释都要求对灵魂的本性展开某种探究。在结束对书面文辞的地位的考察时,苏格拉底进一步分析了真正的言说或写作技艺,而这段分析相应地也反映了苏格拉底的最初解释,也就是将综合与划分的一般原则视为一切言说和思考的基础。由此,这段分析也就提供了最后一个框架,完成了一种位于这场关于言辞(logos)技艺(tekhnē)的讨论表面随意的次序之下的深层结构。

苏格拉底最后这段话是在解释一门说服技艺的标准,接着他便开始分析写作技艺的地位。在最后的这段解释里,苏格拉底暗示,关于相似性的知识与关于真实的知识是相互等同的,在此,"真实"必须被理解为各类灵魂与各种理式的客观结构之间的互动,而有技艺的言辞必须被理解为说服和教育的和谐一致。苏格拉底假设,关于[天外]诸存在者的知识与关于灵魂的知识之间有着和谐的类似关系。根据这一假设,苏格拉底为言说技艺设立的原则,似乎遮蔽了对于另一种张力的认识,这种张力也就是[天外]诸存在者的稳定同一性与灵魂的永恒运动状态之间的张力;苏格拉底有理由将他对"真正的说服技艺"之标准的阐述,限定在"人类力所能及"程度之内(273e)。

苏格拉底对比了提西阿斯与辩证法的不同态度:前者是"对奴隶般的同胞们俯首听命的奴态",而后者"臣服于我们本来高贵、出身也高贵的主人"(274a)。此时,苏格拉底再次提起了他之前拒绝"靠得罪神们来得到众人的崇敬"的做法(242d):苏格拉底第一篇爱欲讲辞本意是要博得斐德若的赞美,而他坚定地抛弃了第一篇爱欲讲辞,改变论题,代之以另一篇终归是献给爱神的爱欲讲辞。追求这些伟大的目标,要求付出大量繁苦劳作,这种要求与苏格拉底对斐德若的警告正相呼应——他警告斐德若不要陷入向缪斯仆从们的诱人魔力屈服的奴役状态(259a)。苏格拉底认为,那些"比咱们聪明的人"提出了"臣服于诸神"的要求(274a);然而,既然苏格拉底像追寻一位神那样追求的不是别人,正是"辩证家",那么臣服于诸神一定也不是别的,而是辩证法的活动。

苏格拉底献给爱神的祷歌,揭示了他表面上的疯狂其实是真正的节制。这段对言说技艺的批判性讨论却揭示了,在苏格拉底表面的谦卑之下其实隐藏着真正的"肆心"(hubris)。一门真正的言说技艺的条件完全是由一项标准所决定,即对于综合和划分的完备知识。综合和划分所根据的是诸存在者的"类"(eidē),"类"又反映在所有类型的属人视角当中。苏格拉底要让辩证法的原则成为真正的修辞术的必要基础,这个要求暗示了一种他希望看到的转变,也是苏格拉底作悔罪讲辞的先决条件;这场转变就是要将爱欲变为哲学式的爱欲。苏格拉底在结尾的评论中表明,真正的言说技艺的可欲性不能根据它的可行性来进行评判——"对那追求美好的东西的人来说,无论自己吃什么样的苦头不都是美好的么"(274b)。

# 第六章　写作技艺

[90]然而,还有这样一类人,他认为,在书面文辞(written word)里必然会带有许多好玩的东西[playfulness,游戏];一篇文字的东西(speech),无论用不用诗行,压根儿不值得以巨大的严肃来写……毋宁说,这类文章中最好的其实也不过是能让人记起已经知道的东西……这样一类人,斐德若哦,你我恐怕应该祈求咱俩都能成为他哟。(278a–b)

## 引　子

　　苏格拉底对修辞术和辩证法之关系的分析,似乎是将关于言说技艺的讨论引向了一个结论。但是,对于任何一门以综合和划分观念为基础的技艺而言,这门技艺的标准与一门说服技艺的暧昧身份之间都会隐藏着某种张力,而这种张力必定会使一开始就藏在对话深处的问题浮出水面。因此,关于言说技艺的讨论是作为一段长长的题外话而出现的,它打断了首要的问题,即书面文辞的价值问题。苏格拉底讲述了一则关于写作技艺之发明的"埃及故事",由此才重新回到了这个问题。这段对话发生于两位动物神(animal-gods)之间——忒伍特,这位埃及的普罗米修斯,满怀自豪地介绍了他新发明的"书写文字"(grammata),却遭到主神塔穆斯-阿蒙的拒斥。苏格拉底似乎接受了这种拒斥,并将它作为写作的价值问题的最终定论。但是,谴责写作是一剂毒药而非良药,这是一位至高的不朽存在者的看法;他似乎忽视了人的境况的种种限度,它们或许会使这门危险的技艺变得必不可少。忒伍特和塔穆斯的对话是一个微型的柏拉图对话，需要根据"辞章与灵魂相对应"（adaption of speeches to souls）这项要求来解释。阿蒙的预言认为，作为一种人造的记忆，书写作品（product of writing）具有一种危险，它有可能篡夺活的思考所具有的职能；藉此，阿蒙的预言其实也指明了书面文辞的潜在价值，即"让知道的人记起已经知道的东西"（reminder to one who knows）。一些书面文辞谴责那些坚信它们清晰与牢靠的人，因此，这样的书面文辞也就证明：它们已经超越了它们所宣告的危险。

由于书面文辞能创造出智慧的假象而非实在，这篇对话中的对话便要对它进行谴责。这段对话被恰当地称为"埃及故事"，因为，对于这种"真像活物绘画一样"的写作而言，埃及象形文字就是再合适不过的例子。因而，[91]由忒伍特和塔穆斯之争所暗示的希腊与埃及的对立，体现为字母文字与象形文字的对立：字母文字是活的言语的代表，象形文字则是在摹仿它的所指对象的形象外观。在字母文字中，一个有意义的整体是由各个无意义的部分结合而成，而在象形文字里，单个符号无需各部分的结合就能构成一个有意义的整体；两者的差异，反映了道理（logos）的辩证交流与神话（muthos）的独白叙述之间的差异。如果说《斐德若》里的爱欲讲辞扮演着象形文字的角色，关于修辞术、辩证法和写作的逻各斯（logos）则是一种字母，那么，这篇对话的结构就暗示了两种写作技艺之间的鸿沟——柏拉图式的写作技艺与苏格拉底和埃及王神共同谴责的那种写作技艺。

因此，苏格拉底对沉默的书面文辞所作的批判，是对写作技艺的一部分而非整体所作的谴责。苏格拉底否认不合法的文辞（logos）具有敏锐的选择力和自我保护的力量，而恰恰是通过这一否认，这些力量在柏拉图的文辞（logos）中清晰地展示了出来；因此，柏拉图的文辞认为，一切辩证的言辞或写作，而非一切与死的写作截然对立的活的言辞，才是思考的合法子嗣。柏拉图的这篇书写作品，表明它意识到了自己缺乏清晰和牢靠,从而证明自己知道什么时候要说话,什么时候要沉默;对于与苏格拉底的爱欲辩证法格格不入的写作,这篇书写作品也将表明,克服写作的可耻性所遭到的谴责何以可能。因而,柏拉图式写作技艺是在摹仿热爱智慧的人;这种人一方面根据辩证言辞的严肃性,贬斥写作的游戏性,另一方面又将赞美赠予这样一种书写作品——它的构思凭借的是关于真实的知识,而且"真正写进了学习者的灵魂",从而配得上"哲学"之名。

苏格拉底证实了真正的言说技艺是美的,而不管这种言说技艺能否实现,由此,苏格拉底宣布他们的探究已经足够了(274b);言说技艺已经成为爱欲(*erōs*)的一个对象,就算难以实现,它也是可欲的。但是,这个看似如此的结论突然被打断了:苏格拉底并没有忘记最初引起他们讨论的问题,因此他又引入了写作得体和不得体的问题[92]。既然他曾经摹仿过写作写得有技艺的方法,那么,苏格拉底突然插入写作写得美的问题的做法也就更加出人意料(参271c)。然而,那段摹仿为有技艺的写作提供了一个样板,还是一个与言说技艺相关的样板,尽管写作的价值这个问题本身仍然没有解决。写作问题似乎不能独立存在;它被那段讨论言说技艺的题外话岔开,并且唯有作为题外话的补充才得以浮现出来。①

---

① 见 R. Hackforth,*Plato's Phaedrus* 导言里题为"对话的主题与意图"部分。Hackforth 正确地认为,最后这场关于写作有技艺的原则的讨论,并非脱离了这篇对话主题的冗余部分。然而,他的理由只是因为这场讨论导致"口头说的关于辩证法的话得到了某种提升"(页164),所以这段讨论低于这篇对话的真正统一性,而这种统一性在于这篇对话的首要意图,即"要证明追求哲学才是灵魂的真正文化,以反对同时代修辞家自称能提供这种文化的错误主张"(页9)。但是,这种意图很可能会使得追问"这篇对话的主题究竟是爱还是修辞术"这个问题毫无必要(页9)。而且,单靠认识到这一意图,也无法解释这篇对话的一个表面上的自相矛盾:作为一篇书面摹仿,它是以苏格拉底对书面文章的谴责作为基础,摹仿了苏格拉底对于哲学的辩护。要想证明"追求哲学是这篇对话的统一意图",首先必须通过如下方式来实现自身的统一:这篇对话要通过其自我辩护,成为一种哲学的写作。

在这段讨论言说技艺的题外话的结尾,苏格拉底指出了两种言说或行动之间的区别:一种是为了讨好同胞,另一种则是尽己所能地取悦于诸神(273e)。随后,苏格拉底引入了写作问题,还引入了另一个问题:"如何在言语(logoi)方面最讨神喜欢,无论是在实际的行动(acting)方面还是在言说(speaking)方面?"(274b)一篇谴责写作活动的书面文章,表达了言说与涉及文章的行动之间可能存在的张力。苏格拉底就写作而说的东西与柏拉图在写作中做的事情之间存在着一种张力,它警醒我们:在言语(logoi)方面,言说的标准与写作的标准可能无法相符。① 言说和行动的明确区别引入了写作的难题,要让这种区别浮现出来,就要对属人标准与神圣标准之间的差别进行反思。写作活动表面上只是在言辞中遭到谴责,但它其实一直都被实践着,因此,对于写作活动的辩护必须取决于对于神人之别的属人理解:一方面,根据神灵感发与属人技艺之间的区别,被综合到一块的那几篇爱欲讲辞与对它们的批判性考察之间得到了划分;另一方面,属人爱欲与神圣爱欲(erōs)之间的区别,也为爱欲的疯狂这一综合性的整体,提供了内在的关节。因此,神圣的与属人的之间的划分,构成了这篇对话作为一个有机整体的内部结构。同时,正如这篇对话的结论所示,这种划分也为捍卫写作技艺的必要性提供了理由。

为了回答如何在言语(logoi)方面讨神喜欢这个问题,苏格拉底提出要讲一讲从古人那里听来的东西(274c)。但是,与他表面上对古人知识的崇拜相反,苏格拉底立刻询问了斐德若是否愿意接受属人的意见。这则故事本身有可能是一代一代传下来的,但关于它的真相的知识不可能也是如此。问题在于如何正确回应这则神话,通过这个问题,习传意见与自我发现之间的区别被引入了,而这个区别已然暗示了这则关于书写作品之本性的神话的主题。尽管斐德若欣然同意,关心人的意见是可笑的,但他还是乞求苏格拉底扼要

---

① 参见《王制》473a。

复述一下他听到的东西。

　　苏格拉底汇报的故事是发生于埃及的两位动物神之间的一场对话:忒伍特满怀自豪地介绍了他新发明的"书写文字"(grammata),却遭到他的至高裁断者塔穆斯的责备,后者预言这种"药"将给人的记忆带来危险。讲完故事后,斐德若抱怨说,苏格拉底编起这些从埃及或随便哪儿来的说辞真是毫不费劲(275b)。[93]苏格拉底责备斐德若,因为他更关心说者及其出身,而不是言辞本身的内容。斐德若对这则神话的寓意抱有抵触心理,苏格拉底反讽地批评了斐德若的抵触心理,这一点令人回想起他们先前的共识。这项共识是前面关于言说技艺的全部讨论的结果,即:要想理解一段言辞的真理,只能根据说者和听众的立场。

　　因此,必须根据如下事实来思考这则关于写作的神话:它来自埃及,而埃及人的远古智慧与他们对自己的"圣书"(sacred writings)的敬畏不可分离。① 埃及人敬重祖传事物,②埃及人对死者抱有执念,③埃及人的社会阶层十分严格,④埃及人承认国王是神,⑤埃及人还常常与爱财联系在一起;⑥凡此种种,无疑使得埃及特别适合充当这则关于写作技艺的故事的来源。因此,要解释这则如同神话一般的对话,就要将埃及人象征性地等同于古人,将希腊人象征性地等同于今人:⑦埃及人崇拜死者,希腊人崇拜生者;⑧埃及人的记忆"老得白发苍苍",希腊人的记忆"在灵魂里都是年轻的";⑨

---

① 《蒂迈欧》23a。
② 《法义》656d–e;希罗多德,《原史》卷二。
③ 希罗多德,《原史》2.78。
④ 《蒂迈欧》24a–b;《治邦者》290e;伊索克拉底,*Busiris* 15。
⑤ 希罗多德,《原史》2.144。
⑥ 《法义》747c。
⑦ 希罗多德,《原史》2.2,4,51,53,58。
⑧ 希罗多德,《原史》2.8–88。
⑨ 《蒂迈欧》22b。

埃及的智者是祭司,希腊的智者是哲人;①埃及人的"典型"是爱财者,希腊人的"典型"是好学的人;②埃及的神表现为动物,希腊的神表现为人;③埃及的君王是一位神,希腊的统治者是一个人;④埃及是单一的帝国,希腊是诸城邦的联合;⑤埃及法律被视为永恒不变的神圣法典,希腊法律被视为人类理智的创造。⑥ 埃及与希腊之间的象征性区别的政治意义和哲学意义,反映在他们各自的写作技艺的本性当中,这一点绝非偶然。埃及人重视他们的圣书,希腊人重视活的言辞;在我们的理解里,埃及人的象形文字可能是对其对象的一种直接摹仿,希腊人的字母文字一定是口头言辞的再现。⑦

在苏格拉底的神话里,希腊与埃及的象征性对立体现为各种技艺与祖传事物的对立,或者说,属人事物与神圣事物的对立。神人(god–man)忒伍特发明了各种技艺的原初要素,这位传说中的文化英雄(culture–hero)因为与他的人民分享文明的礼物,结果违反了一位妒忌的神的命令。忒伍特是埃及的普罗米修斯。⑧ 他出生

---

① 亚里士多德,《形而上学》1.1,982b23–24;伊索克拉底,*Busiris* 21–22。

② 《王制》436a。

③ 关于埃及神的象征都是动物,西西里的狄奥多罗斯提出了几项可能解释,见 *Library of History* 1.86–87。忒伍特与塔穆斯的这场对话看起来像是鹭鸶与公羊之间的对话,见希罗多德《原史》2.42。普鲁塔克解释说,鹭鸶是忒伍特/赫耳墨斯的象征,因为"鹭鸶芦苇(ibis reed)"是写字工具(*Questionum Convivialum* 9.3.2)。

④ 希罗多德,《原史》2.144。

⑤ 希罗多德,《原史》2.153。

⑥ 来自雅典的异乡人说,国家治理得好的埃及人为一种值得追求的政制的稳定性作了榜样,这种稳定性是通过奏乐和舞蹈的献祭(它们就像某种不可变的神圣法典一样)而实现的。见《法义》657a。

⑦ 见"补遗:像活物绘画一样的写作"。

⑧ 参《斐勒布》16c,18b。

于瑙克拉提斯(Naucratis),这是雅典人的一个商业中心,也是希腊城邦(polis)在埃及帝国内的殖民地。① 技艺的发明与城邦的贸易和经济发展有着相同的起源;尤其是雅典,她是技艺的守护女神,代表了各种技艺的发明者和保护者的祖国。然而,这位发明了数字和字母的具有神性的人只是一个技术家;②他虽然有能力发明这些技艺,却没能力评判它们对使用者究竟是有用还是有害(274e)。③ 因此,忒伍特必须在至高无上的塔穆斯-阿蒙面前为自己的发明作辩护,后者在"上埃及的一个大城市,希腊人管它叫埃及的忒拜"这个地方统治埃及。④ 如果说瑙克拉提斯代表了现代,代表了贸易与各种技艺的兴起,还被视作希腊的殖民地,那么忒拜就代表了古代,代表了神谕及其祭司们的故乡,最初还被等同于埃及全地。⑤ 苏格拉底声称,[94]希腊人称塔穆斯这位神为"阿蒙",意为"隐藏者",⑥而"阿蒙"也是宙斯的埃及名字。⑦ 在故事结尾处,通过"阿蒙的预言"和多多那的宙斯神庙的"最初的预言"之间的类比,苏格拉底证

---

① 参《蒂迈欧》21e。根据 Harold Innis 的看法,埃及港口向希腊贸易的开放(尤其是公元前 650 年瑙克拉提斯的开放)将纸莎草引入了希腊,而纸莎草是导致写作技艺影响日盛的一个实质性因素。见《帝国与交流》(*Empire and Communication*),页 628。

② 月神忒伍特是太阳神阿蒙-拉(Ra)的部下兼使者。如果说阿蒙是"有创造力的言语",忒伍特就是位居第二的神,也是造成各种语言与写作技艺产生延异(differentiation)的原因。见德里达,《柏拉图的药》(*La Pharmacie de Platon*),页 260。

③ "使用者"知道一物的功用,也了解其真正的本性,参《柏拉图》601d 以下;《克拉底鲁》390b;《欧绪德谟》289b;亚里士多德《政治学》3.11,1282a20 - 23。但是,这位评判写作技艺的神王根本就用不上它!

④ 公元前 1600 年后,阿蒙的至高地位象征着底比斯在埃及政治统治中的支配性地位。见 Innis,《帝国与交流》(*Empire and Communication*),页 20。

⑤ 希罗多德,《原史》2.15。

⑥ 普鲁塔克《伊西斯和奥西里斯》(*Of Isis and Osiris*),358c - d。

⑦ 希罗多德,《原史》2.42。

实了宙斯的这一身份(275b)。①

　　在讲述至高无上的塔穆斯和技术家忒伍特之间的对话时,苏格拉底只字未提数字的发明。② 唯有对书写文字(grammata)的评判,决定了苏格拉底的埃及故事对于他和斐德若的谈话所具有的意义。忒伍特,这位巫医,发明了一种药(pharmakon)来治疗人的记忆和智慧(274e);阿蒙,这位神谕者和神王,却建议忒伍特让人的处境保持其自然的样子,不要以人的技艺进行干涉。③ 尽管我们听到了塔穆斯对忒伍特的发明的评判,但谁也没有告诉我们这场谈话的结果;正如宙斯认为必须惩罚普罗米修斯,却又将那些危险的礼物——火和各种技艺——留给了人一样,或许塔穆斯也认为必须惩罚忒伍特,却又将写作技艺这份危险的发明留给了人。④

　　忒伍特赞美自己的技艺,说它能让埃及人变得"更聪明,回忆力

---

①　在探究希腊诸神的埃及起源时,希罗多德讲述了一则传说,讲的是多多那的宙斯神谕与埃及底比斯的阿蒙神谕之间的等同。在讲了一个引自底比斯的埃及祭司的故事之后,希罗多德又讲了一个有所改动的有趣版本,引自多多那的女先知,并且给出了他自己的解释。见《原史》2.53-58。

②　尽管苏格拉底没有为忒伍特发明的各种技艺的统一性下定义,但"跳棋和掷骰子"的发明似乎成了文字与数字、算术、几何、天文这些技艺之间的联系,尤其因为它免于必然性的领域。至于"跳棋和掷骰子"的隐喻意义,见《王制》487c,604c;《法义》739a,820d,903d;《希帕库斯》229e。

③　"医学——科学与魔法,生与死之间的通道,额外的恶与缺陷——应当成为神灵忒伍特的重点领域。忒伍特的所有能力都在医学中得以体现和施展。知道如何结束生命的文字之神也能够治愈疾病,甚至是死亡"(德里达,《柏拉图的药》[La Pharmacie de Platon],页106)。

④　忒伍特希望将这门技艺赠予人类,但他暴露了自己其实不知道这门技艺潜在的邪恶之处,这种无知的基础似乎在于他对人的本性缺乏了解;宙斯惩罚普罗米修斯的理由(在埃斯库罗斯《被缚的普罗米修斯》里得到了展示),再好不过地反映了塔穆斯-阿蒙谴责忒伍特的理由。普罗米修斯对人类本性的无知,令他看不到一个事实:他的罪行(将人从灭绝中拯救出来,将盲目的希望与火赠予人)与他赠予人的那些技艺密不可分。见塞特·伯纳德特,"普罗米修斯的罪与技艺"(The Crimes and Arts of Prometheus)。

更好"(274e)。但是,"回忆"(memory)的模糊性引起了一个问题,即一种治疗回忆的药是否必然就能促进智慧,①因为,阅读的人为辅助或许会侵害思考的自然节律。② 正如神王的谴责那样,忒伍特看不到他的发明所具有的危险,因为他像一个父亲那样对自己的作品偏心(275a)。之后,苏格拉底谴责了书写作品对于一定会保护它的父亲的依赖性(275e);阿蒙对写作技艺的批评也预示了这项谴责,但喜爱写作技艺的父亲却产生了误判。一个人对自己作品的爱,会使得他在该作品实际展现出相反力量时,反而还要去赞美它:忒伍特发明的药并不是回忆之药,而只不过是"记忆"(reminding)之药罢了(275a)。

写作技艺鼓励人不要运用自己的回忆,让他们相信自己已经搞懂了只是在纸上读过的东西;写作技艺其实是导致了遗忘。忒伍特发明了这门技艺,却没有能力判断它。这门技艺的危险在于,它有一种隐藏自己不自然的本性(unnatural nature)的力量。自然的限度将有死的人与不死的神区别开来,而忒伍特的发明是对自然限度的僭越。③ 但是,有死性这一自然的限度,确保了人的回忆必然只具有一种不完全的健康状态,而且,写作这种药就是治疗这种疾病的必要手段。忒伍特是写作之神,也是护送死者灵魂的神,但他还是一位治疗之神。④ 只要写作这种药始终外在于我们的记忆,并且隐

---

① 智者希庇阿斯这位"掌握最多技艺的最智慧者",对这门"记忆术"的技艺抱有最高的敬意,可是这门技艺似乎没能帮助他发现"真实的人"与"虚假的人"之间的关系。见《小希庇阿斯篇》368a–d。

② 人造药物的治疗将是一种危险的干预,不只对动物的自然寿命是如此,甚至对其疾病的自然节律也是如此(《蒂迈欧》89a–c)。

③ "写作"的古埃及语是 ndw–ntr,字面意思是"神言"(speech of the gods)。见 I. J. Gelb,《写作研究》(*A Study of Writing*),页231。

④ 忒伍特的医学技艺,使他当之无愧地成了主持尸体的制备工作,连带着主持整个葬礼的神明。既然他与这种职能有关,又是数字的发明者,那么忒伍特也就是一位"测量神和人的寿命长度"的神。参 S. Morenz,《埃及宗教》(*La Religion Egyptienne*),引自德里达,《柏拉图的药》(La Pharmacie de Platon),页104。

藏了这种外在性,那么,它就不可能治愈有死者的疾患。作为一种药,写作既是治疗也是毒药;这种非自然的发明所具有的危险,必然不利于它的恢复自然的力量。① 只有一位妒忌的神,一位出于自然就是全知全能的神,才会单纯因为写作技艺的人为性质而谴责它。在谴责忒伍特的发明时,这位神谕者和神王确实揭示了它的局限性。但是,[95]恰恰是对这些局限性的承认,写作能使得有毒的、外在的书写作品被"内在化"为写作的治疗能力。

苏格拉底与斐德若的相遇,再合适不过地阐明了塔穆斯对书面文辞的危险作出严苛判决的理由。斐德若之所以能引诱苏格拉底陪他在城墙外的乡间一道散步,就是靠了这卷写下来的文章,把它当作了药(230d),正如仙女俄瑞逊娅被波瑞阿斯掳走时,身边只有法马珂娅(Pharmakeia)一般(参 229c)。斐德若对这种据说迷住了苏格拉底的药作出了回应,塔穆斯的警告的真实性恰恰就在这个回应中得到了展现:正是斐德若要"在书里读到许多东西"的迫切渴望,使他"觉得自己很聪明,但其实什么都没真正搞懂"(参 275a)。早在他们检验一切有技艺的活动的标准时,斐德若就已不知不觉地嘲笑了他自己的品性:他替真正的医生说话,而真正的医生会回答一个只知道些技术的人说,要是他幻想只靠读点儿书本知识就能掌握这门技艺,那他肯定是疯了(268c)。

书面文辞的本质危险,就在于它能创造出智慧的外观而非实在(275b)。书面文辞制造了"智慧的外观"(*doxosophia*),构成了追求智慧的最大阻碍。② 苏格拉底一生的使命就是揭露智慧的外观所造成的无动于衷(unmoving)的无知态度,既然如此,神王对书面文

---

① 关于这种药(pharmakon)的矛盾本性(或本性的缺失),见《普罗塔戈拉》354a;《斐勒布》54c;《蒂迈欧》89c;《斐多》63d－e;《克拉底鲁》394a;《阿尔喀比亚德前篇》132b;《克里提亚》106b;《治邦者》310a;《王制》382c,459c,595b;《法义》649a－b,845d－e,957d;《卡尔米德》155e－157c。

② 参《智术师》229c。

辞的谴责也就再合适不过地摹仿了苏格拉底对他的谈话者们的谴责。① 神谕者塔穆斯－阿蒙与头顶鹭鸶的忒伍特之间的对话,是柏拉图对苏格拉底与他自己之间未成文对话的游戏性的摹仿。苏格拉底汇报了忒伍特最初说的新发明的种种好处,也汇报了塔穆斯－阿蒙对这些主张的裁断,但他并没有汇报忒伍特对这种批评有怎样的回应。忒伍特可能会提出的辩护,也就是唯一能合法地回应这位神谕之神的攻击的辩护,必须由这篇柏拉图对话的读者重构出来;这篇对话本身也是针对这一未经汇报的辩护而作的隐匿的自我检验。

在埃及故事里,苏格拉底一开始就区分了接受属人的意见与自己去发现真实这两种做法(274c);对于斐德若抵制这则神话的真实这一做法,苏格拉底最终通过一项区分来进行了批判。最后的区分,正是这则故事一开始的区分所经历的一场反讽性转变的结果:一开始是故事本身作为习传意见与作为个人对其真实的解释之间的区分,最后则是对古人的简单接受与对今人的怀疑这两种做法之间的区分——古人相信神谕的真实,今人只关心说话者的名号和出身。苏格拉底将他的神话视为一位至高神的预言,这时的苏格拉底声称,自己代表着多多那或德尔菲的一棵橡树或一块石头所具有的自然的神谕力量。苏格拉底的人性体现在他的出身的独特性中,当谈到自己的人性时,苏格拉底否认它"出生于岩石或橡树";② 如今,苏格拉底却否认自己只是人类中的一个人而已。阿蒙的预言谴责技术家忒伍特僭越了自然的限度,苏格拉底在他的故事最后[96]似乎毫不怀疑地接受了阿蒙的预言。但是,在赞成这项指责的同时,

---

① 参《申辩》31d。

② 苏格拉底与雅典民众中的任何人都没什么不同,他也有自己的父母孩子,虽然他拒绝将孩子们带来博得民众的同情(《申辩》34d)。但当苏格拉底想起雅典民众时,他也想到了奥德修斯对佩内洛普讲的虚构故事,当时佩内洛普正在逼奥德修斯说出身世:"你定然不会出生于橡树或石头,就像古老故事里的人那样。"(《奥德赛》19.163)

苏格拉底也将自己和一位智慧而强大的神王相提并论,因而也意味着他僭越了人的限度。①

虽然苏格拉底可能是以自己为例,说明了毫不怀疑地接受神谕的做法有什么危险,但就这个谴责写作技艺的预言本身而论,它的主题确实是要阐明这种危险。因而,苏格拉底拥护阿蒙的预言,在这种看似矛盾的表面下,苏格拉底也回想起了最初的一段评论:我们必须从对自我认识的追求(quest for self-knowledge)出发,理解关于习传神话的真理(参 230a)。神话和书写作品一样,都有一种既有益又有害的双重力量,既能激发起对自我认识的追求,也能压制对自我认识的追求。唯有在不被当作记忆的替代品时,写作才能成为一种治疗回忆的药。因此,与神谕者阿蒙一致,苏格拉底巩固了神话故事(muthologema)作为书面文辞之典范的地位。他提醒我们,神话表面上拒斥写作技艺,但关于神话的真实还需要我们通过解释来与之相遇(interpretative encounter)。只有从一位神的立场来看,对写作的拒斥才代表了关于神话的真实;人要想理解神话的真实,需要一种关于"辞章与灵魂相对应"的知识(参 271d,272b,273d,277b-c)。② 这则关于写作的埃及故事,其实就是柏拉图对话的一个杰出缩影。

苏格拉底表面上赞美不经检验地接受神谕的古人的单纯,其中

---

① 绝非偶然的是,这一相反的颠倒似乎在来自埃利亚的异乡人向小苏格拉底所做的关于成文法的分析中已得到阐明。成文法被认为是一种对于根据知识进行统治的政制的摹仿,而严禁违反成文法的禁律具有一种不可变性,它似乎将作为属人标准的自身等同于根据知识进行统治的属神标准。但是,异乡人的论证紧接着表明,这条法律看似过于自恃,其实是在没有神统治的情况下的一种人的必然性,因此是节制的产物。见《治邦者》294c-301e。

② 想想斯宾诺莎是怎样描述解释一段圣经陈述所需的必要条件的。他最终提出的要求包括:一种反映主人公周围环境的分析(生平和行动),针对圣经各卷作者的研究(他是谁,他写作的处境和时代,为谁写作,用什么语言),以及对于圣经各卷的命运(fate)的分析。见斯宾诺莎,《神学政治论》(*A Theological-Political Treatise*),trans. R. H. M. Elwes,页 108。

的反讽意味却体现在他对另一种有过之而不及的单纯的考察中,这种单纯在那些"以为可以在书写作品中留下一门技艺,以及反过来,接受了它便以为从书写作品那里会得到清清楚楚或牢牢靠靠的东西"(275c)的人身上展露无遗。头脑简单的人所感受到的这种清晰与牢靠,必然与文辞(speech)的复杂正相对立,而苏格拉底要求复杂的文辞与复杂的灵魂相对应(参 277c);只有意识到文辞的复杂,不同的"死的"书面文辞才能通过与其读者的遭遇而焕发生命。意识到书面文辞的清晰和牢靠具有欺骗性,也就认可了阿蒙对于书面文辞难以察觉的依赖性的警告。因此,对于阿蒙预言的认识,成了让书面文辞的一项积极作用得以实现的条件:这种作用就是让书面文辞成为回忆的工具,"让知道的人记起已经知道的东西"(参 275c)。

神王谴责书面文辞具有导致遗忘的危险力量,而书面文辞作为回忆工具的能力,似乎只是他作的一点点让步。但是,对于回忆能力的重要性,苏格拉底在那篇悔罪讲辞中早有暗示,当时他声称自己另作这篇讲辞是为了向回忆致敬(参 250c)。只要人因为不像神们的缘故,不能安憩于诸天之外,尽览亘古不变的诸存在者的盛况,那么,一切"地上的肖像(likenesses)"的价值就在于它们能令我们回忆起曾经知道的东西。因而,苏格拉底归于美的价值最终被归于书面文辞:美激发起爱欲的经历,爱欲是我们的至福之源,书面文辞则能让知道的人记起已经知道的东西。[97]在赞颂美所拥有的促动人的回忆的力量时,苏格拉底已然隐藏了美所固有的危险;在揭露书面文辞的危险时,苏格拉底又隐藏起了书面文辞固有的力量。

早在他们考察那几篇爱欲讲辞的时候,苏格拉底就已宣布,一切文章都必须组织得"有如一个活物"(264c),这句话显然是指文章的形式结构。现在,苏格拉底揭示出他那条表面上形式化的修辞原则背后所蕴藏的实质意义,因为苏格拉底发现,这种被忒伍特当作是治疗活物的药的技艺,"真的很像活物绘画的技艺"(275d)。如果说言辞都是活物,写下来的文章(written speeches)就像是活物的画像,它们只不过是摹仿而已,不像活物本身那样是活的。由一种不承认自己是摹仿的摹仿所创造出来的外观,构成了书面文辞表面上的清晰与牢靠,这种清晰与牢靠同时也创造出了一种信任——在苏格拉底看来,这种信任其实是头脑简单和对真实一无所知的标志(参 275c)。

绘画的创造物立在那里,就像活物一般。然而,倘若谁问它们一个问题,它们却庄严地保持沉默。书写作品和绘画的创造物一样,不是一个有着自己生命的独立存在者,能够为自己说话;相反,它需要它的生父来保护自己免遭不公正的滥用。绘画的创造物无法展现出自我运动的运动,而这种运动定义了灵魂的存在。死的书面文辞,就像被画下来的活物一样,冻结在运动之流中:"你会以为,他们在说话,仿佛有某种所想的东西,一旦你问他们说的某种东西,想把它搞懂,他们就总是翻来覆去讲同一套话。"(275d)无论谁得到它,书写作品始终不变,也不知道什么时候该说话,什么时候该保持沉默(275e);书面文章丝毫没有展现出面向一位特定听众的爱欲冲动。在谴责书面文辞的没爱欲本性时,苏格拉底似乎暗示了它潜在的客观性。然而,只要这种潜在的客观性使得它不再拥有爱欲的选择性,书面文辞就不可能克服导致它比活的言辞更低的种种限度。

书写作品的可重复性看似是诸理式(*ideai*)的不变性,这种不变性使得诸理式成为可能的知识对象。但是,获得知识的进程不能仅仅是外在的重复,而是必须靠灵魂的运动显露出来。书写作品的可重复性既是书写作品潜在价值的基础,也能欺骗性地取代本应处于运动之中的思考的活的进程。因此,书写作品的潜在价值能否实现,取决于是否可能有一种能够自我保护的书面文章,而这种文章就有着一种自我运动的运动,作为灵魂在场的标志。就在柏拉图的苏格拉底谴责书写作品对其生父的依赖性,以及书写作品无力于保护自己免遭不公正滥用时,恰恰是对于这些限度的意识,使得这篇对话能保护自己免遭不公正的滥用。通过对自己潜在的欺骗性发出警告,这篇对话便在其读者心中催生出解释活动,从而使它能克服自己宣告的危险。

书面文辞能创造出智慧的假象,[98]同时始终外在于学习者的灵魂;其中蕴含的危险,通过绘画摹仿品这一意象而得以呈现出来。尽管阿蒙的预言得到了写作与绘画之类比的支持,但在以柏拉图对话为例的写作活动中,该类比所指明的种种特征似乎却完全缺席。① 不过,在埃及人的象形文字技艺那里,"真的很像活物绘画"的写作技艺找到了合适的样板:象形文字的技艺一代代传下来,毫无革新,并由阿蒙的神圣祭司们守护和掌管着。以这种依赖于记忆和重复的写作技艺为例,与活的言辞迥然不同的非辩证写作的本性得到了阐明,并且遭到苏格拉底的谴责。

字母文字代表着活的言辞,相反,象形文字摹仿其所指对象的外观形象,无需口头语言的中介。② 象形文字的每一个"画下来的动物"都是一个有意义的符号,其所指对象可以被其内容所规定。然而,任何符号的可能意义域都取决于约定(convention),也必须靠记忆来保存。相反,对于字母文字而言,一个有意义的整体是通过将各原子单位编织在一起而产生的。因此,字母体系使得表达能以最少的约定符号,发挥出最大的潜力。如果说象形文字是一群内行人的技艺,那么,字母文字原则上就是民主的。

象形符号是其所指对象的一种外观形象,但是,人必须通过道理(logos)来探究各种不具有"地上的肖像"的存在者(参 258d)。③与一般的书面文辞一样,象形符号只有承认自己依赖于思考的自我运动的运动,才能摆脱自身的限度。但是,象形文字的解释不再要求道理(logos),而是代之以一种对习传意见的死记硬背,因而,象形文字是沉默的、外在的书写作品的典型。一门辩证的写作技艺必须努力克服这样的书写作品,这种辩证写作的意象便是字母体系,因

---

① 参《克拉底鲁》424d – 425b,430b – 431e。
② 见"补遗:像活物绘画一样的写作"。
③ 参《斐多》99d – 100a。

为,元音和辅音在声音的表现中的结合,反映了辩证活动所必需的一种结合,即将不自足的各部分结合到一起。① 如果说,字母充当了辩证式写作的复杂交织的道理(logos)的一个贴切意象,那么,象形文字作为负载着模糊的意义域的单个符号,就是必须经受解释的神话或独白的一个意象。② 在《斐德若》里,几篇爱欲讲辞发挥了象形符号的作用,相反,关于修辞、辩证法和写作的道理(logos)则是一种字母。通过阐明象形文字的神话(muthos)必须从属于相互交流问题和答案的道理(logos),柏拉图将他本人的写作技艺与苏格拉底和埃及神王谴责的"绘画式写作"区分开来。③

---

① 以下对话都曾拿字母来举例子:1. 作为"知道被综合起来的整体而不知其基本部分"这一问题的例子(《泰阿泰德》202e);2. 作为诸诸理式及其结合的类比(《智者》253a);3. 作为一个样式的样式(《治邦者》277d – 278d);4. 作为"影像的用途在于得到关于原型的知识"的证据(《王制》402a – c);5. 作为名称与存在之联系的例子(《克拉底鲁》393e);6. 作为物质宇宙的各种元素和音节组合的一个意象(《蒂迈欧》48c);7. 作为苏格拉底自称要追随的一条道路的例示;这个例子的基础是将无限划分为各式各样确定的"类",前提条件是字母排序将无穷无尽的声音之流予以划分,并允许用有声的元音和无声的辅音相组合的办法来再现声音的音节,而每个元音和辅音都以字母的形式被赋予一个形象(《斐勒布》18b – c)。见"补遗:像活物绘画一样的写作"。

② 皮科·德拉·米兰多拉通过与柏拉图对话进行类比的做法,描述了象形文字:"在同样的意义上,我们的柏拉图将他自己的信念隐藏在种种神秘面纱,象征或神话、数学譬喻和模糊的论证之下,以至于他在信里说没有人能理解他对神圣之事的看法。"(*Heptalus* 73, trans. Douglas Carmichael)见"补遗:像活物绘画一样的写作"。

③ 希腊人不知道埃及象形文字的真实本性,认为它们是观念的形象,对此,弗里德里希·克罗伊策(Friedrich Creuzer)进行过论证。与赫尔德一样,他描述了一种人类心智从形象外观的符号象征开始,经过神话、最终变成推理思考的发展进程。克罗伊策声称,柏拉图发现了一种新型的结合方式,能在推理思考的过程中葆有象形文字的象征性价值;这种方式"在时间的开端就存在着,而且一直居于真理的中心"(*Symbolik und Mythologie der Alten Völker*,页563以下,页680 – 682)。见"补遗:像活物绘画一样的写作"。

与绘画相似的书面文辞遭到了批判,另一种文辞(logos)却没有遭到这种批判。在确认前述那种文辞(logos)的默不作声的前提时,苏格拉底问到了这位"合法的兄弟"的存在,它的区别既体现在诞生方式上,也在于它拥有更好、更有力的本性(276a)。活物与画下来的动物之间的对立,[99]被合法的与不合法的子嗣之间的对立所取代;写下来的文辞(logos)也不再是人类制造的结果,而是像与它相对的活物一样,是自然生育的结果。不合法的文辞(logos)保持着一种可怕的沉默,就像是一场弑父行动,但它其实始终依靠生父的保护。事实上,合法的文辞(logos)才是真正的弑父行动,它能通过潜在的自我保护而实现自己想要的独立,但这种弑父却悖谬地保护了它所取代的有死的生父。

根据法律的标准,出身好就是能够通过灵魂的在场而获得生命。① 基于自己的不生育,苏格拉底认为他能判断这种能力,从而也能辨明思考的合法与不合法的子嗣。② 由于这项才能招致怨恨,苏格拉底必须在雅典民众面前为自己申辩,而这些人被他视为要求杀死生父的子嗣。③ 不过,既然不生育一方面赋予了苏格拉底辨别的能力,另一方面也阻碍了他从事具有生产性的写作活动,那么,苏格拉底替自己申辩的能力或意愿,似乎也就遭到了严重限制。④ 苏格拉底言辞表面上的不生育,似乎因它的生父的有死性所致,但是,这种不生育其实早已被它们真正的丰产所克服,柏拉图的所有对话

---

① 在《治邦者》里,来自埃利亚的异乡人区分了两类相互对立的事物:一是将根据知识进行统治的唯一真正的政体,二是所有对该政体的"不合法"的摹仿(293e)。按照法律,唯一"合法"的政体其实是由成文法的缺席所规定的,因为只有通过这种貌似自相矛盾的"关于知识的法律",这样的政体才能获得生命。

② 参《泰阿泰德》150c。

③ 参《申辩》31b。

④ 在《斐勒布》里,关于悲剧和喜剧的讨论似乎暗示了写作活动与申辩的欲望之间有着某种联系。因此,苏格拉底远离写作或许暗示了他无意为自己辩护,正如他声称要远离修辞实践一样。参《高尔吉亚》522b。

都是例证，它们自称是苏格拉底言辞的合法子嗣。然而，合法的文辞（logos）要想实现自己的意图，只能靠证明它已经完全独立于它所取代的生父。因此，柏拉图对话也必须承担对苏格拉底犯下的弑父罪责。① 正是通过承认自己只具有摹仿的地位，从而宣告苏格拉底作为一个活人的死亡，这篇对话才以"合法的文辞（logos）"的身份作了自我辩护，同时也为它所取代的有死的生父提供了必不可少的支持。②

　　柏拉图笔下的苏格拉底意识到了这种支持，这一点体现在他对更有力的文辞（logos）的描述中，说它"用知识写在学习者的灵魂中，能够保护自己，而且懂得什么时候说话，什么时候沉默"（276a）。斐德若将这种"合法的文辞（logos）"描述为"既是活的、又有灵魂的明白人的言辞，那由此写成文的东西正确地该说成是一种影像（eidōlon）"（276a）。斐德若不顾苏格拉底提出隐喻是"一种写在灵魂里的文辞（logos）"，而将这种更好的、更有力的文辞等同于所有一般意义上自发的言辞，尽管作为"一个活的、有灵魂的说话者"，斐德若完全不知道这种文辞的真实本性"写在灵魂里"。③ 斐德若定义了合法的文辞（logos），却没有理解其真实身份；斐德若在他的定义里表达了一种真实的意见，这种意见成了苏格拉底所谴责的不合法文辞（logos）的一个完美意象。

　　斐德若认为，有灵魂的言辞和它的写成文的影像（eidōlon）之间的区别之一就是合法与不合法。在对斐德若的回应里，苏格拉底将自然生育的隐喻换成了农业技艺的隐喻，后者的准则由自然的要求

---

① 参《智术师》241d。
② 参《斐多》116a。
③ 斐德若援引智术师 Alcidamus 的话，将合法的言说等同于"说话者的活的、有呼吸的言语"。《论智术师或论书面讲辞的写作》(On the Sophists, or on The Writing of Written Speeches), trans. LaRue Van Hook, 载于"Alcidamus versus Isocrate: The Spoken versus the Written Word"。另见附录，"漂亮的伊索克拉底"。

所决定。根据这一表现合法与不合法的文辞(logos)之区别的例子，[100]灵魂必须被理解为土地本身；言说者将言语(logoi)的种子播撒在土地上，为的是将来有所收获。目前，技艺与自然的张力不是通过绘画摹仿与活物之间的对立，而是通过下述对立得到了阐明：一边是盛夏烈日下在阿多尼斯园子里进行播种的人为游戏(paidia)；另一边则是根据农业技艺，选择合适的土地进行播种的严肃劳作。庆祝阿多尼斯节日的人喜滋滋地看着他播下的种子在八天后变得漂亮起来，①相反，严肃的农夫只会对这些种子八个月后的成熟结果感到满意。如果说农业技艺是文明的一项首要条件，那么，阿多尼斯园子就不过是一种工于精巧(refinement)而已；这场纪念草木之神的游戏性的庆典，是人对自然循环的有技艺(artful)的摹仿。② 不过，虽然苏格拉底似乎是在支持严肃的农业技艺，贬低游戏性的阿多尼斯园子，但他其实只把生产出美丽果实的能力归于人造的土地。

既然忽视了苏格拉底在谴责死的书面文辞时所作的修正，斐德若当然也就把阿多尼斯园子的游戏性与因地制宜播种收获的严肃性之间的对立，解释成了书写和自发的言辞之间的对立的一个意象。但是，苏格拉底认为"更美的东西"是辩证法技艺的严肃性，所以他必然认为，他的意象其实是象征着如下对立：一边是无根的、不合法的言语(logos)，它就像一幅沉默的图画；另一边是辩证的言语

---

① 所谓的"阿多尼斯园子"，提供了阿多尼斯是草木之神的证据：在这里，罐子都要装满泥土，里面种下各式各样的谷物或鲜花，照料八天，而且这些活儿主要由女人来做。由于太阳的高温，这些植物长得飞快。但由于没有扎根，它们凋落得也快，在第八天结束时要被挖出来(象征着死去的阿多尼斯)，丢到海里去。见弗雷泽，《金枝》(*The Golden Bough*)，页341。

② 在将无神论者的论证与其虔敬的对话者联系起来时，来自雅典的异乡人区分了两类技艺：一类技艺凭借与自然一样的作用，能创造出严肃的东西，例如医术、农业和体育；另一类技艺只能产生玩物，例如由绘画、音乐和其他东西创造出来的影像(《法义》889c–d)。不过，他认为人本身不是别的，只不过是神们的"玩物"而已(《法义》644e)。

(logos),无论口头的还是书面的,它都扎根于学习者的灵魂中。一个有技巧的灵魂耕作者所收获的言语(logoi)的果实,是从他对正义、美和善好的知识这样的种子里长成;①苏格拉底断言,如果这位农夫是严肃的,那他就不可能"把那些东西写在墨水里,靠苇笔用言辞来播种,因为,笔墨既没能力在言辞上捍卫自己,又没能力完美地传授真理"(276c)。苏格拉底的这段话看似是在谴责一般意义上的写作所具有的游戏性,但它隐藏了一个重要的限定:只有非辩证的写作技艺才不可能严肃地培育知识的种子,这种技艺无法捍卫自己,也不适合"恰当地教授真理"。

即便如此,在"文字园子"里的耕作始终还是一种游戏(paidia),与狂欢醉饮和"类似的娱乐"一样,闲暇是它的必要条件(276d)。但是,笔墨之流现在取代了与狂欢醉饮的"浇灌"(参256c)相伴随的欲望之流,浇灌了这些长在灵魂土地上的纤弱作物,而这样的灵魂也追随着耕作者的道路。这些追随者拥有一种才能,能体验到关于自己一度知道的东西的同样记忆,犹如一个为了反抗遗忘而孤独地贮存记忆的珍宝的人(276d)。因而,就使得爱欲成为我们至福之源的爱欲经历而言,它的价值现在被归于写作的游戏(*paidia*);这种游戏就是独自在文字园子里耕耘知识的种子,将文字作为记起真实的回忆工具。与此同时,苏格拉底申明要追随的"辩证家"的足迹(参 266b),也被书面文辞的印迹所取代。但是,只有被对象的活的在场所充实时,足迹所留下的久久不去的痕迹才能履行它们的许诺。② 迷失的危险,[101]与其说是因为毫无足迹而造

---

① 在描述自己的助产术时,苏格拉底与泰阿泰德争辩道:同样的技艺既提供了关于什么样的种子适合什么样的土地的知识,又提供了关于照料和收获果实的知识(《泰阿泰德》149e)。

② 写作者留下的印迹必须被认为是影像,与记忆在灵魂的"蜡板"上留下的印迹没什么差别,但苏格拉底将后一种印迹比作为了产生认识而等着被充实的印迹(《泰阿泰德》193c);或许,苏格拉底是在想象埃斯库罗斯《奠酒人》里的灵魂舞台上演的一出关于认识的著名场景(205 以下)。[译按]这个场景应是指阿伽门农的女儿 Electra 在父亲坟前认出她的弟弟 Orestes 刚来过的踪迹。

成的绝对黑暗所致,不如说是因为还没有认识到足迹本质上是需要得到充实的空白影像,就去盲目追随足迹而造成的模糊性所致。

斐德若追随苏格拉底的真实的意见,承认了书面文辞必然具有的游戏性,却没有理解书面文辞的正当理由或内中深意,所以,斐德若阐明了追随足迹的危险,却没有意识到这些足迹的地位只不过是痕迹而已。苏格拉底热衷于区分游戏的文章(speech)和严肃的文章,相比之下,斐德若只是划分了高贵的游戏和鄙俗(base)的游戏:"太美啰,你说到的这游戏(paidia)与那鄙俗(base)的游戏相比,苏格拉底哦,能在文章(logoi)里玩,用故事来讲述正义和你提到的别的那些东西,太美啰。"(276e)苏格拉底接受了斐德若的划分,但坚持要加上一个更高的选项,因为,"比这还要美得多的是,在这些事情上变得非常严肃"。藉此,苏格拉底提醒斐德若回忆起游戏和严肃的划分,而那几篇游戏性的爱欲讲辞与它们碰巧揭示出来的严肃的辩证法原则之间的对立刚好阐明了这项划分(参265d)。因此,苏格拉底在一类人的辩证法技艺那里找到了严肃的美的真正标准,这类人"拽住一颗合宜的灵魂来耕耘,用有见识的言辞把种子播撒在灵魂里面,这种言辞有能力帮自己和耕耘它的人,而且不会不结果实;毋宁说,这种言辞使得种子在别的土壤中生出别的言辞,从而使得那种子永远不死,也使得分享这种子的人得到人所可能享受到的最大幸福"(277a)。

在适宜的灵魂里耕耘知识的种子是一种严肃的活动,相比之言,在笔墨之流的帮助下耕耘文字园子必然是一种游戏性的活动,但苏格拉底并没有说两者相互排斥。斐德若为着快乐的缘故而喜爱文章,面对这样的挑战,苏格拉底不得不放弃讨论活的言辞与写作之间的区别的问题,为的是建立起最首要的区分,也就是两类言辞或文章之间的区分:一类仅仅具有游戏性,另一类合法地履行了它对严肃价值的要求。斐德若欣然同意了苏格拉底的断言,即严肃的辩证法技艺更美。但他没有领会,苏格拉底其实暗中承认了一门辩证的写作技艺的可能性,柏拉图对话的严肃的游戏性便是例证。

只要这篇对话代表了苏格拉底在柏拉图的灵魂土壤里播下的知识种子所结出的果实,而柏拉图又将它的种子播撒在其读者的灵魂土壤里,那么,这篇对话本身就是辩证法永恒不灭的进程的典范。辩证法技艺超越了言辞和写作之别,合法的文辞(logos)也能通过辩证法技艺而产生;这一点例示了永恒不死的"自我运动的运动",这种运动一开始被苏格拉底描述为"无论属神还是属人的灵魂之本性的真实"(参 245c)。

斐德若同意美有差等,无论鄙俗还是高贵的游戏性都一定比辩证法的严肃性更低。现在,苏格拉底认为,斐德若的同意是他们对讨论伊始的问题进行评判的必要基础,可是斐德若已经记不得这些问题是什么了(277b)。苏格拉底提醒斐德若,让他回忆起那些促使他们展开探究的困惑:"针对吕西阿斯所写的讲辞提出的指责",以及[102]"文章本身如何才会写得有技艺和没技艺"的问题(参258d,262c)。既已确立了辩证法技艺对于一切严肃文章的必要性,苏格拉底也就相信,他们已经清楚揭示了什么是有技艺、什么是没技艺(277b)。然而,当斐德若要求苏格拉底再提醒一下自己时,苏格拉底主动总结了技艺的各种条件,"只要能在其自然限度之内使用言辞这一种类(genos),无论是为了教导还是为了说服"(277c)。尽管苏格拉底承认,技艺不一定能完美地掌控好文章,但他坚信,除非"一个人事先搞清楚自己要说或写的每样东西的真实,能够按其本身来界定所有的东西,界定之后,下一步就得知道按其各自的样式/类(eidē)来划分每样事物直到没法再划分下去;要搞懂灵魂的天性得按相同的方式,找出适宜于每种天性的样式/类,再来铺设、修饰文辞——对复杂的灵魂用复杂的和谐的文辞,对简单的灵魂用简单的文辞"(277c),否则,实践一门文章(logos)技艺(tekhnē)便是不可能的。

起初,苏格拉底描述了综合与划分的原则,并将它们当作他那两篇游戏性的爱欲讲辞所带来的严肃好处(265d);现在,苏格拉底又总结了一门言说或写作技艺的必需条件。在此期间,伴随着一些几乎难以察觉的改动，苏格拉底已经提出了一项解释，不仅涉及对任何本性进行探究的必要条件（270d），也涉及对个别灵魂的本性进行某种探究的必要条件（271a，271b），还涉及一门真正的修辞技艺的标准——说者对于所说的存在者的划分与综合，以及他对于听者本性的知识，便是这门真正的修辞技艺的基础（273d－e）。在讨论写作技艺的最后，当前对这些标准进行重复的特殊语境，潜在地引起了一个问题：说服和教育的划分与言说和写作的划分，两种划分之间究竟有着怎样的联系？最初，苏格拉底提议要通过定义来综合，还要按类（eidē）来划分，这项提议也就确定了我们需要关于存在者的整体－部分之结构的知识；现在看来，这种需要似乎成了教育之"事"。只有当言说技艺与说服的意图划上等号时，辩证法的原则才会展示为关于灵魂的知识的必要条件。然而，只要关于灵魂的知识与存在者的"综合和划分"不可分离，说服技艺与教育似乎就不可能分离。事实上，苏格拉底最初通过言说技艺之口而作的辩护，早已暗示了说服技艺与教育的相互依赖性——那时，言说技艺声称："没有我的力量，关于存在者的知识单凭自身也无法带来一种说服的技艺。"（260d）①

然而，这篇对话的整体结构似乎却暗示了说服与教育的分歧。因为，尽管说服的意图使我们看到每一篇爱欲讲辞自身作为一独立整体所呈现出来的外观，教育的意图却使我们意识到这些讲辞作为综合和划分原则的例子所具有的统一性。尽管苏格拉底的悔罪讲辞努力要将斐德若引向"伴随着哲学［或热爱智慧的］言说的爱欲"，似乎暗示了说服与教育的统一，但它其实是反映了［103］爱欲和辩证法之间的张力，并且是借助了一个张力的意象：这是一种存在于两种欲望之间的张力，一种欲望是想要追随与自己最相似的某位神，另一种欲望则是想要看到位于天穹之外、作为爱欲的真正目标的各种诸理式。

---

① 参《高尔吉亚》454e。

如果说，因为有爱欲者必然都想说服被爱者，从而使得一门言说技艺不可能具有它所渴望的客观性，那么，要想让说服受到教育的统治，似乎就需要这样一门技艺：它的动机是对智慧之爱，但它又能克服爱恋特有的占有性。通过捍卫自己作为一门辩证的写作技艺的地位，柏拉图对话宣称能满足这样的标准。尽管私人的写作活动遭受个人立场的主观性之害，甚至比公开的交谈有过之而无不及（参 276d），但它具有面向某一类普遍听众的性质，这一点暗示了它潜在地超越了活的言辞的特殊性和直接性（参 275e）。恰恰是靠摹仿苏格拉底的爱欲辩证法所呈现的说服与教育的融合，柏拉图对话试图证明，独立于说服的哲学教育是可能的。

根据苏格拉底对辩证法技艺的最终解释，在满足技艺（tekhnē）的条件方面，书写作品对自发的言辞所具有的隐含优势，必须取决于书写作品对"辞章（speeches）与灵魂相对应"的简单情况和复杂情况的辨别能力。当苏格拉底反讽地宣称自己没能力和吕西阿斯的书面文章比赛时，他是将那篇文章的智慧等同于它的复杂性（236b）。斐德若对苏格拉底第一篇爱欲讲辞报以热情回应，那篇讲辞的简单性在于它的外观：它是没爱欲者直接讲给被爱者听的演说，也是苏格拉底以竞争的说法重新组织出来的（参 237b）。只有意识到这篇讲辞的性质是书写作品，在此基础上承认它真正的复杂性，这种伪装的自相矛盾性才能被揭示出来。在柏拉图对话里，特定的消息是说给特定的角色听的。如果说，在一篇柏拉图对话里，对话（conversation）代表了把各种简单的言辞（speeches）给予一颗简单的灵魂，那么，这篇写下来的对话对那一场对话的人为摹仿就是写给一类普遍读者的，必然也就代表了把一种复杂的文辞（speech）给予一类复杂的灵魂。通过它所表现的［内容］简单性与它的表现［方式和过程］本身的复杂性（the simplicity of what it represents and the complexity of its own representing）之间的张力，柏拉图对话在它与它的读者之间促成了一场辩证的相遇，从而证明，辞章与灵魂的和谐对应是一切真正的文章（logos）技艺（tekhnē）的必要条件。

　　简单的言辞对应简单的灵魂,复杂的言辞对应复杂的灵魂;苏格拉底向斐德若重复了一遍作为此般对应之基础的种种原则,令他回忆起对那几篇爱欲讲辞的技艺性进行评判的正确基础。苏格拉底证明了,辩证法的原则既是言说技艺也是写作技艺的必要条件。只有做到了这一点以后,苏格拉底才能回到"言辞讲得以及文章写得美还是丑,何种情况下应受谴责,何种情况下不应该"这个问题(277d)。最初针对吕西阿斯的指责,是说他作为一位写文章的人应该感到羞耻;要想评价这项指责,就必须考察说得美或写得美的标准,而这种标准的基础[104]便是为真正的文章(logos)技艺(tekhnē)所立的条件。一想到斐德若念吕西阿斯那篇稿子时的癫狂劲儿(rhapsodic),苏格拉底便称,可耻的书写作品的典型就是行吟诗人(rhapsode)反复念诵的那些东西,"既无探究也无教诲,只图说服"(277e–278a)。面对一位被说服所打动,甘愿舍弃掉一切批判的客观态度的听众,苏格拉底将这位听众的奴役状况等同于相信书写作品的严肃这一做法本身所具有的可耻性。一个人对书写作品的清晰和牢靠抱有虚幻的信任,暴露出他"没有明白阿蒙的预言"(参275c),其结果等于是"没有明白正义和不正义、坏和好"(参277d),而这个结果早在关于言说技艺的讨论的开头就提出来了——在那里,言说技艺是修辞家对城邦实行欺骗性统治的条件(参260c)。

　　写作是可耻的,是因为人们相信它的清晰与牢靠所致;写作的丑恶一面,缘于人们屈从于它的非辩证本性的假象。因此,要想避免书写作品的可耻性,就需要我们意识到它的辩证复杂性所具有的游戏性质。对于那些把作品看得太重,相信它有巨大价值的写作者,他们的可耻必须与另一种人的高贵作对比,后者"认为任何文章必然带有许多好玩的东西(playfulness),一篇文字的东西,压根儿不值得以巨大的严肃来写"(277e)。但是,恰恰因为意识到文章不可避免具有的游戏性,书写作品才能克服自己的虚假外观,并且发挥出"让知道的人记起已经知道的东西"的潜力。① 因此,苏格拉底最终认可了"称得上明晰、完满和严肃"的写作,原因并不在于活的言辞与书写文章的区分,而是在于"为了教诲而谈论的正义、美和善的东西,以及把这些确实写入了灵魂的东西"(278a)。②

不是与书面文辞相对的口头言辞,而是写进灵魂里的文章(logos),具有参与辩证法技艺的永恒运动的潜力,而这种运动便是文章(logoi)作为言说者之合法后代的产生过程:"第一,文章只要作成,便是出自他自己的东西"(278a),接着是"这文章的某些子嗣或兄弟们,也在其他灵魂中各得其所地顺其天性生长"(278b)。文章不只是对灵魂起作用的媒介,也不只是它自身活动的结果;文章(logoi)的自然的再生循环似乎就象征着自我运动且永恒运动的运动,而苏格拉底将这种运动解释为灵魂不死的理据。③ 因此,在这段关于辩证的文章(logos)的最终解释里,苏格拉底证明了辞章与灵魂相对应这一要求的合理性,而且,这种要求也被他反复确立为一门真正的文章(logos)技艺(tekhnē)的条件。

根据这种对于灵魂和文章(logos)之关系的理解,苏格拉底恰到好处地仿效了他在献给爱神的颂诗结尾处所作的祷辞。在赞美这

---

① 无论《第七封信》以及其中关于文字的限度的解释是否出于柏拉图之手,都不会与这将《斐德若》解作柏拉图对哲学写作之可能性的辩护的解读相悖。因为,《第七封信》中讨论的结论仅仅是说,如果写作者是一个严肃的人,那么他最严肃的作品绝不是写下来的文字,而是那些住在"他身上最美好的处所"里的东西;柏拉图并没有否认写下来的文字有一种作为"回忆工具"的严肃价值,能令人想起活的思考"最严肃"的产物。就算是人们更少认为出于柏拉图之手的《第二封信》,也只是承认那些据说出于柏拉图的作品其实是"更美丽也更年轻的苏格拉底"(314c)的作品。

② 参《斐勒布》39a。

③ 灵魂是从知识种子中长成的言说的"母亲",同时也是蒂迈欧的"作为母体的空间"(mother space);它是宇宙基本元素的容器,只能靠某种"不纯粹的理性思考"来把握(《蒂迈欧》52b)。见伯纳德特,"论柏拉图的《蒂迈欧》与蒂迈欧的科学虚构"(On Plato's *Timaeus* and Timaeus' Science Fiction),页39。

种对待文章的高贵态度的最后,苏格拉底祷告说,但愿自己和斐德若能像有这种态度的人那样,成为让严肃的文章(logoi)播种的适宜土壤。但是,当他与斐德若的讨论临近尾声时,苏格拉底却将这场讨论称为一场游戏(paidia):"关于文章,咱们的消遣差不多够了"(278b)。① 就这样,对于祈祷自己能拥有对待文章的正确态度的做法,柏拉图的苏格拉底做出了回应;[105]对于这位坚持辩证活动的严肃价值的苏格拉底,他的真正形象也只有这些书面文辞(written words)才能展现出来——它们承认自己不可避免带有的游戏性,展示出这种承认的高贵所在,从而克服那样一种创造智慧的外观而非实在的外在性。

通过质疑自己的清晰与牢靠,这篇柏拉图对话否认了自己是对话的思考的一种替代;通过将自己转化为一种游戏性的回忆工具,"让知道的人记起已经知道的东西",这篇对话证明了它的严肃价值。然而,只有当这篇对话是一种摹仿,并决定了自己指向的是什么(being)时,它的这种自我克服才能成为自我实现。如果说,书面文辞对写作所作的一种自相矛盾的自我谴责,其实是书面文辞为自己辩护的手段,那么,要想获得"更加高贵"、"更加严肃"的真理,就不可能通过对历史上苏格拉底或柏拉图的教导进行推理的办法,而这篇对话仅仅是提醒我们想起它们的回忆工具而已;至于这场对话的影像所要引起的是什么(being),并非是对某些历史上的言辞或行动进行重构,而是让这场思考的戏剧活动起来。②

---

① 阿里斯多芬在《地母节妇女》(1227)里也如此结尾,这是另一场多多少少与写作技艺相关的文字游戏(paidia)。

② 有一种观点认为,"未成文学说"是比游戏性的文章远为高贵和严肃的真理,是一种早已在作为哲学文本的对话之中的"超越"。上述观点可能遭到如下进路的挑战,即:部分依赖于在亚里士多德著作或其他哲人论述中汇报的学说,通过历史的或推理的重构来寻找"未成文学说"(ungeschriebene Lehre)。见 Konrad Gaiser, *Platons ungeschriebene Lehre*, 页 337, 页 588; Hans Joachim Krämer, *Arete bei Platon und Aristoteles*, 页 394 以下。

既然确定了严肃文章的标准,以及写作的游戏性所具有的严肃价值,苏格拉底便结束了他与斐德若的这次私人相遇,还要求他将这次讨论的消息转达给不在场的吕西阿斯(278b)。斐德若毫无批判地屈从于书写作品的权威的骗人外表,这就使得他成为向吕西阿斯转达消息的最佳信使。[在这篇对话中]吕西阿斯被埋藏在自己的文章里,无法参与这场辩证探究的追问活动。然而,尽管斐德若是苏格拉底和吕西阿斯的最佳中间人,但只有斐德若和苏格拉底两人联手,才能充当"城邦里的写作者"与"水泽仙女和缪斯的涌泉"(278c)的最佳中间人。苏格拉底拿"这地方的神们"当借口,又一次隐藏起他通过柏拉图的文辞(written word)而转达的消息的真正来源。作为苏格拉底谈话的记录者,柏拉图似乎是要充当苏格拉底的中间人;而在这篇对话里,这位被摹仿出来的苏格拉底暗示了,他自己其实是写作者柏拉图的中间人。

既然柏拉图必须透过苏格拉底之口来向他的同行[写作者]说话,转达给吕西阿斯的消息也就必然要转达给荷马和其他诗人,还有梭伦和法律文书们。尽管吕西阿斯实践一门写作技艺是因为爱财,诗人和立法者实践一门写作技艺似乎却是因为爱名誉(参258b-c)。① 但是,吕西阿斯与诗人和立法者一样,都是那种觉得自己的作品"称得上明晰、完满和严肃"的写作者,而这种作品的基础和最终判准是多数人的意见;这些"城邦里的写作者"代表了让柏拉图的苏格拉底和苏格拉底的柏拉图团结起来的共同敌人,他们的伪装和危险将被缪斯的消息所揭露——这消息不是别的,正是柏拉图对话。

为了和自己的摹仿者一致,柏拉图的苏格拉底必须限制自己对写作的谴责。基于他本人的论证,对于那些"在写作时知道自己所撰写的东西的真实,有能力帮帮自己写的东西,而且自己说的时候,

---

① 参《申辩》21c,22c;《高尔吉亚》502b;《王制》568c,599b,606e;《法义》659c,829c-d,957d。

能够表明舞文弄墨[106]其实没什么了不起"的写作者,苏格拉底不得不赋予他们"哲人"的称号,个中缘由就在于这种写作背后的严肃追求(278c)。那些称得上是爱智者的写作者,必须与那些觉得"再也没什么比他自己撰写的东西更值得尊崇"(278d)的人区别开来。诗人、写文章的人和法律文书全都属于那种热衷于书写作品本身的人,"一有闲暇就在那儿摆弄来摆弄去,东拼拼西凑凑"(276e)。假如柏拉图也一定要被正确地称为诗人、写文章的人和法律文书,即便如此,他也是一个凭借关于真实的知识而从事写作的人。因此,柏拉图似乎是要给自己冠以"智慧者"(sophos)的头衔,而这个头衔在苏格拉底看来,"只有神当得起"(278d)。但是,作为哲人的写作者所拥有的这种关于真实的知识,必然也是关于其写作背后的严肃追求的知识。一种承认辩证法的终极严肃性的书写作品,也承认自己必然具有游戏性;由此,它便透露出关于真实的知识,这种知识不是别的,正是苏格拉底式的无知之知(Socratic knowledge of ignorance)。

　　苏格拉底和斐德若将从这场发生于神圣密林的谈话中带走的消息,确定了一切写作者要想配得上爱智者这个名号所必须满足的标准。但是,水泽仙女和缪斯要求苏格拉底和斐德若将这一消息告诉给所有搞写作技艺的人,苏格拉底却仅仅表现了这一消息的部分内容:他本人要求斐德若告诉给他朋友吕西阿斯(278b)。苏格拉底似乎忘了自己作为中间人的职责,当他提醒斐德若要记得向吕西阿斯转达消息这一信使的责任时,斐德若突然坚持说苏格拉底也应该向他自己的朋友如此行事,那位朋友就是漂亮的伊索克拉底(278e)。① 斐德若不仅想听苏格拉底会向伊索克拉底转达怎样的消息,也想听听他会给这个人什么样的名号。然而,不管这位修辞

---

① 尽管柏拉图在别处没有明确提到苏格拉底竞争对手们里有一个伊索克拉底,但普鲁塔克称,伊索克拉底曾因苏格拉底之死伤心不已,还为他志哀(*Lives of the Ten Orators* 838f)。

家究竟是配得上"爱智者"的美名,还是应当被称为诗人、写文章的人或法律文书,这一点都必须让苏格拉底和斐德若要向所有写作者转达的消息来决定。为了澄清斐德若似乎还没搞懂的这项消息,苏格拉底愿意在对话最后余下的时间里做出一个"预言",一个与伊索克拉底的本性和技艺有关的预言。苏格拉底对吕西阿斯讲辞的批判,反讽地体现在苏格拉底对伊索克拉底的预言中:之前,苏格拉底的批判是因为那篇讲辞将有爱欲者在最后才会对被爱者说的话摆在了开头;之后,苏格拉底的预言却摆在了一篇打一开始就在针对伊索克拉底的对话的结尾处。① 只是到了这篇对话的结尾,这位打一开始就在舞台上盘桓的幽灵才成为关注焦点。因而,这篇对话整体上就是藉由它与两位写文章的人之间的关系而设计出来的——吕西阿斯和伊索克拉底,他们象征了任何写作者在其书写作品中模糊不清的在场。

"对复杂的灵魂用复杂的文辞(speech)"(参 277c)——这种柏拉图式的做法,涉及写作的哲学意义这个普遍问题。最终,这种做法本身展示了一句针对一位预期听众的"简单的言辞",一个苏格拉底想转达给柏拉图的头号竞争对手的关于写作技艺的消息。这场对话确立了辞章与灵魂相对应的要求,[107]结尾也暗示了我们需要根据它所针对的特定听众的立场,对它的文辞(logos)进行一番重新检省。这项暗示出现在《斐德若》的结尾,它揭露了一条由伊索克拉底文章的持久回响所构成的隐匿线索,而这些回响本身也展示了伊索克拉底对自己的写作技艺的隐匿辩护。伊索克拉在其作品中为他的写作技艺编织了辩护,辩护的根据在于:他的写作技艺能通过说服而激励节制的德性,从而有能力实现修辞术的目标,也就是充当哲人的智慧(phronēsis)与在政治世界中行动的人的实践

---

① 对于伊索克拉底为他的写作的修辞技艺所作的辩护,以及柏拉图与伊索克拉底的对话这条贯穿《斐德若》全篇的隐藏线索,相关讨论见附录,"漂亮的伊索克拉底"。

之间的必要中介。① 伊索克拉底的话在柏拉图的回响里实现了一种反讽性的转变,这场转变向我们揭示了一种"更加神性的力量"(279b)的可能性:根据这种力量,伊索克拉底对他的写作技艺的辩护,以及构成这种辩护之基础的哲学理解,都必须被判定为太人性的(all too human)。因此,这篇柏拉图对话再合适不过地代表了来自"这地方的神们"的消息,而这消息必须由苏格拉底作为中间人转达给伊索克拉底。

通过转达给"城邦里的写作者"的信息,柏拉图的苏格拉底和苏格拉底的柏拉图之间的统一性得以建立。唯有如此,这篇对话才能暗示出这种统一性的内在张力,这是在苏格拉底最后向"牧神潘和其他在这儿的神们"(279b)的祷告中揭示出来的。潘不只是在城邦之外统治的神,同时也是司掌属神的言辞和属人的言辞(logos)的神,②因而,他是苏格拉底祷告的最佳接受者。苏格拉底的祷告既是为了内在美,也是为了外在与内在的和谐:③他要求得到金子,

---

① [译按]这个词在柏拉图那里与 nous、sophia 常常是同义词,并没有后来亚里士多德赋予它的与 sophia(智慧)相对的"明智"的内涵。

② 苏格拉底在与赫莫杰尼斯对话时,通过对牧神潘的分析,结束了他关于一系列神的名字的词源学解释,而牧神潘是发明言语的赫耳墨斯的儿子,具有双重本性(《克拉底鲁》408b)。既然"言语意指一切,使一切循环且运行,并且言语具有双重意义:真与假……真的部分既平滑又神圣,在上居于诸神之中;假的部分在下居于众人之中,既粗糙也悲惨(像山羊一样),正如神话和虚假大多在那儿,在那悲惨的生活中",牧神潘就必须被正确地称为牧羊人,"在上的部分平滑,在下的部分粗糙且像山羊一样"(《克拉底鲁》408c – d)。因此,《斐德若》似乎是游戏性地以一段祷告作结,祈求外在表象与内在美的和谐。这段祷告,发自苏格拉底 – 赫耳墨斯(诸神的信使,言语的解释者和发明者),上达至柏拉图 – 牧神潘(赫耳墨斯的儿子,具有双重本性,既神圣也像山羊一样)。

③ 苏格拉底向牧神潘所作的祷告,令我们想起阿尔喀比亚德的比喻:他将苏格拉底比作雕像群里摆着的森林之神西勒诺斯的形象,在它丑陋的外表下藏着诸神的"神像"(agalmata)(《会饮》215a – 217a,222a)。只要阿尔喀比亚德表面上对苏格拉底的节制的恭维,实际上是在对苏格拉底的肆心提出指控(参 222a – b),那么,阿尔喀比亚德的比喻就再合适不过地回响在苏格拉底对牧神潘的最后祷告当中。

而金子的数目要与节制相宜;内在美与哲人的节制相宜,并且承认智慧就是财富。① 苏格拉底刚刚区分了写作的外在作品(无论是私人的还是公共的)与写在灵魂里的内在作品,唯有后者具有严肃的价值(278a),因此作为一种身外之物,书写作品与不事生产的"美好的灵魂"无法相提并论。苏格拉底关于内在美的主张与他对身外之物的漠视,都与他对从事写作的不屑有关系。因此,内在美、智慧的财富、节制在结尾处联系到一起,写作、金钱、贪婪②在开篇处联系到一起,两边形成了尖锐对比。

日出时,斐德若一开始的谈话泄露了自己在城邦里拿着吕西阿斯讲辞取乐的事实;日落时,斐德若最后的谈话则是要求和苏格拉底一道向神们祷告,为了内在美,也为了对智慧的财富感到满足。最初与苏格拉底相遇时,斐德若流露出自己的欲望——他想背下来吕西阿斯之讲辞,"远胜过想得到许多金子"(228a);而斐德若最后的愿望,体现了这种欲望的明显转变——他想分享苏格拉底为智慧而作的祷告。如果说,金子是必然将其追求者予以划分的欲望对象的典型,那么,智慧似乎就是将爱它的人联结起来的欲望对象的榜样。③ 因而,即便是不经意间,斐德若也是恰如其分地表达了自己想分享苏格拉底的祷告的愿望,因为"朋友的东西都是共通的"(279c)。④ 斐德若认为,友爱是他和苏格拉底能够分享东西的理由,但是,这种友爱恰恰是他对苏格拉底的爱欲(erōs)的不自觉反映;正如苏格拉底在描述[108]被爱者的灵魂时所言,被爱者错把源于有爱欲者、反映在自己身上的那股渴慕当作友爱(参 255d - e)。斐德若也想分享这个祈求内在美的祷告,并且假定这个心愿能够实现的理由就在于他和苏格拉底的友爱。这种假定大概不能代表他

---

① 参《王制》521a,551a;《法义》705b,742e,831c,836a,919b;亚里士多德《政治学》2.11,1273a35 - 39。
② 位处城邦中心的吕西阿斯、厄庇克拉特、莫里奇亚是其代表。
③ 参《王制》416c - 417b,464c - d。
④ 参《吕西斯》207c;《克里提亚》121a;《法义》739c - d。

对苏格拉底的欲望的本性已有了什么真实的理解,相反,它只是代表了苏格拉底爱欲(erōs)的影像(eidōlon),存在于斐德若的灵魂中。正是通过对这一张力的表现,这篇柏拉图对话默不作声地暗示,自己也有权与苏格拉底分享"朋友间的共通物"。

苏格拉底宣称,至少对他自己而言,祈求节制的祷告本身是经过仔细斟酌的。苏格拉底先是宣称,只有神才能拥有智慧,而在这以后,苏格拉底祈求的是智慧,而非对智慧的爱(278d)。苏格拉底的智慧是无知之知,但他自称,他对技艺的无知已经让位于神灵感发,他的节制的真相其实是神圣的疯狂(参 245b–c)。苏格拉底将内在与外在之间的划分解释为活的言辞与书写作品之间的划分,这种表面的解释体现了他的肆心(hubris)。为了对苏格拉底的肆心(hubris)提出指控,柏拉图必须将内在与外在的划分融为一整体,融入写作技艺当中,而且,该整体是由特定的作品及其读者的本性所决定。因此,外在的写作活动这一隐喻刻画出了内在智慧的发展:文章(logoi)只有写进灵魂里,才具有严肃的价值。对于写进灵魂里的文章而言,它们的严肃价值的来源不再取决于通过言说还是写作来表达,而仅仅是由辩证法诸原则所呈现的标准来决定。

辩证法的原则,构成了一切有技艺的言说或写作的基础:它要求关于每个存在者之真实的知识,而这些存在者既是作为一个内在联系紧密的整体,又是作为一个更具综合性的整体的一部分;它也要求关于灵魂及其整体与部分的同样的知识;最终,它还要求关于诸存在者与灵魂之间的关系的知识。但是,要求得到一种关于整体、关于所有类型的人对该整体的看法的完备知识,这样的要求似乎只不过是一个"理想的"标准;凭借这一标准,修辞家们声称能教授一门说服技艺的主张,苏格拉底对话的实际进程,甚至于柏拉图对苏格拉底对话的摹仿,统统都可以得到衡量。

辩证法技艺的基础是对关于诸理式和灵魂的知识的要求,辩证法技艺的标准又取决于一种关于静止与运动、死亡和爱欲(erōs)的原则。在追求这项目标的过程中,苏格拉底声称要始终坚持一种

"爱欲(erōs)的辩证法"：在爱欲的辩证法里，与另一个人进行对话的爱欲(erōs)，导向对诸存在者的洞察。但是，柏拉图对话所表现出来的苏格拉底的追求，揭示出了这种苏格拉底式的目标的种种限度，因为苏格拉底本人关怀的特殊性，即苏格拉底对自我认识、对他的对话者的灵魂的关怀，总是遮蔽或扭曲了对诸理式(作为一个有内在关节的整体)之结构的客观的看(objective vision)；尽管有了苏格拉底的爱欲辩证法的目标，灵魂的自我运动的运动却始终是一个阻碍，阻碍我们抵达[天外]诸存在者完美无缺的不变性和稳定性。通过将这种不充分性表现出来，这篇柏拉图对话似乎认为[109]另一种完全相反的目标更好，即：凭借没爱欲的写作技艺，实现在辩证法的原则中阐明的目标。无论如何，通过模仿苏格拉底的声音，这篇柏拉图对话承认了自己的种种限度，因为，书面文辞的完全的不变性似乎使活的思考不再可能，书写作品的虚假的客观性似乎也阻碍了每一位读者各自视角的特殊性，而且，死的书面文辞似乎也无法与灵魂的自我运动的运动相容。

运动原则主宰着苏格拉底的爱欲辩证法，静止原则主宰着写作技艺；两条原则似乎一道阻碍了辩证法技艺实现其目标。不过，保证该目标实现的方法，既不是分有苏格拉底那场活的谈话的自发性质，也不是凭借一篇"死的"书面论述，对各种存在者(作为一个有内在关节的整体)的结构进行一番分析；这两种极端，都不过是一个统一的表现(one unitary representation)所暗示的可能后果而已。因此，柏拉图的苏格拉底对话与柏拉图的书写作品如影随形，前者在这篇对话里只是作为一个影像而出现，后者则是这种影像得以产生的原因。正如爱欲(erōs)和死亡这两条道路的交汇一样，柏拉图对话本身便呈现了活的言辞与写作之间的理想交汇点，这种交汇点是由辩证法的原则所规定的。柏拉图为辩证的写作做辩护，反对苏格拉底表面上对活的言辞的爱欲(erōs)的献身，而柏拉图的辩护之所以成立，靠的就是这种"可内在化的"书面文章(logoi)——它们指出了书面文辞的种种危险，从而描绘了这样一个苏格拉底的形象：

他必须维护这门技艺,正是靠这门技艺,他对智慧的爱得到了摹仿。

## 补遗　像活物绘画一样的写作

> 而且,写作肯定有一种可怕的力量,斐德若,真的好像活物绘画一样。绘画的子嗣立在那里,像活物一样,但倘若你问他们什么,他们却威严地缄口不言。文章(logoi)也是如此:你会以为,他们在说话,仿佛有所想的东西,但一旦你问他们,想搞懂他们在说什么,他们却总是指着一个而且是同样的东西。(275d)

柏拉图对于埃及象形文字究竟知道多少,始终是一个悬而未决的问题。尽管如此,象形文字在阐明《斐德若》思考的哲学问题过程中所发挥的作用,却似乎揭示了柏拉图将其作为一种观念的形象表达而赋予它的象征含义。苏格拉底讲述了一则"埃及故事",[110]其中,他认为书写文字(grammata)的发明者是忒伍特神,而塔穆斯神对这项发明提出了谴责。但是,对于在这则"埃及故事"中既被发明出来、也遭到谴责的书写文字(grammata),苏格拉底并没有讲述它的本性,尽管他本人提出了一种与"活物绘画"(zōographia)——也就是摹画动物的外形——相关的解释(275d)。虽然书写文字(grammata)有可能是指字母文字,但文字通常是被用来指代一切写下来的记号,包括绘画或音符。当希罗多德想要详细描述一下腓尼基字母时,他就说那些字母像是"卡德摩斯的文字"(kadmeia grammata)(《原史》,4.59),然而,这个词又被其他希腊作家用来描述"象形文字"(hieroglyphika grammata)(参亚历山大的克莱门,《杂篇》*Stromata*,5.4)。

在《斐勒布》里,苏格拉底介绍了字母排列(alphabetization)的技艺,以此为例,表明他自己一直努力追随的道路;这条道路便是将无限划分成多种多样的确定的类,在苏格拉底看来,它是神们赐予人的礼物,是被"某位普罗米修斯"(16c)丢下来的礼物。为了讲清楚这个例子,苏格拉底以他的观察为根据,描述了字母的发明:他发现,无限流动的声音能衍化成各种类型的元音、浊音和哑音,它们每一类又能被划分为各式各样的特殊部分,每一部分都被赋予了单个字母作为名字,然后,所有这些字母通过一门名叫"文法"(grammatikē)的技艺而联结到一起。有一则"埃及传说"(Egyptian *logos*)将发明这门技艺的神或神样的人取名为"忒伍特"(18b – c),苏格拉底没有证实这则"埃及传说"的真实性,他关心的是要把字母作为划分成类(division into kinds)的例子,确立它的意义:这种做法的根据在于声音的再现(音节),途径是一种显著元素(元音)的结合和一种不显著元素(辅音)的抽象,而这些元素则是靠一种使得所有元素显得同质的形象(字母名称)得以确定。柏拉图在这篇对话里含糊地提到了埃及忒伍特的传奇发明,藉此,他似乎是推测性地确立了与字母意义相对立的象形文字的象征意义,尽管他小心克制自己,对于"他已经认识到了埃及书写体系中有字母元素存在"这样的说法不置可否。

不无可能的是,柏拉图或许已经知道埃及文字最终产生了字母排列(见 Robert Eisler – Feldafing, "Platon und das aegyptische Alphabet",页 9)。杨布利柯(Iamblichus)说,毕达哥拉斯、柏拉图、德谟克利特、欧多克索斯以及许多其他希腊人都教导过关于埃及的神圣文字的"正确的东西"(《论埃及秘仪》*De Mysteriis*, I. 1,载于 *Fontes historiae religionis aegyptiacae*, Theodor Hopfner 编,页 497)。但是,这种象形文字的体系竟然在埃及神庙之外得到如此清晰的理解,这在古代似乎不大可能,至少希腊作品中似乎并没有十分确切的描述(见 Liselotte Dieckmann, *Hieroglyphics*: History of a Literary Symbol,页 4 以下)。

1799 年罗塞塔石碑被发掘后,商博良(Champollion)破译了埃及象形文字。这种文字实际上是表意符号与表音符号的混合,[111]要么表现完整的单词,要么表现单音,还经常将一个表意符号附加到表音符号上,或者让同一个符号表示一个单词或者单个字母。这种图像符号与口语符号的结合,得到了音节记号和解释性限定词的进一步补充。最古老的象形文字是一批图像符号,它们的意义很可能保存在一小批保守的祭司阶层的手上。虽然象形文字直到公元四世纪还在使用,但这种文字的最古老证据在上埃及底比斯南端发掘的石制调色板上被人发现,它们可追溯到大约公元前3000年。最初,这种最原始的象形文字得到了祭司体(the hieratic)的补充,这是同一种语言的草写体(cursive);随后,大约公元前七世纪又得到了一种更加简化、更加符合习惯的通俗体(demotic script)的补充;最终,大约公元前二世纪,科普特语(coptic)取代了通俗体,而埃及语言在科普特语中就是由希腊字母文字表现的。在那以前,埃及人似乎从未赞美过字母体系的好处,因为,即便是在最接近这种体系的时候,象形符号也从未以字母的方式得到一贯的应用(见 Sir Alan Henderson Gardiner, "Writing and Literacy",载于 Legacy of Egypt, J. R. Harris 编,页6以下)。

柏拉图对埃及象形文字的看法的模糊性,似乎得到了一段漫长传统的支持:从希罗多德开始,历经西西里的狄奥多罗斯、亚历山大的克莱门、普鲁塔克和普罗提诺等希腊作家。即便这些作家似乎意识到了埃及文字中表音元素的存在,他们也更倾向于关注表意符号的重要性,这么做或许是为了将埃及文字与希腊文字区别开来。希罗多德指出,埃及人运用两种文字体系,神圣的文字和通俗的文字,却没有定义它们各自的特征。希罗多德认为,埃及习俗与其他文化迥然不同的地方,很多都体现在埃及人的文字体系里,因为,与希腊人不同,埃及人写字是从右到左,尽管埃及人声称他们的文字更加"灵巧"(《原史》II. 36)。

西西里的狄奥多罗斯说,埃及祭司将两种文字教给他们的儿子,一种是象形文字,另一种用于更为一般的教育(《历史丛书》[Library of History], I. 81)。和希罗多德一样,他没有认识到象形文字与祭司体的差异,而是将它们划到与通俗体相对立的同一类。他将象形文字描述成这样一种文字:它的形式,采用了"动物的外形和人的身体部位以及各种工具……这种文字依赖于它所模仿的对象的含义,以及凭靠记忆而习得的隐喻含义,而不是通过将音节组合在一起的方式来表达想说的话(logos)"(III. 4)。普鲁塔克在公元120年之前写作,那时,通俗体已经沿用了很久。通过与毕达哥拉斯派的比喻性说法进行一番类比,普鲁塔克描述了图像隐喻在象形文字里的地位,因而,他似乎忽视了埃及文字里的表音元素(《伊西斯与奥西里斯》[Of Isis and Osiris], I. 10)。不过,在另一段文本里,他提到了埃及人用的二十五个文字(grammata),这一点或许暗示他已知道一套字母体系的存在(IV. 56)。

公元二世纪,亚历山大的克莱门对埃及文字作了一番更加清晰的描述,[112]有助于解释希腊传统的这种模糊性。他写道:"在埃及人里,有学识的人首先要学信函体(epistolographic),然后学祭司体,这是神圣的书吏使用的,最后是象形文字,其中一类是字面的,用字母(letters)表达,另一类则是象征的。而且,在象征的那一类里,一种是通过字面摹仿而继续,另一种是比喻式的,第三种则是寓言式的,用谜来说话。"(Stromata V. 4. 20)

公元四世纪,阿米亚努斯·马塞里努斯(Ammianus Marcellinus)表达了希腊传统的理解里象形文字的限度,他写道:

> 在埃及,我们发现到处都雕刻着数不尽的图形和形状,它们被称为象形文字,是古人对原始智慧的记录。他们将来自一个陌生世界的林林总总的鸟兽雕刻下来,以便在后来的世代里公开传统的记忆;藉此,他们转达了君王的愿望,无论这愿望已经实现还是仅仅许下。古代埃及人不像今天这样用一套简单易学的字母来表达人类心智可以想到的任何东西,而是以一个字代表一个单名或词语,有时表达一整个思想。(《功业绩》[Res gestae], XCII. 4. 8 – 11, 载于 Fontes historiae religions aegyptiacae, 页547)

普罗提诺以埃及的象形文字为例,作为他本人所设想的"柏拉图的理式"的一个意象,而且,他还描述了孤立存在的铭图(isolated emblem),认为它表达了一种非推论性的知识:

> 我想,埃及的智者也凭正确的推理或直觉明白了这一点:当他们想通过智慧来表现事物时,他们不会采取任何描述词语或句子、摹仿各种声音和句子发音的字母,而是画出形象,在他们的庙宇里为每一样事物都刻上一幅图像,以此表明对该事物的描述。因此,每一幅图像都是同时被给予的一种知识,一种智慧,一种实体,而不是推论性的推理和思虑(reasoning and deliberation)。(《九章集》V.8)

在上述这段话的一个注解里,十五世纪普罗提诺的翻译者马西里奥·斐奇诺(Marcilio Ficino)详细阐述了埃及象形文字中的"新柏拉图主义"观念:

> 如果埃及祭司想要表示神圣事物,他们不会用字母,而是用鸟兽草木的整个形象。因为,上帝无疑拥有一种关于万物的知识,这种知识并不是关于其主题的复杂的推论性思考,而是这种思考的简单、稳固的形式。例如,你们对时间的思考多种多样,而且容易改变。你们坚信,时光飞逝,并且依照某种周期,从开端走向终结。时间教人明智,它创造许多东西,又摧毁殆尽。埃及人要理解这一大段论述,只需一个牢固的图像:这幅图像画的是一条有翼的大蛇,口里衔着自己的尾巴。(《赫拉波罗的象形文字》[*The Hieroglyphics of Horapollo*],George Boas 英译,页 28)

这种解释认为,象形文字的含义就是通过单个符号来摹仿一个理式;新柏拉图主义传统还不是这种解释的终结。[113]维科证明,"最初各民族都用诗性文字来思考,用寓言来说话,用象形文字来书写",然后他说,埃及人早已认识到了与诸神、英雄和人类三个时代相关的文字的三个时代:表意文字或象形文字,无需约定而自发产生，与之相关的是原始狩猎时代；英雄的文字或象征文字，使用约定的记号，与之相关的是野蛮时代和农业；字母文字，一种关于形象的意象（images of images）体系，与之相关的是文明的工作。为了证明在这个发展次序的问题上希腊人与埃及人有一样的看法，维科考察了《伊利亚特》里"金子般的"几段话，并对荷马提到的属神语言与属人语言之间的区别做出了解释。为了证实所有最初民族出于共同的自然必然性都"使用象形文字"，维科希望拔除"某些埃及人"心中的错误意见：他们认为象形文字是哲人发明的，用来隐藏他们高不可攀的秘传智慧的奥秘（见乔瓦尼·巴蒂斯塔·维柯，《新科学》，Thomas Bergin 与 Max Fisch 英译，页 138 – 142）。

卢梭似乎接受了维科所说的这个发展次序。他凭借一种三分法来描述文字技艺的革命，与之相关的是三个时代，"据此我们可以认为人们聚集成了一民族"。直接描绘对象适合于原始民族，词语和句子的记号适合于野蛮民族，字母适合于文明民族：

> 文字的原初形式并不表现声音，而是表现对象本身，要么是像墨西哥人那样直接表现，要么是像古埃及人那样以寓言式的图像方式来表现……文字的第二种形式是用约定俗成的字来表示词语及命题。这一点只有当一门语言完全成形，并且整个民族被共同的法律所联合起来时才能做到……第三种形式是将语音分割成一定数量的基本部分，或是可发声的部分或是可想像的部分。这就是我们的书写形式，它一定是商业民族发明的。（让－雅克·卢梭，"论文字"，载于《论语言的起源》，John H. Moran 英译，页 17）

黑格尔根据他对字母文字和象形文字迥然不同的"记号"（sign）观念的思考，为字母文字之于象形文字的优越性进行了辩护：字母文字是口头言语的一种转录，象形文字的基础则在于对各种陈述（representations）进行一种预先假定的分析。象形文字用空间的图形来标示观念，字母文字则用符号来标示音符，这里的音符已经成了记号。在象形文字体系中,记号始终处于空间的感性直观(sensible-spatial intuition)这个层次上,相反,字母文字体系则发现了记号的时间化要素;就口语而论,字母一直对传统的发展最为开放,另一方面,象形文字体系只适合于最一成不变的文明。与此同时,通过象形文字表达的关于各种观念的分析,似乎在最为多样、最为迥异的形式里都是可能的,因此各种具体的精神观念彼此间的联系必然变得复杂而纷乱。只有国家中"排他性地占有精神文化"的少数人[114]才能学习象形文字系统,而它不过是一种聋子的读和哑巴的写。相反,字母文字表现了"与其自身内在性相关的精神的运动",因此"自在自为地更加智慧"。黑格尔写道:"上述还可以表明,学会读和写一种字母文字具有难以估量的、再多溢美之词也不为过的教育价值。它将精神从感性的具体图像引走,去注意发声词及其抽象要素的更为形式化的结构,还在赋予精神生活内在领域以稳定性和独立性这一点上贡献良多。"(黑格尔,《精神哲学》,William Wallace 英译,459 节)至于黑格尔对字母文字和象形文字之关系的分析,有一种解释参见雅克·德里达,"Le Puits et la Pyramide: Introduction à la Semiologie de Hegel",载于 *Marges de la Philosophie*。

于是,这段由希腊作家们(似乎也包括柏拉图)确立的传统,不仅被新柏拉图主义者和文艺复兴时期的作家们,也被近代哲人所接续。通过对比字母文字的抽象与埃及象形文字的象征解释,他们发现了一种恰当的例子来对比各种不同的思考方式。

附录

# 漂亮的伊索克拉底

[115]伊索克拉底还好年轻哟,斐德若。不过,我对他倒有点预言……我觉得,就本性而论,他比从吕西阿斯文章里看到的本性优秀得多,而且掺和着更加高贵的品质。所以,就他如今尝试的那些文章来看,待他年齿渐长,倘若他会如此出类拔萃,以至于让那些写文章已有时日的人在他面前就像小孩一般,这也没什么好奇怪的;而且,倘若他不以此为满足,某种更为神性(godlike)的力量就会把他引向更伟大的事情;因为,天生地,我的朋友,就有某种热爱智慧(philosophy)的东西在这人的心灵中。(279a – b)

在这部戏剧里,苏格拉底将斐德若当作一位必不可少的信使,向他的同时代人吕西阿斯传达消息。吕西阿斯是"当时最聪明的写作者",不过,柏拉图其实是要他那个时代最聪明的写作者收到来自苏格拉底的消息。① 苏格拉底通过一个中间人将柏拉图的消息传

---

① 在生命和事业行将结束时,伊索克拉底为他的生平和作品虚构了一篇申辩,其中思考了他所虚构的指控者的意见:"因此,如果我赞同指控我的人的看法,认为我是所有人中最聪明的人,而且在所有写冒犯你们的文章的人中也无人能比,那么,公正的做法是认为我有理,而不是惩罚我。"(《财产交换演说》Antidosis, 36)狄奥尼索斯称,伊索克拉底是他那个时代最著名的教师,还让他自己办的学校成了"雅典的象征"(Critique on Isocrates 1)。参 Jebb,《阿提卡演说家》(The Attic Orators),卷2,页13。

达给写作者吕西阿斯,这位中间人在对这两人的爱中摇摆不定,也没有能力区分他们(参237b)。在苏格拉底与这位中间人的相遇中,并且通过这场相遇,柏拉图遭遇了一位与他同时代的写作者,这个人"介乎哲学与政治之间,自认为是最智慧的人","适度地参与哲学,也适度地参与政治,只要是有必要,两者都尽量参与,避免采集智慧果实时发生的危险和争夺"。(《欧蒂德谟》205c – d)①

斐德若问,伊索克拉底应该被冠以什么样的名号,这时,苏格拉底的回答带有抱歉意味(278e)——尽管苏格拉底知道伊索克拉底已经超越了吕西阿斯,②但他还是不能为他指定一个名号,"因为他还年轻"(《斐德若》279a)。柏拉图的苏格拉底反讽地预言道,伊索克拉底本人也会以年龄为借口,替自己要发表的文章里的不恰当之处,以及自己采用文章而非行动、写作而非活的对话的做法作辩解。③ 虽然伊索克拉底设法以自己年老力衰为借口,博得听众们的同情,柏拉图的苏格拉底却是潜在地以伊索克拉底的年轻为理由,说他还没有充分地实现自我。至于苏格拉底对伊索克拉底未来的预言,这里的语境决定了这里的预言的反讽性质:这个预言是在一篇书面作品里,而它的读者生活在这场对话之后,已经知道苏格拉

---

① 紧随这段话之前和之后的论述,证实了《欧蒂德谟》的这段描述实指伊索克拉底:之前,克力同向苏格拉底汇报说他与"一位写聪明文章的人"有过一场对话。尽管这人既不是修辞家,也不是法庭上的辩护人,但他说哲学"一文不值",是那些"毫无意义地谈论不存在的东西"的人所热衷的玩意儿(304);之后,苏格拉底称,"我们应该对他们的欲望表示宽容,不要生气,但同时要认定他们就是这样的人"(306c),而这句话呼应了伊索克拉底本人的言论。参 Panathenaicus 47; To Philip 116 – 118。

② 伊索克拉底本人拒绝承认,他年轻时曾为法庭当事人写文章。见 Antidosis 46。

③ 参 To Dionysius 1; To Philip 2.4; To Antipater 13; To Alexander 1; To the children of Jason 6; To Timotheus 10; Antidosis 9; Evagoras 73; Panathenaicus 4; Philip 2, 10 – 12, 149。

底声称自己预见到了的结果。① 因此,作为摹仿品,这篇书写作品的模糊地位被一种时间差揭示了出来:一边是被表现出来的这场对话,另一边是这篇表现这场对话的书写作品。因为,在写下来的摹仿品里,看似[116]现在的东西其实属于过去,看似未来的东西其实属于现在。

苏格拉底似乎是在用年岁增长的问题打幌子,真正问题还藏在下面——这个问题关乎伊索克拉底的本性的模糊性,以及他的作品的模糊性。伊索克拉底本人似乎拒绝被当作诗人、写文章的人或法律文书,他认为自己的"教育"是对哲学的献身。② 伊索克拉底将这种[教育的]意义称为"哲学",只要它决定了自己的写作技艺的价值;他的写作技艺也构成了《斐德若》里柏拉图与伊索克拉底之争的核心。这场竞争在苏格拉底的下述要求中已有暗示:他要求对写作有一种哲学式认识,认识到写作是一种游戏(paidia)。然而,这样的要求在伊索克拉底对他本人的哲学进行辩护时恰恰遭到了谴责。③

根据自己对伊索克拉底的"超凡本性"的了解,苏格拉底预言道:"他将超越他现在的文章,让现在那些搞文章的人在他面前都显得不过是小孩一样。"(279b)事实上,苏格拉底的评价是在附和伊索克拉底本人的声明:在他的第一篇政治性文章,也就是为了在奥林匹亚举办的泛希腊集会上演讲而写的文章里,伊索克拉底表达了他的希望——"要远远胜过所有那些处理过同样主题的智术师,以至于在这些事情上仿佛从未有过任何说法一样"(《泛希腊集会辞》Panegyricus,4)。伊索克拉底想要超越的智术师,肯定就是吕西阿

---

① 一般认为,《斐德若》写成的时候,伊索克拉底至少大概六十岁,可能已近七十。见 De Vries,《柏拉图〈斐德若〉注疏》(Commentary on the Phaedrus of Plato),页 17。

② 见 Evagoras 11;Antidosis 36,81–84。关于伊索克拉底宣布要献身于"哲学",见 Antidosis 5,186。

③ 见 Helen 11。

斯和高尔吉亚,因为他们都在为奥林匹亚节日而作的文章里谈过泛希腊地区的统一这个主题。①

伊索克拉底先是表达了自己想要超越竞争对手的欲望,紧接着又认为,自己的奥林匹亚演说辞是"所有文章中最美的,处理的是一切大事中最了不起的大事。它尽情展现演说者的才华,同时也为听众带来最大的好处"(《泛希腊集会辞》5)。就像是直接回应伊索克拉底的宣称一般,苏格拉底在那段预言之后,紧接着又预言了伊索克拉底将在"一种更为神性的力量"的引导下,体验到这一类文章的不足(279b)。伊索克拉底认为,关注希腊政治统一以抵挡蛮族这个题目的文章就是最美的文章;柏拉图的苏格拉底则表明,从他所追求的辩证法的神圣视角来看,这种标准还仅仅处在属人意见的层次上。因此,神圣与属人的区别呈现于活的言辞与写作技艺的对立当中,这种区别的动机也就呈现为柏拉图与伊索克拉底对话的潜在主题。

伊索克拉底认为,哲学就是他在言说技艺中提供的教育,只要这种教育是通往作为成功哲人之标志的"智慧"(phronēsis)的最有效办法(《财产交换演说》 Antidosis, 271)。既然只有智慧(phronēsis)能认识到"人和公民的正确行为"的道路,它也就能将人的地位提升到动物之上(《财产交换演说》294)。说服展现了这种哲学式的"智慧"(phronēsis),说服的力量使人们能"聚到一起建立城邦、制定法律和发明技艺"(《财产交换演说》254)。在伊索克拉底看来,人,而非神,才是"尺度"。不像那些"用一种别人都不知道,而且即便在他们中间也争讼不休的德性和智慧(phronēsis)来劝说自己的追随者们"的人,[117]伊索克拉底赞扬一种"所有人都承认"的智慧,它将"使雅典人昌盛,并将希腊其他地区的人从目前的

---

① 高尔吉亚在公元前408年,吕西阿斯在公元前384年,都曾在奥林匹亚节日上发表过关于泛希腊主义的演说。有人认为,*Panegyricus* 大约发表于公元前300年,就算真的存在,作这场演说的人也很可能不是伊索克拉底。见 *Isocrates*,卷1,Loeb Classical Library,页119。

罪恶中拯救出来"(《财产交换演说》84–85)。

伊索克拉底通过他的言说技艺而教导的哲学,带有一种明确、实际的政治信息:雅典送给世界其他地区的特别礼物,就是"教导我们公共事务,并使我们彼此温和待人的哲学"(《泛希腊集会辞》47)。雅典比其他所有民族都更优秀,不止在打仗或维护法律方面,"还在被教育要追求智慧(phronēsis)和道理(logos)方面。这些品质将人提升至动物之上,将希腊人提升至蛮族之上"(《财产交换演说》294)。唯有雅典提供了"各种文章之间最伟大的竞争、实践经验、言辞的节制、头脑的灵活,以及对文字的热爱",作为对潜在的修辞家的教育;雅典已经成为"所有能够言说或教育的人的老师"(《财产交换演说》296)。雅典之所以值得称赞,是因为她培育了适合这些品质发展的条件,而这些品质正是伊索克拉底在他的文章中并通过这些文章而尊崇的对象。至于这些"在所有时间、所有场合都得到赞誉和尊敬"(《财产交换演说》48)的哲学文章所具有的价值,其实都取决于它们对当下政治形势的实际判断。雅典将被推举为泛希腊联盟的领袖,因为雅典代表哲学;哲学将受到重视,因为它指明了认识"雅典和希腊其他地区的真正利益"(《泛雅典娜集会辞》[Panathenaicus],2)的正确道路。

柏拉图断定,伊索克拉底的追求有着一种不够神性的冲动。不过,伊索克拉底质疑了这种神性的冲动本身的智慧,他认为,不是所有人都天生渴望知识。① 既然哲人之所以区别于多数人是因为他有一种自觉的渴望,渴望理解对人而言的善好,②那么,哲人与多数人的鸿沟也就表明了言说技艺的必要性。正是修辞技艺,使得哲人的智慧(phronēsis)能被城邦所接受,它的这种调解作用无论对哲人还是对城邦都有好处。作为说服技艺的先决条件,同时也作为它的

---

① 参亚里士多德《形而上学》1.1,980a21。
② 见 To Demonicus 4; Nicocles or the Cyprians 1–2; Evagoras 81; Antidosis 270–270a, 284; Panathenaicus 30–32。

产物,节制的德性就代表了伊索克拉底对于哲学的理论价值与城邦的现实实践之间的鸿沟的解决办法。① 修辞技艺意在为这种德性提供榜样,而这种意图也就等同于哲学的政治意图。修辞与哲学的联合是为了给节制的德性树立榜样,伊索克拉底赞成这种联合,视之为对他的教育的终极辩护;这样的教育也就必然会树立起人的智慧(phronēsis)之于任何形式的疯狂的优越性。② 苏格拉底遵从神的告诫,将自己[的活动]仅限于活的对话之内,与此相反,柏拉图承认了他从事写作的做法具有一种属人的视角。然而,与伊索克拉底的属人技艺相反,柏拉图又将他的辩证的写作技艺与苏格拉底的"神圣的疯狂"联系在一起。

伊索克拉底为围绕属人的荣誉而展开的竞争和对抗作辩护,他把属人的荣誉作为自己从事写作实践的正当动机。相反,苏格拉底认为属人的荣誉是那些比属神的灵魂更低的灵魂才有的动机:这些

---

① 伊索克拉底为修辞术辩护,将其视为政治哲学的核心与"节制"(sōphrosunē)德性的榜样,它因理论与实践的异质性而变得不可或缺。对这一点的分析,见阿兰·布鲁姆,《伊索克拉底的政治哲学》(*The Political Philosophy of Isocrates*),页213以下。

② 伊索克拉底首先反驳了那些在各种技艺和科学领域有所专长的人的主张,然后提出了他自己对于"受过教育的人"的理解:"首先,是那些把日常遇到的各种事务打理得好,拥有一到时机就能派上用场的各种意见,还能推断出大多数情况下什么东西有利的人;其次,是那些在自己的团体里为人正派、公正,面对让他人觉得愤恨、压抑的事物还能安之若素,并且为人友善,尽可能温和对待同伴的人;接着,是那些管得住自己的快乐,不会让自己被不幸所压垮,而是有意凭借一种配得上我们人所共有的天性的方式来勇敢地面对厄运的人;最后,也是最重要的一种人,他们不会被成功所击倒,不会缩在自己的小圈子里,也不会骄傲自大,而是以一种秩序井然的方式,理智地坚守自己的立场。他们不会因偶然获得的善好而高兴过头,而是欣欣于那些从一开始就源于他们自己的本性和理智的善好。拥有一种不仅与上述某一类人,还与上述所有人都和谐融洽的灵魂状态的人,我认为,就是智慧而完美的人,他拥有了一切德性。"(*Panathenaicus* 30–32)

下界的灵魂互相踩踩撞撞,个个争先恐后[118](参248b)。① 伊索克拉底论证道,既然最终的裁断法庭并非神圣的真理,而是属人的意见,那么,说服行动中的竞争就是必要且正当的。② 无需探究"关于属神和属人的灵魂的本性"之类的借口,伊索克拉底宣称,"任何人做任何事情都是为了快乐、收益或者荣誉,因为,对人而言不存在除了这些之外的任何欲望"(《财产交换演说》21)。

在他的奥林匹亚演说辞里,伊索克拉底为自己与先前的修辞家们之间的竞争作辩护,辩护的基础在于:文章能将各式各样的谋篇(arrangement)应用于同样的论点。由于真理本身是无助的,说服的可能性就完全在于谋篇,它能"赋予我们一种力量,搞清楚我们在彼此身上想要什么"(《尼科克勒斯》[Nicocles] 5)。伊索克拉底对这种能力进行了分析,分析的根据在于:文章有一种力量,"把大的说成小的,把小的说成大的,用新法子来讲旧事,或用旧法子来讲新事"(《泛希腊集会辞》8)。不过,恰恰是这种说法,最初在将修辞术的整体定义为一门"争辩术"的过程中,被苏格拉底用作该定义的一般基础(参261),最后又被苏格拉底归于伊索克拉底的老师高尔吉亚和提西阿斯名下(参《斐德若》267b)。③

伊索克拉底坚持认为,证明某位说话者或写作者的特殊才华比证明某事物可能是真的(从而也是被人普遍接受的)更重要;就此而言,伊索克拉底对修辞原则的解释反映了他对竞争的关注,他认为修辞的原则就是要区分开一篇文章的论点与谋篇。④ 根据这项

---

① "其实,荣誉和卓越不是靠休息而是靠争抢取得的。我们应当奋力取胜,无论我们的身体、灵魂还是我们拥有的任何东西,都不应该留着不用"(*Archidamus* 105)。

② 见 *Against the Sophists* 2。

③ 参 Friedrich Blass,《阿提卡的雄辩术》(*Die attische Beredsamkeit*),卷2,14页。

④ "但事实是,在这类文章中我们不应该寻找新的东西,因为这类文章不可能讲出什么矛盾的或不可信的,或者与习传信念完全脱节的东西。相反,我们更应当注意在这种领域里成就最大的人——他们能最大程度上搜罗到散见于其他各种思想里的观念,并以最美的方式呈现它们。"(*To Nicocles* 41)

原则,伊索克拉底把两类文章的区别,视为他与修辞家和"争辩家(eristics)"之间的竞争的基础:一类文章关注琐碎主题,很容易讲出点原创的东西;另一类文章关心"好的和美的"事物,很难"达到伟大的高度"(《海伦颂》[ Helen ] 12)。① 在"争辩家"的游戏性文章里,唯有立意(discovery)属于说话者,这种文章"遵循一条道路","容易找、容易学,也容易摹仿"。可是,在"具有普遍重要性的值得信任的文章"里,说话者的成功必须通过谋篇的技艺来实现,这种文章"立意要采取许多种形式,依赖于合适的时机,并且有着难解的创作技巧"(《海伦颂》12)。

斐德若挑起了一场竞争,要求苏格拉底来一篇不比吕西阿斯讲辞短,还要和它完全不同的讲辞。苏格拉底对此做出了回应,其中区分了"必然论点"和不必然的论点:在前者那里,只有谋篇得到赞扬;在后者那里,立意和谋篇都能得到赞扬(《斐德若》236a)。于是,苏格拉底通过爱欲讲辞而发起了他与吕西阿斯的竞争,而这场竞争之下就藏着伊索克拉底的修辞原则。但是,"严肃的主题"与"必然论点"之间的差异,标志着伊索克拉底和柏拉图二人对于各自计划的反思之间的差异。如果说,在伊索克拉底看来,共同的属人意见决定了严肃文章的普遍重要性,那么,在柏拉图看来,只有对综合和划分"这两个理式(ideas)"的应用才能决定必然论点及其可能的谋篇。通过对那三篇爱欲讲辞的重新谋篇,"作为疯狂的爱欲"的发展进程得以完成,[119]而这一进程也阐明了柏拉图对于必然论点与谋篇之间关系的理解。如果说,对于该必然论点的每一种谋篇而言,它们各自的说服力量都取决于是否能将一个部分表现得就像整体一样,那么,对于这种表现而言,能否表现得有技巧就取决于能否认识到,每一篇相互区别的讲辞背后还有着一个遭到压制

---

① 伊索克拉底随手拈出一篇关于盐的颂词为例来说明"琐碎主题"(Helen 12),柏拉图在另一个场景里学了他的样儿:厄里克希马库斯支持爱好文章的斐德若,抱怨说还没有一篇献给爱神的颂词,相比之下却有数不清的诸如对盐知之甚详的赞美文章(《会饮》177b)。

的整体。因此，根据辩证法的原则，对必然论点与可能的谋篇之间关系的认识，就是真正的言说技艺的标志。伊索克拉底的修辞原则关心的是一个必然论点所具有的各种有技巧的谋篇，而柏拉图将伊索克拉底的修辞原则进行了一番隐匿的转换，借此指出，辩证法的实践才是唯一能使言说或写作配得上"哲学"之名的严肃追求。

伊索克拉底以属人的方式将哲学等同于城邦的实践事务，柏拉图以"神圣的"方式将哲学等同于对辩证法的追求，两者的区别反映在他们各自对技艺的作用的理解上。这种反映的反讽性暗示，暗藏在苏格拉底根据伊索克拉底"更加高贵的本性"，以及"在他心灵中天生就有某种热爱智慧的东西"而对他的卓越所作的见证当中（参《斐德若》279b）。既然技艺与自然（本性）的张力是柏拉图与伊索克拉底之争的核心，柏拉图便将他的攻击藏在苏格拉底对于"技艺的力量在修辞家的各种原则里的证据"的探究之中。假如伊索克拉底声称要通过言说技艺来施教，那他也就明确坦陈，自己教的只不过是准备阶段而已；伊索克拉底没有提供任何"科学"来教人学得个别的时机和判断、文章整体的创作技巧，以及文章被用来指向的目标。① 说服力量的一切决定性因素都属于天赋和实践的范围；②唯有一颗"机敏而无畏的灵魂"③能提供这门技艺的力量，而

---

① "因为我认为，获得关于各要素的知识——我们正是从这些要素出发来组织一切文章——并不难，只要一个人迷恋的不是轻易许诺的人，而是知道这些事情的人。但是，针对各种主题来选择应用哪些要素，能将整体拼接到一起以及正确地布置整体，既不遗漏相应场合下所需的东西，还要好好装饰拥有各种引人注目的思想的文章，将它包裹在流畅的措辞里——这些事情，我认为才值得我们努力学习，它们都是属于一颗机敏而勇敢的灵魂的事迹"（Against the Sophists 17）。

② "无论在文章还是其他任何事情里，才华都属于那些天赋异禀并且靠经验加以锻炼的人。训练使这些人在立论方面更有技巧、更加流畅，因为，它教会他们要从身边偶然碰到的东西里撷取更有用的东西，但它无法将那些内在本性低劣的人转变为好的辩手或写文章的人"（Against the Sophists 15）。

③ 在描述"善于和人打交道"的修辞家的"非人为"（artless）的天生能力时（《高尔吉亚》463a），苏格拉底反讽地效仿了伊索克拉底对于"机敏而勇敢的灵魂"（Against the Sophists 17）的赞美。

这种力量恰恰要被伊索克拉底从教育的可能性中排除出去。

伊索克拉底的坦陈，像回声一样萦绕在苏格拉底为"真正的修辞技艺"确立的条件中(参《斐德若》269d)。苏格拉底透过"甜嘴的阿德纳斯托或伯里克利"之口，谴责了写书论述言说技艺的人，谴责的根据在于：苏格拉底已经认识到，技艺(tekhnē)是对整体与部分进行分析的必要基础。斐德若所崇拜的各种修辞术诀窍，在那些修辞大师面前必定俯首听命。对于那些相信关于预备阶段的知识就是修辞技艺本身的人，修辞大师劝我们要对他们宽宏大量，而不是过分苛求；他们还认为，"怎样将这些诀窍用得有说服力、怎样安排整体"(269c)这样的事情没太大价值。这些有技艺的修辞家们的回应也潜伏在伊索克拉底的话里，①但苏格拉底对伊索克拉底的摹仿，是将修辞家们无力定义修辞术本性的责任，反讽地归咎于他们对辩证法的无知。

伊索克拉底一方面谴责"以那些所谓的技艺为主题的写作者"，这些人言不由衷地声称要"教一门关于政治演说的技艺"，却认为实践经验或自然禀赋没有任何作用(《驳智术师》[*Against the Sophists*] 9)；另一方面，伊索克拉底也嘲笑"争辩家"，这些人"浪费时间争论无用的事情"，还"声称要教授一门关于人如何过上美好生活的精确科学"[120](《驳智术师》3)。在他一生的事业行将结束时，伊索克拉底承认，争论术教师"确实给他们的学生带来了一些好处，尽管没有他们承诺的那么多"(《财产交换演说》261)。伊索克拉底的立场与那些"相信这种训练在实际生活中一无所用"的人一致，但他容许它有一种练习的价值，练习让自己的头脑更加敏锐，

---

① 试比较如下两者：一是苏格拉底对于斐德若要学"真正的修辞技艺"的评论——"如果你天生就有修辞方面的才能，还得到了知识和训练的话，你就将成为著名演说家。而这两者缺了任何一个，你在这方面也不会完善"(《斐德若》269d)；二是伊索克拉底在天赋、实践和一位好老师的榜样问题上的主张——"当所有这些东西一起被找到时，搞哲学的人就能做到至善至美。不过，只要缺了一个，他们必定就达不到完满"(*Against the Sophist* 18)。

以备处理那些"更加严肃也更具有价值"的主题(《财产交换演说》266)。辩证法的实践被柏拉图赋予了独一无二的严肃价值,伊索克拉底却仅仅将它称为一种准备,或者"心智的体操",而不愿将"哲学"之名赋予这种"当今无论在言语还是在行动上对我们都毫无帮助的训练"(《财产交换演说》266)。

在攻击那些相信哲学是一门精确科学的人时,伊索克拉底决定将"文字的技艺"(art of letters)当作言说技艺的潜在样板,对它进行一番考察:"比起得到大把金子,我更愿意让哲学具有这种力量"(《驳智术师》11)。① 相比于文字(letters)的一成不变,伊索克拉底更强调有影响力的讲辞(speech)所面临的不断变化的状况:讲辞需要合乎时宜,需要恰当的风格,还需要原创性(《驳智术师》11)。② 诚然,正是对这些条件的承认,迫使苏格拉底坚持把"辞章与灵魂相对应"这条原则当作修辞技艺的必要条件(参《斐德若》271a,271d,273d,277b-c)。同样,伊索克拉底也认识到了,这种直接性和特殊性似乎会使得一切文章(logos)技艺(tekhnē)都不可能。正因如此,伊索克拉底才会辩称,天赋是第一位的,是收效良好的文章的必要准备,其次才是"经验性练习"的用处,它只能靠教育而得到略微的改善(《驳智术师》15)。苏格拉底改变了伊索克拉底的公式,将天赋、知识与实践一道确立为"真正的修辞技艺"的条件(《斐德若》260d);苏格拉底轻轻一笔添上了"知识",借此,柏拉图也就暗示了

---

① 伊索克拉底对哲学之力量的祈盼,与斐德若对于能背下吕西阿斯讲辞的热情祈盼,反讽地产生了共鸣:"即便有好多金子,也不如我能背他写的东西。"(《斐德若》228a)

② 同样的对比,在来自埃利亚的异乡人试图向小苏格拉底说明成文法的种种限度时也被提出来了:"因为法律从来不能理解什么对于所有人来说是最卓越和最公正的东西,并以此统治最好的人。因为,人与人之间、人与人的行动之间的种种差异,以及'人的生活中没有什么是完全不变的'这一事实,都不允许任何技艺声称有任何简单的东西,适用于所有事物和所有时间。"(《治邦者》294b)

他对伊索克拉底的教育的整体评价。

尽管如此,苏格拉底还是选择了医术、悲剧和音乐,当作言说技艺的例子(参《斐德若》268b–269b)。在这些技艺里,要想将各要素组合成一个和谐的整体,除了知识之外,还需要经验,需要判断"时机"(what is fitting)。不是文法技艺(grammatical art),而是治疗、作诗和作曲的技艺,才能阐明修辞术自称一门技艺的主张与修辞术"靠言语来引导灵魂"的目标之间的关系。字母是文法技艺的主题,也例示了一种结构的不变性,但这种不变似乎不可能为关心灵魂"永恒运动的运动"的言说技艺作榜样。因此,虽然柏拉图似乎表明自己和伊索克拉底一样认为言说技艺不可能以文法作为典范,但是,柏拉图同时认为,以文法作为衡量任何技艺(tekhnē)的主张的必要标准是一种可欲的做法。这种标准能使我们认识到人的种种限度,只有以它作为根据,说服技艺才能真正展现出它必然具有的不完备性(参《斐德若》269d)。

伊索克拉底对比了文法技艺的一成不变,与说服性讲辞所要面对的各种不断变化的状况;柏拉图对此深有同感,这一点在苏格拉底与斐德若讨论书面文章的本性时得到了体现。伊索克拉底要求文法例子的应用必须具有某些品质,而苏格拉底也认为这些品质正是书面文章的不足之处(参 275d–e)。不过,苏格拉底并没有排除另一种写作技艺的可能性:它既能受益于这些品质的价值,同时克服它们潜在具有的危险,从而满足能证明它配称为一门技艺的种种条件。因此,对于伊索克拉底的论点,即字母不足以充当言说技艺的榜样,柏拉图在《斐德若》里的响应,清楚揭示了柏拉图为他俩共同从事的活动所作的辩护。① 相比之下,在伊索克拉底看

---

① 《斐德若》通篇贯穿着柏拉图与伊索克拉底的隐匿对话,藉此,柏拉图既是进入、也是改变了伊索克拉底与阿奇戴慕士(Alcidamus)就写作相对于即兴演说的价值问题而展开的争论。至于伊索克拉底主张的文字修辞与阿奇戴慕士主张的现场演说,两者的对立似乎代表了公元前四世纪修辞学校里普遍存在的一个主要问题。见 Van Hook, "Alcidamus versus Isocrates"。在"论成文

来，文法例子的不足只能推断出一个结论，即任何确切的知识都不可能，而正是这种不可能性，成了伊索克拉底为自己的写作技艺作辩护的基础。

既然伊索克拉底在他的书写作品里表明，他反对将关于文字的知识当作言说技艺的范例，那么，伊索克拉底也一定将他对于自己的写作实践的辩护写进了这种实践的产物。然而，在他写给那些实干家(men of action)，敦促他们要基于他的明智判断来制定政策的信里，以及在他提交给公民大会审议的政治性讲辞里，伊索克拉底

---

演说辞的写作"这篇演说辞里，阿奇戴慕士运用了几乎所有苏格拉底在谴责书面文章时向斐德若提过的论据：写作无论在修辞还是在哲学上都有缺陷；写作容易遭人攻击；写作顾不上场合；写作是一件需要在闲暇时间长期琢磨和修订的容易活儿；写作在人的生活里很少派得上用场；写作的帮助总是来得太晚；写作欠缺自发性，也欠缺真实，还带有矫揉造作和虚情假意的表述，因而在读者心中激起怀疑和敌意；写作只有在最不像写作和最接近于即兴讲演时才能获得最大成功，例如法庭上的演说辞；写作只有在作者手中拿着稿子时，才能反映出作者的智慧；写作就像戴着镣铐一样，使精神进程变得迟钝；写作要求背诵这样的苦差事，一旦忘记，还令人觉得丢脸；写作的后果还包括浪费时间、令人难堪，以及哪怕一丁点的遗忘都能让头脑陷入混乱；写作不能回应对手；写作与其他有帮助的技艺不同，总是阻碍来自它们自身的各种好处；写作不属于一切生活和行动；写作可以充当对它本身进行谴责的媒介，只要写作遭到的谴责还不完备，但比起即兴演说充当媒介，写作充当媒介发挥的作用更少，而且，写作一定是被用来向那些对自己的能力感到骄傲的写作者表明，他们的文章很容易被人超过；写作并不暗示着即兴演说就是粗心的，后者也需要在构思和谋篇方面提前做足准备。"那么，综上所述，谁要是想当一位演说大师，而不是一个庸碌的写作者；谁要是急切地想让听众成为同盟并博得他们的善意，而不是让听众成为敌人并招致他们的恶意；谁要是想让自己的心智不受约束，让自己的记忆做好准备，并且不让人注意到记忆中的小差错；谁要是全心全意想得到一种能胜任日常生活种种需要的言说之力——那么，我有很好的理由要说，这个人要在任何时间和任何场合下都让练习即兴演说成为他的持久关切。另一方面，如果他将研究写作当作娱乐和消遣，他也将被智慧者视为有智慧的人"。

经常一上来就对书面文章进行一番谴责。他指控道,写作不足以取代自发的对话,它不能替自己辩护,也无法应对不断变化的状况;这项指控在苏格拉底对书面文章危险的谴责中得到了响应。只有隐藏在一种对书面文章所作的书面谴责中,伊索克拉底才能实现他为自己的写作技艺所作的辩护;在这一点上,他丝毫不亚于柏拉图。

在《致腓力》(*To Philip*)一信里,伊索克拉底根据各自的说服力量区分了口头演说和被人阅读的演说:所有人都认为前者"严肃而紧要",认为后者被写下来是为了"炫耀和私利"。这种信念的原因在于书写作品的本性——书写作品"被剥夺了人们对演说和声音的种种意见",还被剥夺了"讲演时的变化,时机,以及对该主题的兴趣。它们丝毫无助于让人满意和说服别人,而是被夺走了所有这些辅助工具,赤条条一无所有,被人毫无感情、也毫不信服地阅读,就像做算术题一样"(《致腓力》25)。不过,伊索克拉底暗地里赞美了写作的客观性,同时也建议腓力:既然这些"事实"都已摆在他面前,那他就不要理会上述种种麻烦,而是"凭借理智和哲学"来依次检省各个论据,从而避免多数人的意见。

在《致狄奥尼索斯》(*To Dionysius*)一信里,伊索克拉底以年岁老迈为由,请求对方原谅自己对书面信函的依赖。他还坦陈,更好的方式是亲自登门拜访,不仅因为这么做更容易把事情讲清楚,也是因为所有人都更相信当面说的,而非写下来的东西——"听前者就像听一些命题,听后者就像听诗人的作品";更重要的原因在于,如果写作者不在场,那就无法为读者不理解或不相信的说法作辩护(《致狄奥尼索斯》1)。不过,在这段引子的结尾,伊索克拉底再一次建议狄奥尼索斯不要考虑这些麻烦,而是要把注意力放在那些问题本身的严肃内容上去。

在第一篇重要的政治演说里,伊索克拉底开篇就区分了实干家与擅长言辞的人——前一种人有能力作出决断,决定历史,[122]后一种人绝大部分都是在琐碎小事上浪费时间。但在这一区分的掩饰下,伊索克拉底又指出:所有人都会描述事迹,但相比之下,只有智慧的人拥有一种特别的天赋,能拣合适的时机好好利用这些记载在漂亮文章里的事迹(《泛希腊集会辞》9)。一旦通过书写作品表达出来,这种写文章的本领就使其主人"不仅在自己的城邦里执掌权力,还受到别的城邦尊崇"(《泛希腊集会辞》50)。在行文结尾处,伊索克拉底建议,那些眼下在琐碎小事上浪费时间的写作者应该效仿他的榜样,"写一些能将其作者从眼下的困厄中解救出来,让人们相信他能为世界带来极大福祉的文章"(189)。①

在一篇假想庭审现场的书面文章里,伊索克拉底为他的生活和作品作辩护,反对针对他的指控:伊索克拉底被指有罪,是因为他教导学生使坏的论证显得更好,从而败坏了他们,有悖于正义。② 在开场白里,伊索克拉底描述了他的事业有着什么样的困难:"必须像把握一个整体那样,把握那些观念的范围;必须使许多种言辞彼此和谐,并将它们整合到一起;必须建立起流畅的联系,还要让所有部分一致。"(《财产交换演说》11)只有写作技艺才可能完成这样的计划,伊索克拉底的建议也证实了这一点:他建议读者,不要急着一下子就浏览完整体,换言之,不要未经批判地盲从它那看似是一场自发对话的表象。伊索克拉底在辩护辞一开始提出的批判,与苏格拉底对那些唾弃吕西阿斯的人的批判是一样的(参《斐德若》258c):他由于写文章的缘故而遭人谴责,但谴责他的人恰恰也是用同样的[写作]活动来表达自己的谴责(《财产交换演说》14)。尽管伊索克拉底似乎假借活的言辞的名义来拒斥写作的价值,不过,他这篇文章的开场白证明了他还是相信书面文章的力量:"它能创造出我的生活和我的思想的一个真实写照,能让谴责我的人知道关于我的真

---

① 伊索克拉底认为,他的文章能让自己和读者从当前政治处境的种种邪恶中得到解脱。这种认识,在柏拉图对于"能够自我保护的书面文章"的认识中发生了转变——"它能保护自己,知道什么时候该说话、什么时候该沉默"(《斐德若》276a)。

② 这篇文章显然充斥了柏拉图《苏格拉底的申辩》的回响,见 Antidosis 21,27,33,89,95,100,145,154,179,240,321。

相,还能为后世留下一座比青铜雕塑美得多的纪念碑。"(《财产交换演说》6)

为了支撑他的政治文章中未曾明言的暗示,伊索克拉底在他的炫示(epideictic)演说①中展示了他对自己的写作活动所作的最强辩护,这些文章的潜在主题就是反思它们自身作为书写作品所具有的本性。正是在这种直接讨论修辞问题的炫示文章中,伊索克拉底阐明了自己将写作视为一种必要的政治活动的理由。② 对于哲学与城邦之争而言,修辞技艺是不可或缺的调解者,它的职能必定会遭到写作活动的影响,而这种活动"遍布希腊所有城邦之中"(《厄阿戈拉斯》[*Evagoras*] 74)。书写作品能创造出一种年轻人都想摹仿的神圣品性的影像,藉此,书写作品便能将人引向"哲学研究"(*Evagoras* 76)。如果书写作品能将公民引向哲学,那么,它也能将哲学带入城邦。哲学的智慧(phronēsis)能发挥什么样的政治用途,端取决于它能否超越私人领域,而这一点只有通过书面文章的公开讲演才能实现。不过,哲学的实践智慧要想发挥政治影响,同样也要求[123]它慎重地选择受众。哲学和修辞术都有着一种必然性与欲望之间的冲突:它的必然性在于一种普遍的公开性,而它的欲望是想要慎重地甄选个别人作为受众。唯有一门同时兼具公开和隐藏(revealing and concealing)能力的写作技艺,才能解决这种不可避免的张力(参《布西里斯》[*Busiris*] 2)。

伊索克拉底以他的厄阿戈拉斯颂词为例,展现了哲学作品的政治用途:这篇赞美一位伟人的修辞练习意在充当一个必要的媒介,

---

① [译注] epideixis 的意思是展示、展现。古希腊修辞学区分了三种演说:审议式演说(sunbouleutikon)、诉讼演说(dikanikon)、炫示演说(epideiktikon)。审议式演说发表在政治集会上,意在陈明利害;诉讼演说是法庭上的控告或答辩,关注行动是否正当;炫示演说则一般用来称赞或谴责(亚里士多德《修辞学》1358b)。

② 恰恰是在这些他认为最具游戏性的文章里,伊索克拉底为自己的写作技艺的严肃性作辩护。见 *Evagoras* 11,81;*Helen* 5,67;*Busiris* 9,49。

说服年轻人从事哲学(*Evagoras* 76)。厄阿戈拉斯本人的生平不能做到这一点,伊索克拉底的书写作品却能做到,它能通过一种"不朽的记忆",改变一个"生而有死"的人(71)。因此,伊索克拉底表明,他要赞美的真正对象其实是这篇书面文章本身:

> 我认为,身体的肖像是漂亮的纪念品。不过,事迹和思想的肖像更有价值,它们只能在凭技艺组织而成的文章里找到。我偏爱它们,首先是因为我知道那些好人和美人并非想要因身体之美得到称赞,而是想要因自己的事迹和智慧得到尊崇;其次,雕像始终呆在它们被竖立起来的地方,文章却能传遍整个希腊,而且,只要传遍了有理智的人聚集的地方后,文章便能在那些比别人更值得尊敬的人当中大受欢迎;最后,谁也不可能把身体的本性像塑像和绘画那样做出来,但是,对于那些不甘庸庸碌碌、而是渴望变得善好的人来说,摹仿其他地区的风俗,以及那些被言语赋予了灵魂的思想,很容易就能做到。(74)

在一篇开场不那么严肃、因而"无需一种高贵风格"(*Busiris* 9)文章里,伊索克拉底以另一段颂词为例,展现了书面文章的力量。在这段颂词的内容中,布西里斯(Busiris)这位埃及的王因在确立法律和政治组织方面的成就而得到颂扬:他之所以富有影响,是因为他将臣民划分为祭司、士兵和工匠三种类型,而这种划分既是政府的最佳形式,也为哲人们的讨论树立了一个最佳例子(17)。最后,布西里斯得到颂扬,是因为他任命更老、更智慧的人作为统治者,并且让更年轻的人去学习天文、算术和几何,有人认为这样的臣民最有益于德性(22)。伊索克拉底的这篇游戏性的修辞练习,似乎有悖于他对那些相信哲学能建立在真正知识之上的人的惯常抨击,但他也暗示了这种练习的重要性,这一点只能通过它在这封书面信函中的语境才能看出来:这是一封包含着一篇论述布西里斯的文章的信,而收信人是修辞家波吕克拉底(Polycrates)。伊索克拉底必定是在向这位修辞家展示一篇颂词的典范,以取代他那自欺欺人的尝试;故此,波吕克拉底遭到批判,一是因为他对布西里斯的赞美实为谴责,二是因为他对苏格拉底的谴责实为赞美。伊索克拉底的修正之所以不可或缺,并非因为这种练习只具有荒谬性,而是因为它们的危险性,危险就在于"已遭人恨恶的哲学因这些文章的缘故而更遭恨恶"(49)。

于是,正是通过这封书面信函里的虚构作品,伊索克拉底阐明了他的"游戏性"文章的真正意义:布西里斯颂词其实是[124]对苏格拉底的赞颂,潜在意图是要让哲学能为多数人所接受。① 在这封信的开篇,伊索克拉底声称:除了他预期的听众之外,他已经将自己的观点对其他所有人都隐藏了起来(2);凭借他的写作技艺,伊索克拉底自称拥有了一种能力,而苏格拉底在《斐德若》结尾的谴责里恰恰否认书面文章具有这种能力(参 275e)。伊索克拉底告诫读者,他的作品能将写给少数人看的真正含义隐藏在写给多数人看的漂亮外表下面。这种写作活动被伊索克拉底赋予了最高的荣誉,它超越了数学研究和政治领导之类的活动;同样,书面文章的这种复杂性也被伊索克拉底赋予了最高的荣誉,它被誉为让修辞术的真正作用——在哲学与城邦之间调节斡旋——得以发挥的条件。

在伊索克拉底的《海伦颂》里,书面文章的力量又一次得到了隐秘的赞美,这是一篇赞颂"美人儿"(the beautiful)的颂词。伊索克拉底开篇讨论了自己的言说技艺,谴责那些"喜欢一上来就搞些抽象而自相矛盾的主题,而后又以一种理性的方式展开讨论"的人,例如,一些人"试图证明勇气、智慧和正义相互等同,即它们不是孤立的自然能力,而是同一知识的各种形式"(1)。他建议,"那些在这种无用争论上浪费时间的人应该放弃这种做法,转而追求真理,向他们的学生传授城邦的实际事务,训练他们掌握专长",因为,

---

① 如果说巴西里斯等同于苏格拉底,他的阶层划分必定就是对苏格拉底在《王制》里的阶层划分的摹仿,而埃及祭司也就是对苏格拉底的哲人的摹仿。见 Alan Bloom,《伊索克拉底的政治哲学》(*The Political Philosophy of Isocrates*),页 202 以下。

"关于有用事物的相似意见比关于无用事物的精确知识更加可取"(4)。① 这类修辞家对私人事务和公共事务都毫不关心,而是"最喜欢那些对任何事情都没有实际用途的文章"(10)。通过嘲笑他们的各种论证,例如"乞丐的生活比其他人的生活更值得羡慕"这样的论证,伊索克拉底发现了他们最荒谬的地方:这类修辞家总想说服听众相信他们才有关于政治事务的精确知识,但他们从未在实际行动上证明这一点(9)。柏拉图用这些论据来谴责那些政治修辞家们缺乏理论知识,②现在它们又被伊索克拉底用来谴责柏拉图缺乏实际成就。

伊索克拉底先是对比了谈论琐碎主题的容易与写出具有普遍重要性的严肃文章的困难,然后又把自己这篇关于海伦的文章当作一篇合格颂词的榜样,对比他的前辈们在该主题上的不恰当尝试。③ 伊索克拉底要求与城邦实际事务相关的严肃主题,同时表面上又在游戏式地探讨一个神话主题;④通过这两者之间的矛盾,伊

---

① 既然伊索克拉底的《海伦颂》像是对柏拉图的《普罗塔戈拉》的一个回应(比较《海伦颂》1 与《普罗塔戈拉》329c),柏拉图的《斐德若》似乎也就是对《海伦颂》的一个回应:它反驳了伊索克拉底的一个主张,即在重要的事情上"听信"(doxazein)比在不重要的事情上"认识"(epistasthai)要好得多。见 R. L. Howland,《〈斐德若〉中对伊索克拉底的攻击》(The Attack on Isocrates in the *Phaedrus*)。

② 参《美诺》93b – 94a。

③ 柏拉图似乎也对伊索克拉底的《海伦颂》作出了回应,就像伊索克拉底对高尔吉亚那样。对于这篇文章,有一个版本的翻译有意再现高尔吉亚式的修辞风格,见 LaRue Van Hook,《高尔吉亚的海伦颂词》(The Encomium on Helen by Gorgias)。

④ 在他最后一篇政治性文章里,伊索克拉底开篇就给出了一份关于他作品的描述:一方面,他的作品区别于那些探讨神话主题的游戏性文章,"它们充斥着各种怪物和虚妄";另一方面,他的作品也区别于法庭上的演说辞,"它们写作的表达采用了一种十分朴素、简单的风格,什么诀窍都没有用上"。伊索克拉底坚称,"我把这些东西留给别人去做,而我自己致力于为雅典和希腊其他地区的利益出谋划策"(*Panathenaicus* 1 – 2)。

索克拉底展示了他的写作的复杂性,从而迫使读者去寻找"海伦"(Helena)的真正含义——她拥有最高的美,一种本身是"最珍贵也最神圣的"的美(*Helen* 54)。所有人都像效忠于诸神一样对美表示顺服,他们更愿意在美的跟前屈膝为奴,而不是统治别人,他们将别的奴隶称为马屁精,却将美的仆人称为"热爱美的人"(56)。苏格拉底的神话诗将爱欲(erōs)誉为对美的爱,似乎响应了伊索克拉底将海伦美化为美人典范的做法。我们不应对此感到奇怪,因为二者的榜样都是传说中斯忒西科在污蔑海伦后作的那篇悔罪诗。

[125]伊索克拉底先是证实了海伦向诗人斯忒西科施加的惩罚与奖赏的力量,然后又讲了一个海伦夜访荷马,要求他创作一首关于特洛伊战争的诗的故事(65)。通过将荷马诗歌的荣耀归于海伦的自然之美而非荷马的技艺这一做法,伊索克拉底令我们回想起文章开篇并存的一组矛盾事物:一边是关于海伦之美的游戏性主题,另一边则是对于具有普遍重要性的严肃课题的要求。不过,海伦是一个值得伊索克拉底关注的严肃主题,因为她将自己的名字给了希腊人,而这个名字应该用于"那些共有我们的文化,而非共有一种相同血统的人"(*Panegyricus* 56)。苏格拉底揭露了藏在他对美的称赞背后的真相,其实是哲学式爱欲(erōs)的神圣疯狂;伊索克拉底则揭露了海伦之美的严肃意义,其实是她在联合希腊人、避免沦为蛮族奴隶的过程中扮演的角色(*Helen* 67)。

伊索克拉底认为,希腊统一的基础在于人们对美的献身。然而,在最后的分析中,这一基础取决于哲人能否以一种配得上美的方式来谈论它。伊索克拉底扭转了荷马的技艺表面上从属于海伦的自然之美的地位,因而,通过将海伦等同于"各种技艺与哲学的研究",伊索克拉底证明了他自己的写作技艺的正当性(67)。因此,伊索克拉底为修辞技艺举的例子的结论,证实了他开篇对于修辞技艺的讨论:真正要赞美的对象不是海伦,而是写下这篇关于她的合格颂词的作者(参 *Helen* 14)。作为美的典范,海伦也许能代表各种技艺与哲学研究,但是,各种技艺与哲学的价值本身取决于它们作为希腊统一的原因和结果所发挥的作用——作为希腊人第一次联合远征讨伐蛮族的导火索,海伦就代表了希腊的统一(67)。在将海伦隐匿地等同于哲学时,伊索克拉底展示了他与柏拉图共有的写作技艺。不过,伊索克拉底是从他的属人视角出发,将对真理的爱从属于或等同于对雅典和希腊的爱,但柏拉图却暗示了,一种"神圣的"视角将要求对雅典和希腊的爱从属于对真理的爱。

伊索克拉底的《海伦颂》与苏格拉底的神圣爱欲颂产生了共鸣,藉此,柏拉图将我们的注意力引向了伊索克拉底对于写作实践的辩护。与活的言辞不同,写作实践是一种必要的政治活动,能传遍"希腊所有城邦",还通过属人的荣誉而实现不朽。与柏拉图一样,伊索克拉底也认为没有理由把"文字技艺"当作言说技艺的榜样,因为不可能存在着一成不变的知识,能适用于不断变化的事物。但正是由于这种不可能性,伊索克拉底就有了另一种理由来为他本人的写作活动作辩护:他的写作活动,既能保留下理性洞察力对待政治事务的明智,也能保留下真实意见在有技艺地展现出来时所具有的说服力。因此,伊索克拉底将书写作品的最高价值归结为:它能团结起所有讲同一种语言、共有同一种文化的人,为了它的缘故,这些人应当共同参与到一个富有凝聚力的政治共同体当中。

写作技艺的政治力量,使得它能创造出一种[126]超越时空限制的听众。无论在柏拉图还是在伊索克拉底的文章里,这种力量都必须得到辩护,以对抗苏格拉底献身于活的言辞的做法。不过,只要书面文章的价值来源不只限于以真实意见的说服力为基础的明智,那么,对写作技艺的柏拉图式的辩护必定就要取决于对智慧的爱,而这种爱也激发了苏格拉底与他的伙伴们之间的私人对话。因此,伊索克拉底认为书写作品是致力于琐碎事务或不可能之事的无用功,柏拉图却认为它是一种游戏性的回忆工具,能在读者心中唤起唯一严肃的活动,也就是辩证的思考和言说(参《斐德若》277e –

278b）。唯有受到这种"更为神性的力量"所触动的书写作品，才能为其配得上"哲学"之名而予以辩护。尽管这种写作对于"在同胞面前言说和行动"或许不是最有效的，但它能在人力所及的范围内"取悦于神"（参《斐德若》273e）。

# 参考文献

I have drawn on the Loeb Classical Library editions of the following: Aristophanes, *Birds, Thesmophoriazusae;* Aristotle, *Athenian Constitution, De anima, Metaphysics, Nichomachean Ethics, Physics, Politics, Rhetoric;* Cicero, *De re publica;* Dio Chrysostom, *On Training for Public Speaking;* Diodorus Siculus, *Library of History,* Book I; Diogenes Laertius, *Lives of Eminent Philosophers,* Book II; Euripides, *Electra, Helen;* Herodotus, *Histories;* Hesiod, *Theogony;* Homer, *Iliad, Odyssey;* Isocrates; Lysias; Pausanius, *Description of Greece,* Book I; Pindar, *The Odes of Pindar;* Plato; Plotinus, *Ennead V;* Plutarch, *De Iside et Osiride, Lives of the Ten Orators;* Thucydides, *History of the Peloponnesian War.*

Benardete, Seth. "The Condemnation of Socrates: Plato's *Theaetetus, Sophist,* and *Statesman.*" Mimeographed. New York: New York University.
———. "The Crimes and Arts of Prometheus." *Rheinisches Museum für Philologie* 107 (1964): 126–39.
———. "On Plato's *Timaeus* and Timaeus' Science Fiction." *Interpretation* 2 (1971): 21–63.
Bergk, Theodor. *Poeta lyrici graeci.* 4th ed. 3 vols. Lipsiae: B. G. Teubneri, 1878–82.
Blass, Friedrich. *Die attische Beredsamkeit.* Hildesheim: Georg Olms Verlagsbuchhandlung, 1962.
Bloom, Alan. "The Political Philosophy of Isocrates." Ph.D. dissertation, University of Chicago, 1955.
———. *The Republic of Plato.* Translated with notes and interpretative essay. New York: Basic Books, 1968.
Brumbaugh, Robert. *Plato's Mathematical Imagination.* Bloomington: Indiana University Press, 1954.
Clement of Alexandria. *Stromata.* In *Opera omnia.* Edited by Reinhold Klotz. Leipzig: E. B. Schwickert Verlag, 1831.
Creuzer, Friedrich. *Symbolik und Mythologie der alten Völker.* Leipzig: Leske Verlag, 1873.
Derrida, Jacques. *L'Ecriture et la Différence.* Paris: Editions de Seuil 1967.
———. "La Pharmacie de Platon." In *La Dissemination.* Paris: Editions de Seuil, 1972.
———. "Le Puits et la Pyramide: Introduction à la Sémiologie de Hegel." In *Marges de la Philosophie.* Paris: Editions de Minuit, 1972.
DeVries, G. J. *A Commentary on the Phaedrus of Plato.* Amsterdam: Adolf Hakkert Publications, 1969.
Dieckmann, Liselotte. *Hieroglyphics: History of a Literary Symbol.* St. Louis: Washington University Press, 1970.
Dionysius of Halicarnassus. "Peri ton archain rhetoron." In *Opuscula critica et rhetorica.* Edited by H. Usener and L. Rademacher. Stuttgart: B. G. Teubneri Verlag, 1925.
Edmonds, J. N., ed. *Greek Lyric Poetry.* Loeb Classical Library. Cambridge, Mass.: Harvard University Press, 1934.

Eisler-Feldafing, Robert. "Platon und das agyptische Alphabet." *Archiv für Geschichte der Philosophie* (1922): 3-13.
Ficino, Marsilio. "In *Phaedrum*, commentaria et argumenta." In *Opera Omnia*. Monumento politica et philosophica rariora, series 1, no. 7-8. Turin: Bottege d'Erasmo, 1962.
———. *Platonis philosophi quae exstant*, cum Marsilio Ficino interpretatione. Vol. 10. Biponti: Studius Societas Bipontinae, 1787.
Frazer, Sir James George. *The Golden Bough: A Study of Magic and Religion*. London: Macmillan & Co., 1918.
Friedländer, Paul. *Plato*. Translated by Hans Meyerhoff. Vols. 1 and 3. Bollingen Series. New York: Pantheon Books, 1964.
Gaiser, Konrad. *Platons ungeschriebene Lehre*. Stuttgart: Ernst Klett Verlag, 1962.
Gardiner, Sir Alan Henderson. "Writing and Literacy." In *Legacy of Egypt*. Edited by J. R. Harris. London: Oxford University Press, 1971.
Gelb, I. J. *A Study of Writing*. London: Routledge & Kegan Paul, 1952.
Gundert, Hermann. *Platon Studien*. Edited by Klaus Doring and Felix Freisshofen. Amsterdam: B. R. Gruner, 1977.
Hackforth, R. *Plato's Phaedrus*. Library of Liberal Arts Edition. New York: Bobbs-Merrill Co., 1952.
Hegel, Georg. *Philosophy of Mind: Being Part III of the Encyclopaedia of Philosophical Sciences (1830)*. Translated by William Wallace. Oxford: Clarendon Press, 1971.
Heidegger, Martin. *What Is Called Thinking?* Translated by J. Glenn Gray and F. Wieck. New York: Harper and Row, 1968.
Hopfner, Theodor, ed. *Fontes historiae religionis aegyptiacae*. Bonn: A. Marci and E. Weberi, 1922.
Horapollo. *The Hieroglyphics*. Translated by George Boas. Bollingen Series. New York: Pantheon Books, 1950.
Howland, R. L. "The Attack on Isocrates in the *Phaedrus*." *Classical Quarterly* (1937): 151-59.
Innis, Harold. *Empire and Communication*. Toronto: University of Toronto Press, 1950.
Jebb, R. C. *The Attic Orators from Antiphon to Isaeos*. New York: Russell and Russell, 1962.
Kirk, G. S., and Raven, J. E. *The Pre-Socratic Philosophers*. Cambridge: Cambridge University Press, 1969.
Krämer, Hans Joachim. *Arete bei Platon und Aristoteles*. Heidelberg: Carl Winter Universitätsverlag, 1959.
Nietzsche, Friedrich. *Beyond Good and Evil*. Translated by Walter Kaufmann. Vintage Books Edition. New York: Random House, 1966.
———. *The Birth of Tragedy*. Translated by Walter Kaufmann. Vintage Books Edition. New York: Random House, 1967.
Onians, Richard Broxton. *The Origins of European Thought about the Body, the Mind, the Soul, the World, Time, and Fate*. Cambridge: Cambridge University Press, 1952.
Pico dela Mirandola. *De Hominis Dignitate*. Translated by Charles G. Wallis. New York: Bobbs-Merrill, 1965.
———. *Heptalus*. Translated by Douglas Carmichael. New York: Bobbs-Merrill, 1965.
Rosen, Stanley, "The Role of the Non-Lover in Plato's *Phaedrus*." *Man and World* 2 (1969): 423-37.

Rousseau, Jean Jacques. *Essay on the Origin of Languages*. Translated by John H. Moran. New York: Frederick Ugar Co., 1966.

———. "Fragment sur la Prononciation." *Oeuvre de Rousseau: Essais Littéraires*. Dijon: Bibliothèque de Pleiade, 1964.

Sinaiko, Herman. *Love, Knowledge, and Discourse in Plato: Dialogue and Dialectic in Phaedrus, Republic, Parmenides*. Chicago: University of Chicago Press, 1965.

Skemp, J. B. *Theory of Motion in Plato's Later Dialogues*. Amsterdam: Adolf Hakkert Publications, 1967.

Spinoza, Baruch. *A Theological-Political Treatise*. Translated by R. H. M. Elwes. New York: Dover Publications, 1951.

Strauss, Leo. *Persecution and the Art of Writing*. Glencoe, Illinois: Free Press, 1952.

Van Hook, LaRue. "Alcidamus versus Isocrates: The Spoken versus the Written Word." *Classical Weekly* 12 (1919): 89–94.

———. "The Encomium on Helen by Gorgias." *Classical Weekly* 6 (1913): 121–23.

Vico, Giambattista. *The New Science*. Translated by Thomas Bergin and Max Fisch. Ithaca: Cornell University Press, 1970.

# 索 引

（以下页码为英文版页码）

*Subjects and Persons*

Alcidamus, 149 (n.53), 152–53 (n.24)
Ammianus Marcellinus, 112
Aristophanes, 127 (n.3), 142 (n.9), 149 (n.62)
Aristotle, 127 (n.6), 130 (n.32, n.33, n.35), 131 (n.11), 132 (n.15, n.17, n.18), 137 (n.16, n.18), 140 (n.43), 141 (n.49), 142 (n.62), 143 (n.18), 145 (n.38, n.44)
Art (*tekhnē*), 5–6, 20, 30, 35, 43–44, 49–50, 58, 94, 100, 125, 134 (n.2), 147 (n.30), 149 (n.55); of speaking (*see* Rhetoric. *See also* Dialectics)

Beauty, 7, 15, 35–36, 47, 60–61, 64, 67, 69, 100, 107, 124–25, 140 (n.38, n.39)
Benardete, S., 132 (n.20), 133 (n.22, n.32), 138 (n.28), 139 (n.30, n.35), 147 (n.30), 149 (n.61)
Bloom, A., 127 (n.2), 151 (n.11), 153 (n.28)
Body, 17, 36–37, 50–55, 62, 80, 84–86, 141 (n.56), 145 (n.40)
Brumbaugh, R., 139 (n.32)

Cicero, 144 (n.35)
City, 6, 8, 11, 15, 29, 38, 57, 62, 116–17, 122, 127 (n.5), 129 (n.30), 138 (n.28), 140 (n.43); and the *dēmos*, 19, 26, 132 (n.21, n.22), 133 (n.23)
Clement of Alexandria, 112
Creuzer, F., 148 (n.46)

Death, 11, 14, 55, 73, 147 (n.34); and the written word, 3, 6, 28–29, 41–43, 74, 79, 94, 109
Derrida, J., 114, 129 (n.24), 133 (n.30), 142 (n.1), 146 (n.21), 147 (n.29)
DeVries, G. J., 130 (n.37), 131 (n.6), 151 (n.5)
Dialectics, 6, 71–72, 74, 82, 87–89, 101–04, 108–09, 144 (n.30), 145 (n.1); as collection and division, 70–71, 76, 78, 80–81, 84–86, 88–89, 102
Dio Chrysostom, 131 (n.9)
Diodorus Siculus, 111, 134 (n.7), 146 (n.14)
Diogenes Laertius, 131 (n.3), 133 (n.33)
Dionysius of Halicarnassus, 130 (n.3), 131 (n.8, n.10), 132 (n.13), 150 (n.1)
Divine inspiration, 5, 32–33, 40, 46, 48–50, 60–63, 82, 92, 95, 108, 130 (n.1), 143 (n.29); of prophecy, 46, 48–50, 96; of purification, 41–43, 46, 49–50, 137 (n.9); of Socrates' *daimonion*, 33, 40–41, 43–46, 136 (n.20, n.2). *See also* Gods; Madness; Muses; Poetry
Drug (*pharmakon*), 14, 19–20, 90, 94–95, 120 (n.2), 147 (n.32, n.35); and Pharmakeia, 14, 20, 39, 95, 129 (n.24)

Egyptian, 90–94, 109–13, 123
*Eidos*, 60–61, 77, 80–81, 85–89, 102
Empedocles, 141 (n.6)
*Erōs*, 5, 19, 27, 36, 42, 44–45, 48, 50, 52–53, 59–69, 89, 108, 128 (n.10), 140 (n.47), 142 (n.63); complexity of, 22, 34, 71, 77–78, 82, 86; and the nonlover, 18–27, 31–32, 35–40, 68, 135 (n.11); and the nonloving beloved, 9, 11, 21–22, 24, 34, 61–69, 141 (n.57), 142 (n.62)

Ficino, M., 112, 129 (n.27), 140 (n.42)
Friendship (*philia*), 24–25, 39, 67–68, 107–08, 132 (n.17, n.18), 141 (n.49)

Gaiser, K., 149 (n.63)
Gods, 1, 44–45, 48–50, 54–59, 62–63, 89, 92, 94, 126, 138 (n.19, n.20, n.21, n.26), 140 (n.44, n.46); Aphrodite, 45, 144 (n.29); Boreas, 14–15, 62; Eros,

10–11, 44–46, 58, 62, 69, 80, 127 (n.8), 128 (n.10), 140 (n.45), 143 (n.27); Hestia, 55–56, 138 (n.23); Pan, 33, 40, 107, 129 (n.25), 150 (n.67); Prometheus, 93–94, 110, 147 (n.30); Thamuz-Ammon, 90–96, 146 (n.14, n.21, n.23, n.27); Theuth, 90–96, 109–10, 146 (n.14, n.21), 147 (n.29, n.30); Zeus, 55–56, 94, 141 (n.60)
Greek, 93, 110–11, 116–17, 125
Gundert, H., 142 (n.14), 143 (n.28)

Hackforth, R., 145 (n.1)
Hegel, G. W. F., 113–14
Heidegger, M., 128 (n.19), 140 (n.38)
Herodotus, 111, 146 (n.27)
Hesiod, 142 (n.10)
Homer, 129 (n.29), 138 (n.19), 143 (n.19, n.21)
Hubris, 6, 15, 31, 36, 44–45, 62, 65, 89, 108, 150 (n.68)

*Idea*, 35, 53–54, 80–81, 88
Immortality, 28–29, 41–42, 51–54, 72, 94, 123, 137 (n.13, n.15)
Innis, H., 146 (n.20, n.23)
Isocrates, 106–07, 116–26, 150–53 (notes)

Kramer, H. J., 149 (n.63)

Law-writers, 4, 9, 33, 105; and the written law, 72, 133 (n.25), 147 (n.39), 148 (n.47)
Leisure, 8–9, 12, 17, 73, 100, 127 (n.4, n.6), 142 (n.8)
Letters (*grammata*), 90–94, 100, 110, 120–21; alphabetic, 91, 93, 98, 113–14, 148 (n.44); in contrast with hieroglyphics, 91, 93, 98, 109–14, 148 (n.45, n.46)
Likeness, 12–13, 17, 63, 67, 76, 89, 128 (n.19, n.20), 141 (n.61); as image, 50, 53–54, 67, 79, 98–99, 109, 135 (n.8); through imitation, 2–3, 21, 62–63, 87, 95, 100, 135 (n.9)
*Logos*, 42, 46, 50–51, 75, 84–85, 87, 92, 98, 104, 107–09; as living animal, 3–4, 51, 71, 79–80, 97–98; and logographic necessity, 22, 78–79; necessary argument of, 31, 34, 38–39, 118–19. *See also* Dialectics
Lysias, 4, 8–9, 12–14, 16–41, 45, 47–48, 66, 69, 71–72, 82, 84, 103, 105–07, 115–16, 130 (n.3), 131 (n.4, n.5, n.6, n.8, n.9, n.10), 132 (n.13)

Madness, 5, 44–45, 48–50, 60–62, 67–68, 89, 108; complexity of, 31–32, 48, 66, 80, 137 (n.11). *See also* Divine inspiration; *Erōs*
Maximus of Tyre, 134 (n.4)
Medical art, 83–85, 94, 144 (n.31), 145 (n.37); and physicians, 10, 83, 127 (n.7), 128 (n.12, n.13)
Memory, 12–13, 57–58, 61–62, 90, 94, 123, 128 (n.17), 139 (n.30), 147 (n.31), 149 (n.57); and recollection, 28, 60–61, 80, 134 (n.3); and reminder, 2–3, 33–34, 90, 96, 100, 104–05
Moderation, 6, 35–36, 41, 44, 64, 66–68, 89, 117
Money, 20–21, 25–26, 29, 107; and gold, 12, 16, 120
Muses, 11, 17, 35, 40–41, 46–47, 49, 58–59; and cicadas, 5, 70, 73–74, 89, 129 (n.28), 142 (n.44); and nymphs, 32–33, 39–40, 105, 129 (n.23, n.29), 134 (n.7)
Myth, 4–5, 14–15, 47, 50, 68, 73–74, 92–93, 95–96, 98

Nietzsche, F., 136 (n.2), 138 (n.21), 142 (n.63)

Onians, R. B., 140 (n.41)

Pausanius, 129 (n.29)
Pico dela Mirandola, 148 (n.45)
Pindar, 127 (n.4), 138 (n.20)
Playfulness (*paidia*), 10, 80, 100–01, 104–05, 143 (n.28), 149 (n.55)
Plotinus, 112
Plutarch, 111, 150 (n.65)
Poetry, 33–34, 46–47, 49–50, 55, 83, 105–06, 125, 127 (n.2), 134 (n.4, n.5)
Rhetoric, 17, 23, 34–35, 70–71, 75–78, 82–89, 104, 107, 116–21, 132 (n.16),

139 (n.34), 143 (n.18, n.19), 144 (n.32, n.33), 145 (n.37, n.43, n.44); and persuasion, 6, 13, 22, 26–27, 48, 64, 69–70, 74–76, 84–89, 102–04, 116, 128 (n.21), 142 (n.13), 143 (n.17)
Rosen, S., 133 (n.27)
Rousseau, J. J., 113

Sinaiko, H., 143 (n.25)
Skemp, J. B., 137 (n.13)
Soul (*psuchē*), 38–39, 42, 44–45, 50–69, 75–76, 99–102, 104, 107–08, 149 (n.61); chariot-team as image of, 44–45, 54–57, 64–66, 137 (n.17), 138 (n.19), 141 (n.53); classes of, 55, 57, 59, 62–63, 85, 87–88, 102, 138 (n.28, n.29), 139 (n.32, n.33, n.35); complexity of, 59, 64, 84–88, 102–03, 141 (n.56), 145 (n.38, n.39, n.42); and self-knowledge, 5, 12, 14–15, 62–63, 67; as self-moving motion, 6, 44, 50–54, 101, 108–09, 137 (n.13, n.15, n.16), 138 (n.27)
Spinoza, B., 148 (n.40)
Strauss, L., 143 (n.24)

Thucydides, 142 (n.7)

Van Hook, L., 152 (n.24)
Vico, G., 113

Whole and parts: of the dialogue, 3–5; of *erōs* (*see* Erōs, complexity of); of *logos* (*see* Logos as living animal, and logographic necessity); of the love-speeches, 18, 30–32, 34, 39–40, 45–46, 59, 66, 71, 80, 102, 108; of soul (*see* Soul, complexity of); of writing, 30, 33, 42, 98–101, 108. *See also* Dialectics, as collection and division

### References to Other Platonic Dialogues

*Apology* 20c–23b, 137 (n.8); 34d, 147 (n.38)
*Alcibiades I* 132b, 147 (n.35)
*Charmides* 155e–157e, 147 (n.35); 156d–157c, 145 (n.39)
*Cratylus* 390b, 146 (n.20); 391e, 140 (n.44); 394a–b, 130 (n.2), 147 (n.35); 396d, 136 (n.5); 398d, 135 (n.12); 400d, 140 (n.44); 401b, 138 (n.23); 408b–d, 150 (n.67); 409c, 135 (n.4); 424d–425b, 148 (n.41); 430b–431e, 148 (n.41)
*Critias* 106b, 147 (n.35)
*Crito* 52b, 129 (n.30)
*Euthydemus* 289b, 146 (n.20); 304a, 150 (n.2); 306c, 150 (n.2)
*Gorgias* 448e, 132 (n.16); 454e, 143 (n.17); 463a, 152 (n.20); 465c, 145 (n.37); 481d–e, 132 (n.21); 485d, 138 (n.24); 502b, 150 (n.64); 515e, 144 (n.34); 522b, 148 (n.50); 527c, 139 (n.34), 144 (n.34)
*Hipparchus* 229c, 147 (n.28)
*Hippias Minor* 368a–d, 128 (n.17), 147 (n.31)
*Ion* 535e–536b, 130 (n.36)
*Laws* 644e, 149 (n.55); 649a–b, 147 (n.35); 657a, 146 (n.17); 660e, 134 (n.35); 722c–d, 142 (n.13); 727d, 139 (n.29); 739a, 147 (n.28); 820d, 147 (n.28); 845d–e, 147 (n.35); 889c–d, 149 (n.55); 895d–896b, 137 (n.15); 903d, 147 (n.28); 957d, 147 (n.35)
*Lysis* 214a, 128 (n.20)
*Meno* 81a, 134 (n.3); 94b, 144 (n.34)
*Parmenides* 136e, 136 (n.3)
*Phaedo* 60e–61b, 41–42; 63d–e, 147 (n.35); 64c, 41; 66a, 140 (n.36); 67a, 140 (n.36); 67c, 42; 69c, 137 (n.9), 140 (n.36); 71a–b, 42; 73b–76e, 136 (n.21); 99d–102a, 42, 144 (n.30); 107a–b, 42
*Philebus* 16c–17a, 110, 144 (n.30); 18b–c, 110, 148 (n.44); 19b–c, 148 (n.50); 54c, 147 (n.35); 67b, 136 (n.7)
*Protagoras* 315c, 128 (n.13, n.17); 319e, 144 (n.34); 320d–328c, 131 (n.7); 329c, 153 (n.29)
*Republic* 327c, 128 (n.21); 336d, 145 (n.43); 369b–372c, 127 (n.5); 371e, 139

(n.29); 382c, 147 (n.35); 392d, 135 (n.9); 402a–c, 148 (n.44); 406a–b, 127 (n.7); 416c–417b, 150 (n.71); 435d, 145 (n.42); 436a, 141 (n.53); 440d, 128 (n.16); 441a, 139 (n.32); 459c, 147 (n.35); 464c–d, 150 (n.71); 487c, 147 (n.28); 490b, 139 (n.29); 492a–493d, 139 (n.29); 496c, 136 (n.20); 504a–b, 145 (n.42); 510c, 135 (n.10); 511b–d, 135 (n.10), 144 (n.30); 521b, 133 (n.23); 549a, 128 (n.14); 566a, 135 (n.19); 573b, 143 (n.27); 573d, 139 (n.29); 579b–c, 138 (n.24); 580a, 135 (n.17); 586c, 136 (n.4); 595b, 147 (n.35); 597c, 127 (n.2); 601d, 146 (n.20); 604c, 147 (n.28); 617e, 139 (n.33)

*Second Letter* 314c, 7, 149 (n.59)

*Seventh Letter* 344c, 149 (n.59)

*Sophist* 226a, 133 (n.31); 235d–236c, 138 (n.27); 248e–249b, 133 (n.26); 253a, 148 (n.44); 253b–e, 144 (n.30); 257d–258b, 135 (n.11); 268a, 133 (n.24)

*Statesman* 272a–d, 127 (n.5), 138 (n.26); 277d–278d, 133 (n.28), 148 (n.44); 285a–c, 144 (n.30); 293e, 148 (n.47); 294b–295a, 133 (n.25), 152 (n.23); 294c–301e, 147 (n.39); 310a, 147 (n.35)

*Symposium* 176d, 128 (n.12); 177b, 157 (n.17); 177c, 10; 177d–e, 128 (n.10); 178c, 11; 179a–b, 11, 135 (n.16); 180b, 11; 192e–193a, 140 (n.47); 195b, 141 (n.50); 202e, 46, 128 (n.11); 203a, 46; 203d, 127 (n.8); 204b, 46; 207d, 11; 208d, 11; 210a–212a, 135 (n.13); 215a–217a, 150 (n.68); 220b, 128 (n.9); 222a–b, 150 (n.68)

*Theaetetus* 149e, 149 (n.56); 152a, 133 (n.32); 169a–b, 129 (n.22); 171c, 133 (n.32); 172c, 142 (n.8); 191d, 139 (n.30); 193c, 149 (n.57); 202e, 148 (n.44)

*Timaeus* 21e, 146 (n.20); 29d–e, 141 (n.48); 48c, 148 (n.44); 52b, 149 (n.61); 69e–70a, 141 (n.56); 89a–c, 147 (n.32, n.35)

### 图书在版编目（CIP）数据

为哲学的写作技艺一辩：柏拉图《斐德若》疏证/（美）伯格著；贺晴川，李明坤译.—北京：华夏出版社，2016.3
（西方传统:经典与解释）
书名原文：Plato's Phaedrus: A Defense of a Philosophic Art of Writing
ISBN 978-7-5080-8709-2

Ⅰ.①为… Ⅱ.①伯… ②贺… ③李… Ⅲ.①柏拉图（前427～前347）－哲学思想－研究 Ⅳ.①B502.232

中国版本图书馆CIP数据核字（2015）第315684号

Plato's Phaedrus: A Defense of a Philosophic Art of Writing
By Ronna Burger
Copyright © 1980 by The University of Alabama Press
All rights reserved
版权所有，翻印必究。
北京市版权局著作权合同登记号：图字01-2012-0768号

## 为哲学的写作技艺一辩

| | |
|---|---|
| 作　　者 | ［美］伯格 |
| 译　　者 | 贺晴川　李明坤 |
| 责任编辑 | 陈希米 |
| 责任印制 | 刘　洋 |
| 出版发行 | 华夏出版社 |
| 经　　销 | 新华书店 |
| 印　　装 | 三河市少明印务有限公司 |
| 版　　次 | 2016年3月北京第1版　2016年3月北京第1次印刷 |
| 开　　本 | 880×1230　1/32 |
| 印　　张 | 7.625 |
| 字　　数 | 180千字 |
| 定　　价 | 39.00元 |

华夏出版社　地址：北京市东直门外香河园北里4号　邮编：100028
网址：www.hxph.com.cn　电话：(010)64663331(转)
若发现本版图书有印装质量问题，请与我社营销中心联系调换。

# 西方传统：经典与解释

Classici et Commentarii

**HERMES**

刘小枫 ◎ 主编

## 古今丛编

**孟德斯鸠的自由主义哲学**
——《论法的精神》疏证
[美] 潘戈 著

**莫尔及其乌托邦**
[德] 考茨基 著

**试论古今革命**
[法] 夏多布里昂 著

**托兰德与激进启蒙**
刘小枫 编

**《劳作与时日》笺释**
吴雅凌 撰

**图书馆里的古今之战**
[英] 斯威夫特 著

**但丁：皈依的诗学**
[美] 弗里切罗 著

**在西方的目光下**
[英] 康拉德 著

**大学与博雅教育**
董成龙 编

**恐惧与战栗**
[丹麦] 基尔克果 著

**探究哲学与信仰——基尔克果与苏格拉底**
[美] 郝岚 著

**穆佐书简**
[奥] 里尔克 著

**撒路斯特与政治史学**
刘小枫 编

**民主的本性——托克维尔的政治哲学**
[法] 马南 著

**希罗多德的王霸之辨**
吴小锋 编/译

**梅尔维尔的政治哲学——《切雷诺》及其解读**
李小均 编/译

**第二代智术师——罗马帝国早期的文化现象**
安德森 著

**英雄诗系笺释**
[古希腊] 荷马 著

**统治的热望**
——修昔底德笔下的阿尔喀比亚德和帝国政治
[美] 福特 著

**席勒美学的哲学背景**
[美] 维塞尔 著

**雅典谐剧与逻各斯**
——《云》中的修辞、谐剧性及语言暴力
[美] 奥里根 著

**莱园哲人伊壁鸠鲁**
罗晓颖 选编

**果戈里与鬼**
[俄] 梅列日科夫斯基 著

**托尔斯泰与陀思妥耶夫斯基**
[俄] 梅列日科夫斯基 著

**自传性反思**
[德] 沃格林 著

**黑格尔与普世秩序**
[美] 希克斯 等著

**新的方式与制度**
——马基雅维利的《论李维》研究
[美] 曼斯菲尔德 著

**论埃及神学与哲学——伊希斯与俄赛里斯**
[古希腊] 普鲁塔克 著

**凯撒的剑与笔**
李世祥 编/译

**纪念苏格拉底——哈曼文选**
刘新利 选编

**科耶夫的新拉丁帝国**
[法] 科耶夫 等著

**夜颂中的革命和宗教——诺瓦利斯选集卷一**
[德] 诺瓦利斯 著

**大革命与诗话小说——诺瓦利斯选集卷二**
[德] 诺瓦利斯 著

**《利维坦》附录**
[英] 霍布斯 著

**巨人与侏儒**
[美] 布鲁姆 著

**或此或彼（上、下）**
[丹麦] 基尔克果 著

**海德格尔与有限性思想（重订版）**
刘小枫 选编

**海德格尔式的现代神学**
刘小枫 选编

**走向古典诗学之路**
——相遇与反思：与伯纳德特聚谈
[美] 伯格 编

## 柏拉图注疏集

论宗教大法官的传说
[俄]罗赞诺夫 著

上帝国的信息
[德]拉加茨 著

双重束缚
[美]基拉尔 著

俄耳甫斯教祷歌
吴雅凌 编译

俄耳甫斯教辑语
吴雅凌 编译

黑格尔的观念论
[美]皮平 著

古今之争中的核心问题
[德]迈尔 著

浪漫派风格——施莱格尔批评文集
[德]施莱格尔 著

神圣的罪业
[美]伯纳德特 著

论永恒的智慧
[德]苏索 著

宗教经验种种
[美]詹姆斯 著

尼采反卢梭
[美]凯斯·安塞尔-皮尔逊 著

施米特对自由主义的批判
[美]约翰·麦考米克 著

舍勒思想评述
[美]弗林斯 著

诗与哲学之争
[美]罗森 著

基督教理论与现代
[德]特洛尔奇 著

亚历山大的克雷蒙
[意]塞尔瓦托·利拉 著

伊壁鸠鲁主义的政治哲学
[意]詹姆斯·尼古拉斯 著

神圣与世俗
[罗]伊利亚德 著

中世纪的心灵之旅——波纳文图拉神学著作选
[意]圣·波纳文图拉 著

弓弦与竖琴——从柏拉图解读《奥德赛》
[美]伯纳德特 著

论古人的智慧
[英]培根 著

爱欲与启蒙的迷醉——论柏拉图的《会饮》
[美]贝尔格 著

为哲学的写作技艺一辩——《斐德若》疏证
[美]伯格 著

柏拉图式的迷宫——《斐多》义疏
[美]伯格 著

人应该如何生活
[美]布鲁姆 著

情敌
[古希腊]柏拉图 著

哲学如何成为苏格拉底式的
[美]朗佩特 著

苏格拉底与希琵阿斯
王江涛 编译

理想国
[古希腊]柏拉图 著

谁来教育老师——《普罗塔戈拉》发微
刘小枫 编

立法者的神学——柏拉图《法义》卷十绎读
林志猛 编

柏拉图对话中的神
[德]薇依 著

厄庇诺米斯
[古希腊]柏拉图 著

智慧与幸福——柏拉图的《厄庇诺米斯》
程志敏 选编

论柏拉图对话
[德]施莱尔马赫 著

柏拉图《美诺》疏证
[美]克莱因 著

政治哲学的悖论——苏格拉底的哲学审判
[美]郝岚 著

神话诗人柏拉图
张文涛 选编

阿尔喀比亚德
[古希腊]柏拉图 著

叙拉古的雅典异乡人
——柏拉图《书简七》探幽
彭磊 选编

阿威罗伊论《王制》
[阿拉伯]阿威罗伊 著

《王制》要义
刘小枫 选编

柏拉图的《会饮》
[古希腊]柏拉图 等著

苏格拉底的申辩
[古希腊]柏拉图 著

苏格拉底与政治共同体
[美]尼科尔斯 著

政制与美德——柏拉图《法义》疏解
[美]潘戈 著

《法义》导读
[法]卡斯代尔·布舒奇 著

论真理的本质
[德]海德格尔 著

哲人的无知
[德]费勃 著

米诺斯
[古希腊]柏拉图 著

## 亚里士多德注疏集

品格的技艺
[美]加佛 著

亚里士多德哲学的基本概念
[德]海德格尔 著

《政治学》疏证
[意]托马斯·阿奎那 著

尼各马可伦理学义疏
——亚里士多德与苏格拉底的对话
[美]伯格 著

哲学之诗——亚里士多德《诗学》解诂
[美]戴维斯 著

对亚里士多德的现象学解释
[德]海德格尔 著

城邦与自然——亚里士多德与现代性
刘小枫 编

论诗术中篇义疏
[阿拉伯]阿威罗伊 著

哲学的政治——亚里士多德《政治学》疏证
[美]戴维斯 著

## 色诺芬注疏集

居鲁士的教育
[古希腊]色诺芬 著

驯服欲望——施特劳斯笔下的色诺芬撰述
[法]科耶夫 等著

论僭政——色诺芬《希耶罗》义疏
[美]施特劳斯 著

色诺芬的《会饮》
[古希腊]色诺芬 著

## 莎士比亚绎读

莎士比亚的历史剧
[英]帝利亚德 著

莎士比亚笔下的爱与友谊
[美]布鲁姆 著

莎士比亚戏剧与政治哲学
彭磊 选编

莎士比亚的政治盛典
[美]阿鲁里斯/苏利文 编

丹麦王子与马基雅维利
罗峰 选编

## 卢梭集

论哲学生活的幸福
[德]迈尔 著

致博蒙书
[法]卢梭 著

政治制度论
[法]卢梭 著

哲学的自传——卢梭的《孤独漫步者的遐思》
[法]卢梭 著

文学与道德杂篇
[法]卢梭 著

设计论证——卢梭的《社会契约论》
[美]吉尔丁 著

卢梭的自然状态
[美]普拉特纳 等著

卢梭的榜样人生——作为政治哲学的《忏悔录》
[美]凯利 著

## 莱辛注疏集

汉堡剧评
[德]莱辛 著

关于悲剧的通信
[德]莱辛 著

《智者纳坦》研究版
[德]莱辛 等著

启蒙运动的内在问题——莱辛思想再释
[美]维塞尔 著

莱辛剧作七种
[德]莱辛 著

历史与启示——莱辛神学文选
[德]莱辛 著

论人类的教育——莱辛政治哲学文选
[德]莱辛 著

## 尼采注疏集

尼采与基督教——尼采的《敌基督》论集
刘小枫 编

尼采眼中的苏格拉底
[美]丹豪瑟 著

尼采的使命——《善恶的彼岸》绎读
[美]朗佩特 著

尼采与现时代——解读培根、笛卡尔与尼采
[美]朗佩特 著

动物与超人之间的绳索
[德]A.彼珀 著

## 施特劳斯集

苏格拉底问题与现代性[增订本]
——施特劳斯演讲与论文集：卷二
[美]列奥·施特劳斯 著

政治哲学与启示宗教的挑战
[德]迈尔 著

霍布斯的宗教批判
[美]列奥·施特劳斯 著

斯宾诺莎的宗教批判
[美]列奥·施特劳斯 著

门德尔松与莱辛
[美]列奥·施特劳斯 著

哲学与律法——论迈蒙尼德及其先驱
[美]列奥·施特劳斯 著

迫害与写作艺术
[美]列奥·施特劳斯 著

柏拉图式政治哲学研究
[美]列奥·施特劳斯 著

阅读施特劳斯
[美]斯密什 著

《会饮》讲疏
[美]列奥·施特劳斯 著

柏拉图《法义》的论辩与情节
[美]列奥·施特劳斯 著

什么是政治哲学
[美]列奥·施特劳斯 著

古典政治理性主义的重生
[美]列奥·施特劳斯 著

施特劳斯与流亡政治学
[美]谢帕德 著

犹太哲人与启蒙
——施特劳斯演讲与论文集：卷一
[美]列奥·施特劳斯 著

回归古典政治哲学——施特劳斯通信集
[美]列奥·施特劳斯 著

隐匿的对话——施米特与施特劳斯
[德]迈尔 著

苏格拉底与阿里斯托芬
[美]列奥·施特劳斯 著

## 古典学丛编

希腊古风时期的真理大师
[法]德蒂安 著

古罗马的教育
[英]葛怀恩 著

古典学与现代性
刘小枫 编

表演文化与雅典民主政制
[英]戈尔德希尔、奥斯本 编

西方古典文献学发凡
刘小枫 编

古典语文学常谈
克拉夫特 著

古希腊文学常谈
[英]多佛 等著

## 修昔底德集

修昔底德笔下的人性
[加]欧文 著

修昔底德笔下的演说
[美]斯塔特 著

古希腊政治理论
格雷纳 著

## 赫西俄德集

神谱笺释
吴雅凌 撰

赫西俄德：神话之艺
[法]居代·德·拉孔波 等著

赫拉克勒斯之盾笺释
罗逍然 译笺

## 古希腊诗歌丛编

阿尔戈英雄纪（上、下）
[古希腊]阿波罗尼俄斯 著

诗歌与城邦
[美]费拉格、纳吉 主编

## 品达注疏集

幽暗的诱惑——品达、晦涩与古典传统
[美]汉密尔顿 著

## 阿里斯托芬集
**《阿卡奈人》笺释**
[古希腊]阿里斯托芬 著

## 古希腊肃剧注疏集
**希腊肃剧与政治哲学**
[美]阿伦斯多夫 著

## 希伯莱圣经历代注疏
**希腊化世界中的犹太人**
[英]威尔逊 著

**第一亚当和第二亚当**
[德]朋霍费尔 著

## 新约历代经解
**属灵的寓意**
[古罗马]俄里根 著

## 维吉尔注疏集
**《埃涅阿斯纪》章义**
王承教 选编

**维吉尔的帝国**
阿德勒 著

## 塔西佗集
**塔西佗的政治史学**
曾维术 编

## 但丁集
**但丁的圣约书**
[美]霍金斯 著

## 洛克集
**上帝、洛克与平等**
[美]沃尔德伦 著

## 施米特集
**宪法专政——现代民主国家中的危机政府**
[美]罗斯托 著

## 美国宪政与古典传统
**美国1787年宪法讲疏**
[美]阿纳斯塔普罗 著

## 大学素质教育读本
**古典诗文绎读 西学卷·古代编（上、下）**
**古典诗文绎读 西学卷·现代编（上、下）**

---

中国传统：经典与解释
*Classici et Commentarii*

## 新亚常甸

刘小枫 陈少明◎主编

**道德真经四子古道集解**
[金]寇才质 撰

**皇清经解提要**
[清]沈豫 撰

**冬灰录**
[明]方以智 著

**从公羊学论《春秋》的性质**
阮芝生 撰

**药地炮庄笺释·总论篇**
[明]方以智 著

**松阳讲义**
[清]陆陇其 著

**起凤书院答问**
[清]姚永朴 撰

**青原志略**
[明]方以智 原编

**冬炼三时传旧火——港台学人论方以智**
邢益海 编

**药地炮庄**
[明]方以智 著

**周礼疑义辨证**
陈衍 撰

**经学通论**
[清]皮锡瑞 著

**韩愈志**
钱基博 著

**论语辑释**
陈大齐 著

**《庄子·天下篇》注疏四种**
张丰乾 编

**荀子的辩说**
陈文洁 著

**古学经子——十一朝学术史述林**
王锦民 著

**经学以自治——王闿运春秋学思想研究**
刘少虎 著

**《铎书》校注**
孙尚扬 肖清和 等校注

**经典与解释辑刊**（刘小枫 陈少明 主编）

1 柏拉图的哲学戏剧
2 经典与解释的张力
3 康德与启蒙
4 荷尔德林的新神话
5 古典传统与自由教育
6 卢梭的苏格拉底主义
7 赫尔墨斯的计谋
8 苏格拉底问题
9 美德可教吗
10 马基雅维利的喜剧
11 回想托克维尔
12 阅读的德性
13 色诺芬的品味
14 政治哲学中的摩西
15 诗学解诂
16 柏拉图的真伪
17 修昔底德的春秋笔法
18 血气与政治
19 索福克勒斯与雅典启蒙
20 犹太教中的柏拉图门徒
21 莎士比亚笔下的王者
22 政治哲学中的莎士比亚
23 政治生活的限度与满足
24 雅典民主的谐剧
25 维柯与古今之争
26 霍布斯的修辞
27 埃斯库罗斯的神义论
28 施莱尔马赫的柏拉图
29 奥林匹亚的荣耀
30 笛卡尔的精灵
31 柏拉图与天人政治
32 海德格尔的政治时刻
33 荷马笔下的伦理
34 格劳秀斯与国际正义
35 西塞罗的苏格拉底
36 基尔克果的苏格拉底
37 《理想国》的内与外
38 诗艺与政治
39 律法与政治哲学
40 古今之间的但丁
41 拉伯雷与赫尔墨斯秘学
42 柏拉图与古典乐教
43 孟德斯鸠论政制衰败

**刘小枫集**

诗化哲学［重订本］
拯救与逍遥［修订本］
走向十字架上的真
这一代人的怕和爱［增订本］
现代性与现代中国：现代性社会理论绪论
沉重的肉身
圣灵降临的叙事［增订本］
罪与欠
西学断章
现代人及其敌人
儒教与民族国家
拣尽寒枝
施特劳斯的路标
重启古典诗学
共和与经纶
设计共和
古典学与古今之争
卢梭与我们
好智之罪：普罗米修斯神话通释
民主与爱欲：柏拉图《会饮》绎读
民主与教化：柏拉图《普罗塔戈拉》绎读
巫阳招魂：《诗术》绎读

**编修［博雅读本］**

凯若斯：古希腊语文读本［全二册］
古希腊语文学述要
雅努斯：古典拉丁语文读本
古典拉丁语文学述要
危微精一：政治法学原理九讲
琴瑟友之：钢琴与古典乐色十讲